JOHN URRY
O Olhar do Turista
LAZER E VIAGENS NAS SOCIEDADES CONTEMPORÂNEAS

Título original
The Tourist Gaze. Leisure and Travel in Contemporary Societies

Edição em língua inglesa publicada por:
Sage Publications of London, Thousand Oaks and New Delhi
© John Urry 1990

Direitos para a língua portuguesa reservados para:
© 1996 Livros Studio Nobel Ltda.

Livros Studio Nobel Ltda.
Rua Maria Antônia, 108
01222-010 — São Paulo — SP
Fone/Fax: (011)257-7599

Distribuição/Vendas
Livraria Nobel S.A.
Rua da Balsa, 559
02910-000 — São Paulo — SP
Fone: (011)3931-2822
Fax: (011)3931-3988

É PROIBIDA A REPRODUÇÃO

Nenhuma parte desta obra poderá ser reproduzida sem a permissão por escrito dos editores por qualquer meio: xerox, fotocópia, fotográfico, fotomecânico. Tampouco poderá ser copiada ou transcrita, nem mesmo transmitida por meios eletrônicos ou gravações. Os infratores serão punidos pela lei 5.988, de 14 de dezembro de 1973, artigos 122-130.

Impresso no Brasil / *Printed in Brazil*

JOHN URRY
O Olhar do Turista
LAZER E VIAGENS NAS SOCIEDADES CONTEMPORÂNEAS

TRADUÇÃO
CARLOS EUGÊNIO MARCONDES DE MOURA

Studio Nobel

Série Megalópolis

Conselho Editorial
Antonio Augusto Arantes
Massimo Canevacci
Mike Featherstone

Coordenação
Carla Milano

Edição de texto
Martha Assis de Almeida Kuhl

Revisão
Claudia Jorge Cantarin Domingues
Regina Célia Barroso

Capa
Moema Cavalcanti

Tradução
Carlos Eugênio Marcondes de Moura

Composição
MCT Produções Gráficas

Dados Internacionais de Catalogação na Publicação (CIP)
(Câmara Brasileira do Livro, SP, Brasil)

Urry, Jonh
 O olhar do turista : lazer e viagens nas sociedades contemporâneas / Jonh Urry ; tradução Carlos Eugênio Marcondes de Moura. — 2ª ed. — São Paulo : Studio Nobel : SESC, 1999. — (Coleção megalópolis)

 Título original: The tourist gaze.
 Bibliografia
 ISBN 85-85445-53-X (Studio Nobel)

 1. Lazer 2. Turismo 3. Turismo — Aspectos sociais 4. Viagens I. Título. II. Série.

99-2273   CDD-306.3

Índice para catálogo sistemático:
1. Sociologia do turismo   306.3

"Os turistas são 'vulgares, vulgares, vulgares.'" (Henry James, cit. in Pearce e Moscardo, 1986:121)

"Os Estados Unidos fazem com que o resto do mundo pareça autêntico; a Califórnia faz com que o resto dos Estados Unidos pareça autêntico." (MacCannell, 1976:155)

"Na Idade Média as pessoas eram turistas devido a sua religião, ao passo que hoje elas são turistas porque o turismo é a sua religião." (Dr. Robert Runcie, Arcebispo de Cantuária, *Observer*, 11 dez. 1988)

"O Bárbaro de ontem é o Turista de hoje." (Mitford, 1959:3)

"Sou um viajante, você é um turista, ele é um excursionista." (Keith Waterhouse, 1989b:18)

"Hoje tudo existe para terminar em fotografia." (Sontag, 1979:24)

"Durante os anos 70 a Igreja Ortodoxa Grega recomendou uma nova oração: 'Senhor Jesus Cristo, Filho de Deus, tende piedade das cidades, das ilhas e das aldeias desta Terra Natal Ortodoxa, bem como dos sagrados mosteiros, atingidos pelo flagelo da onda turística mundana.'" (cit. in Crick, 1988:64)

"Se o passado é um país estrangeiro, a nostalgia tornou-o 'o país estrangeiro com a indústria mais saudável de todas: a turística.'" (Lowenthal, 1985:4)

Sumário

Apresentação 9

Prefácio 11

1. O Olhar do Turista 15

2. O Turismo de Massa e a Ascensão e Queda do Balneário Marítimo 33

3. A Economia Mutante da Indústria Turística 63

4. Trabalhando sob o Olhar do Turista 95

5. Mudanças Culturais e a Reestruturação do Turismo 117

6. Um Olhar sobre a História 143

7. Turismo, Cultura e Desigualdade Social 181

Bibliografia 209

Índice 225

Apresentação

O interesse do SESC pelo turismo não é recente e tampouco decorre, em primeira instância, de preocupações de natureza teórica e conceitual. Fortemente enraizado no terreno da experiência concreta, ganha densidade a partir de questões ligadas ao cotidiano corrente da ação cultural. São questionamentos suscitados pelo andamento, dinâmico e sempre em busca de novos desenvolvimentos, de seu programa de Turismo Social. Voltado prioritariamente à população comerciária de renda modesta, esse programa, através de excursões a pontos de interesse histórico e cultural possibilita, anualmente, a milhares de trabalhadores no comércio e a seus familiares, contatos estimulantes e prazerosos com outras paisagens e realidades.

Já em 1948, um SESC então distante do seu cinqüentenário, comemorado no presente ano, criava a colônia de férias de Bertioga, primeira iniciativa desse gênero no Brasil.

Foi movida pela mesma perspectiva, aquela de contribuir para a melhoria da qualidade de vida do homem que trabalha, que a instituição inaugurou, respectivamente na década de 70 e na atual, os centros campestres de Interlagos e de Itaquera, grandes complexos de instalações lúdicas, esportivas e culturais cravados na moldura verde — alternativas para o fim de semana de uma população asfixiada pela pressão irritante do cimento e do asfalto urbanos.

Foi impelida, portanto, por considerações provenientes do campo fértil do fazer diário que a entidade, naturalmente interessada em melhor conhecer e interpretar as expectativas de seu público, dedicou-se, desde seus primeiros anos, a pesquisar o turismo do ponto de vista de suas formulações teóricas e das reflexões por elas ensejadas.

Hoje acreditamos que a valorização do turismo enquanto aspiração latente do indivíduo contemporâneo, ao lado de sua expansão visível, na condição de prática social efetiva, constitui um fato cultural promissor. À medida que, gradualmente, a viagem turística vai abandonando a conotação de privilégio e traço distintivo de minorias para, trafegando em direção contrária, estender seus atrativos a camadas mais extensas da população, a rede de acesso à cultura vê-se acrescida de vias e atalhos extremamente eficazes.

Na verdade, o notável crescimento do turismo parece estar vinculado à sagração do desejo de mobilidade como uma das marcas mais salientes do homem moderno, ou pós-moderno, para evitar o confronto de conceitos ainda excessivamente polêmicos. Mobilidade em todas as acepções que o termo permite — social, cultural, temporal, física e de identidade. Dela deriva, aliás, um jogo fascinante de harmonização de contrários, no interior do qual a escavação arqueológica em busca das próprias raízes complementa-se por um atirar ansioso de olhares sobre outros territórios, como se as parcelas constitutivas de cada um estivessem espalhadas, por obra do acaso, sobre pontos diferentes de um mundo agora tornado demasiadamente pequeno. Ou como se cada um se defrontasse, irredutivelmente, com uma única possibilidade de autodefinir-se, materializada pela sobreposição caótica de múltiplas identidades.

Seja como for, a lógica da globalização é bem conhecida: quanto mais semelhantes nos tornamos, maior é o sentido de urgência assumido pela tarefa de identificação das diferenças.

Se, todavia, teorizações gerais sobre o espírito da época forem consideradas pouco consistentes para servir de base à importância que insistimos em atribuir ao turismo, pelo menos um outro fator pode ser evocado com o mesmo intuito. Menos sujeito a interpretações subjetivas, constitui talvez um fator mais sólido e portanto mais convincente.

Ele reside numa constatação bem conhecida. Aquela da necessidade de uma ruptura. Ruptura da monotonia entediante da vida urbana, tecida pela rotina do trabalho e pela repetitividade de ritmos padronizados. Ruptura de um dia-a-dia temperado pela mesmice da paisagem física e humana e pelos estímulos amortecidos que a indústria cultural a cada noite tenta em vão reavivar. Ruptura, finalmente, do impacto opressivo de obrigações que se multiplicam, acalentadas pela modulação rebarbativa de solicitações atiradas de todos os lados. Tudo clama por uma quebra, por uma interrupção, ainda que temporária, da coação incessante exercida em nome das necessidades imediatas. Por uma trégua restauradora, energizadora, reordenadora. Eis aí um fato que a observação trivial consegue registrar mesmo sem o recurso corroborador da pesquisa sociológica.

Pensamos que esse dado, por si só, nos autoriza a assinalar, no turismo e em tudo aquilo que ele sugere e contém, um conceito de significado social indiscutível.

Não nos referimos aqui, evidentemente, ao turismo como ato de consumo mecânico, como ingestão e deglutição inorgânicas de uma massa pré-mastigada, fcita à base de banalidades locais acrescidas do condimento do exostismo. Falamos de seus desdobramentos mais recentes, conectados a concepção inovadoras, sensíveis às possibilidades dos deslocamentos físicos enquanto estímulos geradores de procura de informações e de conhecimentos, ou então na condição de elementos propulsores de uma nova sensibilidade em relação ao outro, ao diferente. Pensamos no turismo com seu poder de nutrir essa espécie de antropologia espontânea do homem comum, distante, é certo, da sofisticação dos modelos científicos, mas nem por isso necessariamente menos atilada na formulação de interpretações, na determinação de diferenças e de semelhanças, na elaboração de teorias explicativas, às vezes rústicas mas invariavelmente atraentes.

Em razão disso tudo, ao nos associarmos à Studio Nobel para publicação, no Brasil, do livro de John Urry, nós o fazemos instigados pelo desejo de contribuir para a ampliação do debate e da reflexão sobre um tema de inegável importância. **O Olhar do Turista** é um livro inteligente, bem documentado e pontuado, a cada passo, por idéias originais. Noções tais como "hedonismo imaginativo", "pós-turista" e "pós-turismo", assim como as relações entre turismo e pós-modernidade, para só falar de alguns tópicos abordados pela obra, certamente despertarão o interesse de muitos, entre estudiosos, especialistas e profissionais da área. Sendo assim, nos felicitamos pela oportunidade de alargar, ainda mais, o círculo de interlocutores envolvidos na discussão de um assunto que tão de perto diz respeito ao SESC.

Danilo Santos de Miranda
Diretor do Departamento Regional
do SESC no Estado de São Paulo

Prefácio

Sou muito grato aos conselhos, encorajamento e assistência das seguintes pessoas, que me proporcionaram jóias turísticas do mundo inteiro: Paul Bagguley, Nick Buck, Peter Dickens, Paul Heelas, Mark Hilton, Scott Lash, Michelle Lowe, Celia Lury, Jane Mark-Lawson, David Morgan, Ian Rickson, Chris Rojek, Mary Rose, Peter Saunders, Dan Shapiro, Rob Shields, Hermann Schwengel, John Towner, Sylvia Walby, John Walton e Alan Warde. Sinto-me igualmente grato aos profissionais que trabalham na área de turismo e na indústria da hotelaria que responderam às minhas indagações por meio de muitas informações e conselhos. Algumas entrevistas mencionadas neste livro foram realizadas graças ao apoio da Iniciativa do Sistema Regional e Urbano Mutante, do ESRC. Agradeço à Iniciativa por ser a primeira a levar-me a encarar "seriamente" o fato de se viajar durante as férias.

John Urry

1
O Olhar do Turista

Por que o turismo é importante

> A clínica provavelmente constituiu a primeira tentativa de se ordenar a ciência no exercício e nas decisões do olhar... o olhar médico também era organizado de um novo modo. Em primeiro lugar, já não se tratava mais do olhar de um observador qualquer, mas o de um médico, apoiado e justificado por uma instituição... Além do mais, era um olhar que não se continha nos limites estreitos de uma estrutura... mas que podia e devia apreender as cores, variações, pequenas anomalias...
>
> (Foucault, 1976:89)

Pode parecer que o tema deste livro não tenha absolutamente nada que ver com o mundo austero da medicina e o olhar médico que preocupa Foucault. Este é um livro sobre o prazer, as férias, o turismo e as viagens, sobre como e por que, durante breves períodos, as pessoas deixam seus lugares normais de trabalho e de moradia. Ele se refere ao consumo de bens e de serviços que, em certo sentido, são desnecessários. São consumidos porque geram supostamente experiências prazerosas, diferentes daquelas com que nos deparamos na vida cotidiana. E, no entanto, pelo menos parte dessas experiências consiste em lançar um olhar ou encarar um conjunto de diferentes cenários, paisagens ou vistas de cidades que se situam fora daquilo que, para nós, é comum. Quando "vamos embora" olhamos com interesse e curiosidade o ambiente que nos cerca. Ele nos fala de um modo que apreciamos ou, pelo menos, esperamos que as coisas se passem assim. Em outras palavras, lançamos um olhar sobre aquilo que encontramos. Esse olhar é tão socialmente organizado e sistematizado quanto o olhar do médico. É claro que ele é de uma ordem diferente, na medida em que não se limita a profissionais "apoiados e justificados por uma instituição". No entanto, até mesmo na produção de um prazer "desnecessário", existem, de fato, muitos profissionais qualificados que ajudam a construir e desenvolver nosso olhar enquanto turistas.

Este livro trata, portanto, de como, em diferentes sociedades e, sobretudo, em diferentes grupos sociais e períodos históricos, o olhar do turista modificou-se e desenvolveu-se. Examinarei os processos mediante os quais tal olhar é construído e reforçado; refletirei sobre quem ou aquilo que o autoriza, quais são as conseqüências para os "lugares" que constituem seu objeto e como ele se inter-relaciona com uma variedade de outras práticas sociais.

Não existe um único olhar do turista enquanto tal. Ele varia de acordo com a sociedade, o grupo social e o período histórico. Tais olhares são construídos por meio da diferença. Com isso quero dizer que não existe apenas uma experiência universal verdadeira para todos os turistas, em todas as épocas. Na verdade, o olhar do turista, em qualquer período histórico, é construído em relacionamento com seu oposto, com formas não-turísticas de experiência e de consciência social: o que faz com que um determinado olhar do turista dependa daquilo com que ele contrasta; quais são as formas de uma experiência não-turística. Esse olhar pressupõe, portanto, um sistema de atividades e signos sociais que localizam determinadas práticas turísticas, não em termos de algumas características intrínsecas, mas através dos contrastes implicados com práticas sociais não-turísticas, sobretudo aquelas baseadas no lar e no trabalho remunerado.

O turismo, as férias e as viagens são fenômenos sociais mais significativos do que a maioria dos comentadores têm levado em consideração. Diante disso não poderia existir um tema mais corriqueiro para um livro. Com efeito, desde que os cientistas sociais sentem muita dificuldade em explicar tópicos de maior peso, como o trabalho ou a política, poder-se-ia pensar que eles teriam maiores dificuldades em dar conta de fenômenos mais banais, tais como tirar férias. Existem, no entanto, paralelismos interessantes com o estudo do desvio. Ele envolve a investigação de práticas sociais esquisitas e idiossincráticas, que são definidas como desviantes em algumas sociedades, mas não necessariamente em outras. O pressuposto é que a investigação do desvio pode revelar aspectos interessantes e significativos das sociedades "normais". Simplesmente o porquê de várias atividades serem tratadas como desviantes poderá esclarecer como diferentes sociedades atuam.

Este livro baseia-se no conceito de que uma análise semelhante pode ser aplicada ao turismo. Tais práticas envolvem o conceito de "afastamento", de uma ruptura limitada com rotinas e práticas bem estabelecidas da vida de todos os dias, permitindo que nossos sentidos se abram para um conjunto de estímulos que contrastam com o cotidiano e o mundano. Ao refletir sobre os objetos típicos do olhar do turista, poderemos usá-los para entender aqueles elementos da sociedade mais ampla com os quais eles contrastam. Em outras palavras, levar em consideração como os grupos sociais constroem seu olhar turístico é uma boa maneira de perceber o que está acontecendo na "sociedade normal". Podemos recorrer ao fato da diferença para interrogar o normal através da investigação das formas típicas de turismo. Assim, em vez de constituir um tema banal, o turismo é significativo em sua capacidade de revelar aspectos de práticas normais, que, caso contrário, poderiam permanecer opacas. Revelar o funcionamento do mundo social requer freqüentemente o emprego de metodologias contra-intuitivas e surpreendentes, tal como é, neste caso, a investigação do "distanciamento", presente no olhar do turista.

Embora eu tenha insistido na variação histórica e sociológica deste olhar, existem algumas características mínimas das práticas sociais que, por uma questão de conveniência, são descritas como "turismo". Passo a designá-las, a fim de proporcionar uma base para análises posteriores, histórica e sociologicamente sensíveis.

1. O turismo é uma atividade de lazer, que pressupõe seu oposto, isto é, um trabalho regulamentado e organizado. Constitui uma manifestação de como o trabalho e o lazer são organizados, enquanto esferas separadas e regulamentadas da prática social, nas sociedades "modernas". Com efeito, agir como um turista é uma das características definidoras de ser "moderno" e liga-se a grandes transformações do trabalho remunerado. É algo que passou a ser organizado em determinados lugares e a ocorrer em períodos regularizados.

2. Os relacionamentos turísticos surgem de um movimento das pessoas para várias destinações e sua permanência nelas. Isso envolve necessariamente alguma deslocação através do espaço, isto é, a viagem, e um período de permanência em um lugar ou lugares novos.

3. A viagem e a permanência se destinam a localidades fora dos lugares normais de residência e de trabalho. Os períodos de residência em outros lugares são breves e de natureza temporária. Existe uma clara intenção de voltar "para casa", dentro de um período relativamente curto.

4. Os lugares objeto do olhar se prendem a motivações que não estão diretamente ligadas ao trabalho remunerado e oferecem normalmente alguns contrastes distintivos com o trabalho, remunerado ou não.
5. Uma proporção substancial da população das sociedades modernas adota práticas turísticas. Novas formas socializadas de provisão são desenvolvidas, a fim de se poder lidar com o caráter de massa do olhar dos turistas, que se opõe ao caráter individual da "viagem".
6. Os lugares são escolhidos para ser contemplados porque existe uma expectativa, sobretudo através dos devaneios e da fantasia, em relação a prazeres intensos, seja em escala diferente, seja envolvendo sentidos diferentes daqueles com que habitualmente nos deparamos. Tal expectativa é construída e mantida por uma variedade de práticas não-turísticas, tais como o cinema, a televisão, a literatura, as revistas, os discos e os vídeos, que constroem e reforçam o olhar.
7. O olhar do turismo é direcionado para aspectos da paisagem do campo e da cidade que os separam da experiência de todos os dias. Tais aspectos são encarados porque, de certo modo, são considerados como algo que se situa fora daquilo que nos é habitual. O direcionamento do olhar do turista implica freqüentemente diferentes formas de padrões sociais, com uma sensibilidade voltada para os elementos visuais da paisagem do campo e da cidade, muito maior do que aquela que é encontrada normalmente na vida cotidiana. As pessoas se deixam ficar presas a esse olhar, que então é visualmente objetificado ou capturado através de fotos, cartões-postais, filmes, modelos, etc. Eles possibilitam ao olhar ser reproduzido e recapturado incessantemente.
8. O olhar é construído através de signos, e o turismo abrange uma coleção de signos. Quando os turistas vêem duas pessoas se beijando em Paris, o que seu olhar capta é uma "Paris intemporal em seu romantismo". Quando se vê uma pequena aldeia na Inglaterra, o que o olhar contempla é a "velha e boa Inglaterra". Conforme Culler, "o turista se interessa por tudo como um sinal da coisa em si... No mundo inteiro esses exércitos não declarados de semióticos, isto é, os turistas, se inflamam, à procura dos sinais das demonstrações de francesismo, do comportamento italiano típico, de cenas orientais exemplares, de autopistas americanas típicas, de *pubs* tradicionais ingleses" (1981:127).
9. Desenvolve-se uma tropa de turistas profissionais que tentam reproduzir novos objetos do olhar do turista. Esses objetos se localizam em uma hierarquia complexa e mutante. Isso depende do inter-relacionamento, por um lado, da competição entre os interesses envolvidos no fornecimento de tais objetos

e, por outro lado, das mutantes distinções de gosto, ligadas à classe, ao gênero e às gerações, no que se refere à população potencial de visitantes.

Neste livro abordarei o desenvolvimento do olhar do turista e suas transformações históricas. Preocupar-me-ei sobretudo em detectar tais mudanças nestes últimos 150 anos, isto é, o período no qual o turismo de massa difundiu-se bastante em boa parte da Europa e da América do Norte. Ser turista é uma das características da experiência "moderna". Não "viajar" é como não possuir um carro ou uma bela casa. É algo que confere *status*, nas sociedades modernas, e julga-se também que seja necessário à saúde (ver Feifer, 1985:224).

Não se quer com isso sugerir que não houve viagens organizadas nas sociedades pré-modernas, mas, em boa parte, isso se caracterizava como um privilégio das elites (ver Towner, 1988). Na Roma Imperial, por exemplo, existia para a elite um padrão bastante amplo de viagens voltadas para o prazer e para a cultura. Desenvolveu-se uma infra-estrutura de viagens, em parte propiciada por dois séculos de paz. Tornou-se possível viajar desde as Muralhas de Adriano até o Eufrates sem atravessar uma fronteira hostil (Feifer, 1985, cap. 1). Sêneca afirmava que isso permitia aos habitantes das cidades procurar sensações e prazeres cada vez mais novos. Disse ele: "os homens viajam muito para diferentes espécies de lugar à procura de diferentes distrações por serem volúveis, cansados de uma vida mansa, e por estarem sempre à procura de algo que os iluda" (cit. in Feifer, 1985:9).

Nos séculos XII e XIV as peregrinações se haviam tornado um amplo fenômeno, "praticável e sistematizado, servido por uma indústria crescente de redes de hospedarias para viajantes, mantidas por religiosos, e por manuais de indulgência, produzidos em massa" (Feifer, 1985:29). Essas peregrinações incluíam freqüentemente uma mescla de devoções religiosas, cultura e prazer. No século XV havia excursões organizadas, que iam de Veneza à Terra Santa.

O *Grand Tour* já estava firmemente estruturado no final do século XVII e atendia os filhos da aristocracia e da pequena fidalguia e, no final do século XVIII, os filhos da classe média profissional. Ao longo desse período, entre 1600 e 1800, os estudos sobre as viagens iam desde uma ênfase escolástica no turismo enquanto oportunidade para um discurso até o conceito de viagem como observação de um testemunho ocular. Havia uma visualização da experiência da viagem ou o desenvolvimento do "olhar", ajudado e assistido pelo crescimento de livros de orientação para turistas, que promoviam novos modos de ver (Adler, 1989). O caráter da própria excursão modificou-se, e do "*Grand Tour* clássico", baseado em observações e registro neutro de galerias, museus e artefatos altamente culturais, passou-se para o "*Grand Tour* romântico", que presenciou a emergência do "turismo voltado para a paisagem" e de uma experiência muito mais particular e apaixonada da beleza e do sublime (ver Towner, 1985). É igualmente interessante notar como se esperava que a viagem exercesse um papel primordial na educação cognitiva e perceptiva da classe alta inglesa (ver Dent, 1975).

O século XVIII também presenciou o desenvolvimento de uma considerável infra-estrutura turística, sob a forma de balneários espalhados por boa parte da Europa (Thompson, 1981:11-2). Myerscough observa que "o aparato da vida, em um balneário, com seus bailes, passeios, bibliotecas, mestres-de-cerimônias, tinha por objetivo proporcionar uma experiência urbana concentrada, de uma sociabilidade frenética, a uma elite rural dispersa" (1974:5). Sempre houve períodos nos quais boa parte da população entregou-se aos divertimentos ou à recreação. No campo, o trabalho e os divertimentos eram particularmente entrelaçados, conforme se nota no exemplo das feiras. Muitas pequenas cidades e aldeias, na Inglaterra, tinham pelo menos uma feira anual e muitas delas, mais de uma. As pessoas freqüentemente percorriam distâncias consideráveis e as feiras sempre encerravam um misto de negócios e de prazer, normalmente centrados na taverna. Por volta do século XVIII o estabelecimento público tornara-se um dos principais locais da vida pública da comunidade, fornecendo luz, alimentação, mobiliário, notícias, comodidades bancárias e de viagem, distrações e sociabilidade (ver Harrison, 1971; Clark, 1983).

Antes, porém, do século XIX, poucas pessoas que não as das classes superiores realizavam viagens para verem objetos, motivadas por razões que não dissessem respeito ao trabalho ou aos negócios. É isso que constitui a característica principal do turismo de massa nas sociedades modernas, isto é, boa parte da população, a maior parte do tempo, viajará para algum lugar com a finalidade de o contemplar e ali permanecer por motivos que, basicamente, não têm ligações com seu trabalho. Hoje avalia-se que as viagens ocupam quarenta por cento do "tempo livre" (Williams e Shaw, 1988b:12). Se as pessoas não viajarem, elas perdem o *status*. A viagem é a marca do *status*. É um elemento crucial, na vida moderna, sentir que a viagem e as férias são necessárias. "Preciso tirar umas férias": eis a mais segura reflexão de um discurso moderno, baseado na idéia segundo a qual a saúde física e mental será recuperada se simplesmente pudermos viajar de vez em quando.

A importância disso pode ser medida ao examinarmos o significado econômico do turismo enquanto indústria. Agora referir-me-ei rapidamente a uma variedade de indicadores empíricos que demonstram a importância do turismo na Grã-Bretanha contemporânea. Os serviços relacionados com o turismo empregam atualmente cerca de 1,5 milhão de pessoas e estima-se que os empregos no setor aumentam a uma taxa de mil novos postos de trabalho por semana (ver Mills,

1989; Cabinet Office, 1983; Williams e Shaw, 1988c, para diversas avaliações). O turismo direcionado para o mundo inteiro cresce de 5 a 6% ao ano e, provavelmente, será a maior fonte de emprego quando chegarmos ao ano 2000. Os gastos com turismo, no Reino Unido, significam, no momento, pelo menos 15 bilhões de llbras (Mills, 1989).

Esses aumentos impressionantes refletem o fato de que muitas localidades turísticas foram abertas nas duas últimas décadas. Um estudo realizado pelo Cabinet Office mostra que, das localidades turísticas abertas em 1983, metade o tinha sido nos 15 anos anteriores. Com efeito, em 1960 havia apenas oitocentas localidades desse tipo, número que se elevou para 2.300, em 1983 (Cabinet Office, 1983). Até 1987, realizaram-se 233 milhões de excursões a mais de três mil localidades na Inglaterra, sendo as atrações mais populares a Praia de Prazer de Blackpool (6,5 milhões de visitantes), o Museu de Cera de Madame Tussaud (2,5 milhões), o Parque de Diversões de Alton Towers (2,33 milhões), a Torre de Londres (2,25 milhões) e as propriedades do National Trust (6,5 milhões) (*The Guardian*, 12 de dezembro de 1988).

As acomodações da rede hoteleira também aumentaram em grande número. O grande período para a abertura de novos hotéis, sobretudo em Londres, foi o início da década de 1970 (ver Bagguley, 1987). Na década de 1980 muitos hotéis foram abertos em pequenas localidades e cidades do interior (BTA/ETB, 1985). Esse tipo de acomodação, na Inglaterra, respondia por 46% de toda a hospedagem, em 1974. A cifra baixou para 37% em 1984, demonstrando a importância cada vez maior de outros tipos de acomodação (Bagguley, 1987:18).

Calcula-se que, em 1988, houve um investimento de dois bilhões de libras na indústria turística britânica (Lee, 1988). Um quarto dessa quantia concentrava-se nos hotéis, um quinto em atrações e museus temáticos e um oitavo em centros de conferências.

Semelhante desenvolvimento reflete aumentos muito expressivos das viagens pessoais. Entre 1965 e 1985 houve um aumento de 60% na milhagem total de passageiros, no território da Grã-Bretanha (Departamento de Transportes, 1988:7). Tal aumento se deve totalmente a uma duplicação das viagens de carro. Nesse mesmo período a proporção de todas as viagens realizadas de carro aumentou de 49 para 69%, correspondendo a 72% de todas as viagens de lazer (Departamento de Transportes, 1988:11). Em 1985, 70% das pessoas viviam em lares que possuíam um carro.

A posse de um carro permitiu aumentos no número de férias domésticas tiradas na Grã-Bretanha: de 114 milhões, em 1974, passou para 126 milhões em 1985, embora isso se refira sobretudo a férias mais curtas (Cabinet Office, 1983; Key Note Report, 1987:15). Houve, ao mesmo tempo, notável aumento do número de férias gozadas no exterior. Em 1976 foram feitas cerca de 11,5 milhões de visitas ao exterior por residentes do Reino Unido. Em 1986, 28% dos cidadãos da Grã-Bretanha foram para o exterior, o que corresponde, aproximadamente, a 25 milhões de viagens, das quais cerca de um quarto tinha por destino a Espanha (Mitchinson, 1988:48; Business Monitor Quarterly Statistics, MQ6 Overseas Travel and Tourism). Em qualquer ano cerca de 40% dos cidadãos britânicos passam férias fora da Grã-Bretanha, enquanto cerca de um terço não tem férias. Essa categoria inclui de 9% das classes profissionais e empresariais a 42% dos trabalhadores semiqualificados e sem qualificação.

Houve um pequeno aumento no número de turistas que visitam a Grã-Bretanha. Foram realizadas cerca de 11 milhões de visitas ao Reino Unido em 1976 e cerca de 15,5 milhões, em 1987. Estimava-se que elas iriam a 19,9 milhões em 1993, quando fosse aberto ao tráfego o túnel do canal da Mancha (ver Landry et al., 1989:45). Embora os visitantes estrangeiros à Grã-Bretanha gastem mais, *per capita*, do que os britânicos gastam no exterior — em parte porque um quarto deles são americanos — surgiu um sério déficit no final dos anos oitenta, na balança do turismo. Em 1988 as cifras alcançavam 2 bilhões de libras (Landry et al., 1989:9).

Ainda assim, o gasto por parte de tais visitantes responde por 5% do mercado mais amplo de lazer, sendo boa parte dele referente a gastos no varejo (Martin e Mason, 1987:95-6). Os turistas domésticos gastam uma proporção mais baixa com compras, mas mesmo nesse setor a proporção vem aumentando. Martin e Mason concluem: "As compras nas lojas estão se tornando mais significativas para o turismo, tanto na área de gasto como no incentivo às viagens" (1987:96). De modo geral, os gastos com turismo no Reino Unido são a terceira categoria mais alta de gastos do consumidor, após os produtos derivados da energia e a aquisição de roupa e sapatos. O turismo responde por 6% de todos os gastos do consumidor britânico (ver Landry et al., 1989:46).

Na segunda parte tecerei breves considerações sobre algumas das principais contribuições teóricas que tentaram perceber o sentido sociológico deste conjunto de atividades sociais, tão importantes sob o ponto de vista da economia.

Abordagens teóricas ao estudo do turismo

Conferir um sentido teórico à "diversão, ao prazer e ao entretenimento" revelou-se uma tarefa difícil para os cientistas sociais. Existe relativamente pouca fundamentação na sociologia do turismo. Nesta segunda parte tentarei resumir algumas das principais contribuições. Elas não deixam de apresentar interesse, mas ainda resta muito trabalho a ser feito. Nas partes subseqüentes do livro desenvolverei alguns conceitos relevantes para a compreensão teórica da atividade turística, detendo-me sobre algumas das contribuições aqui discutidas (ver também o capítulo 3, que trata de algumas abordagens desenvolvidas no campo da economia que se preocupam com questões relacionadas com a congestão do turismo).

Uma das primeiras formulações é a análise que Boorstin faz do "pseudo-acontecimento" (1964; ver também Cohen, 1988). Antecipando em parte Baudrillard, ele argumenta que os americanos contemporâneos não podem vivenciar a "realidade" diretamente, mas recorrem a "pseudo-acontecimentos". O turismo é o exemplo fundamental desses "pseudo-acontecimentos" (ver Eco, 1986, e Baudrillard, 1988). Isolado de um ambiente acolhedor e das pessoas locais, o turismo de massa promove viagens em grupos guiados e seus participantes encontram prazer em atrações inventadas com pouca autenticidade, gozam com credulidade de "pseudo-acontecimentos" e não levam em consideração o mundo "real" em torno deles. Em conseqüência, os promotores do turismo e as populações nativas são induzidos a produzir exibições cada vez mais extravagantes para o observador de boa-fé que, por sua vez, se afasta cada vez mais da população local. Ao longo do tempo, através dos anúncios e da mídia, as imagens geradas pelos diferentes olhares do turista passam a constituir um sistema de ilusões, fechado, que se autoperpetua e proporciona a esse turista uma base para que ele selecione e avalie os lugares potenciais que visitará. Tais visitas são feitas, afirma Boorstin, sob a proteção da "bolha ambiental" do hotel familiar, de estilo americano, que isola o turista da estranheza do ambiente que o cerca e o hospeda.

Vários escritores desenvolvem e refinam posteriormente esta tese relativamente simples de uma guinada histórica do "viajante individual" ao "turista da sociedade de massa". Particularmente notável é o livro *The Golden Hordes*, de Turner e Ash (1975), que desenvolve a tese de como o turista está inserido no centro de um mundo estritamente circunscrito. Os pais substitutos (agentes de viagens, mensageiros, gerentes de hotel) aliviam o turista das responsabilidades e o protegem da dura realidade. A solicitude dessas pessoas restringe o turista às praias e a alguns objetos aprovados por seu olhar. Turner e Ash sugerem que, em certo sentido, a sensualidade e o senso estético do turista tornam-se tão restritos quanto o são em seu lugar de origem. Isso é ainda mais intensificado pelo modo relativamente superficial mediante o qual as culturas nativas têm de ser necessariamente apresentadas ao turista. Em relação a Bali, eles notam o seguinte: "Muitos aspectos da arte e da cultura balinesa são tão desconcertantemente complexos e alheios à maneira de ser ocidental que não se prestam com facilidade a um excesso de simplificação e à produção em massa, que converte formas de arte nativa em *kitsch* para turistas" (Turner e Ash, 1975:159).

O desfecho desse e de outros processos é que, em busca de novos lugares para visitar, aquilo que se constrói é um conjunto de hotéis e pontos turísticos, que não passam de uma contradição amena, deficiente, "um pequeno mundo monótono, que, em todos os lugares, nos mostra nossa própria imagem... a procura do exótico e do diverso acaba em uniformidade" (Turner e Ash, 1975:292).

Cohen é um tanto crítico em relação a essa tradição. Ele afirma que não existe o turista enquanto tal, mas uma variedade de tipos de turistas ou modos da experiência turística (ver 1972, 1979 e 1988 para as várias formulações, extraídas sobretudo da sociologia da religião). Aquilo que ele denomina o "experiencial", o "experimental" e o "existencial" não se apóia na bolha ambiental dos serviços turísticos convencionais. Tais experiências turísticas baseiam-se, em vários graus, na rejeição dos modos de se organizar a atividade turística. Além do mais, deve-se também notar que a existência de tais bolhas permite a muitas pessoas visitarem lugares que, de outra maneira, não visitariam, e estabelecerem pelo menos algum contato com os lugares "estranhos" que ali encontrarão. Com efeito, até que esses lugares desenvolvam uma ampla infra-estrutura turística, será impossível escamotear boa parte da "estranheza" de tais destinações e embarcar em um conjunto de "pseudo-acontecimentos".

O desafio mais significativo à posição de Boorstin é desenvolvido por MacCannell, ele também preocupado com a inautenticidade e a superficialidade da vida moderna (1976 e 1989). Ele cita Simmel, em relação à natureza das impressões sensoriais vivenciadas na "metrópole": "o acúmulo rápido de imagens mutantes, a marcante descontinuidade, ao se apreender um único olhar, o inesperado das impressões que se sucedem sem cessar" (MacCannell, 1976:49). O autor afirma que elas são sintomáticas da experiência turística. Discorda da interpretação de Boorstin, que considera como algo que reflete uma visão característica da classe alta, segundo a qual "os outros são turistas, eu sou viajante" (1976:107). Para MacCannell, todos os turistas personificam a busca da autenticidade, e essa busca é uma versão moderna da preocupação humana universal com o sagrado. O turista é uma espécie de peregrino contemporâneo, procurando autenticidade em outras "épocas" e em outros "lugares", distanciados de sua vida cotidiana. Os turistas demonstram um especial fascínio pelas "vidas reais" dos outros, que, de certo modo, possuem uma realidade difícil de descobrir em suas próprias experiências. A moderna sociedade está, portanto, institucionalizando rapidamente os direitos dos forasteiros de examinar seu funcionamento. "As instituições são providas de arenas, plataformas e aposentos destinados ao uso exclusivo dos turistas" (MacCannell, 1976:49). Quase toda espécie de trabalho, até mesmo a tarefa extenuante exercida pelo mineiro galês ou as tarefas nada invejáveis daqueles que cuidam dos esgotos de Paris, pode ser objeto do olhar do turista.

MacCannell mostra-se particularmente interessado no caráter das relações sociais que surgem do fascínio que as pessoas demonstram, sobretudo em se tratando de como os outros exercem um trabalho. Nota que essas "vidas reais" podem ser encontradas apenas nos bastidores e que elas não são imediatamente evidentes para nós. Segue-se que o olhar do turista implicará uma invasão óbvia na vida das pessoas, o que, em geral, seria inaceitável. Assim, as pessoas observadas e os promotores do turismo passam gradualmente a construir bastidores, de maneira forçada e artificial. "Os espaços turísticos" organizam-se, portanto, em torno daquilo que MacCannell denomina uma "autenticidade encenada" (1973). O desenvolvimento de uma atração turística construída resulta do modo como reagem aqueles que estão sujeitos ao olhar do turista, não só para se protegerem de invasões em sua vida nos bastidores, como para tirarem vantagem das oportunidades que isso apresenta para um investimento lucrativo. Então, em contraste com Boorstin, MacCannell argumenta que os "pseudo-acontecimentos" resultam das relações sociais do turismo, e não de uma procura individualista do inautêntico.

Pearce e Moscardo aprofundaram a elaboração do conceito de autenticidade (1986; ver também a crítica exposta em Turner e Manning, 1988). Eles afirmam que é necessário distinguir entre a autenticidade do cenário e a autenticidade das pessoas que são objeto do olhar, bem como é preciso distinguir os diversos elementos da experiência turística que são importantes para o turista em questão. Crick, por outro lado, assinala que, de certo modo, todas as culturas são "encenadas" e, em certo sentido, são inautênticas. As culturas são inventadas, refeitas e os elementos, reorganizados (1988:65-6). Por isso não fica claro por que uma encenação destinada ao turista, aparentemente inautêntica, é tão diferente daquilo que acontece de qualquer maneira em todas as culturas.

MacCannell também nota que, ao contrário do peregrino religioso que presta homenagem a um único centro sagrado, o turista presta homenagem a um enorme conjunto de centros de atração. Estes incluem os espaços da indústria e do trabalho. De acordo com este autor, isso ocorre porque o trabalho torna-se mero atributo da sociedade, e não seu traço principal (1976:58). Ele caracteriza esse interesse pelas demonstrações do trabalho como um "lazer alienado". É uma perversão do objetivo do lazer, já que envolve uma volta ao local do trabalho.

MacCannell nota igualmente como cada centro de atração envolve processos complexos de produção, de tal modo que olhares do turista, regulares, significativos e proveitosos, possam ser gerados e mantidos. Tais olhares não podem ser deixados ao acaso. As pessoas têm de aprender como, quando e para onde "olhar". Marcos claros precisam ser providenciados e, em alguns casos, o objeto do olhar é apenas um marco que indica algum acontecimento ou experiência, que aconteceram previamente naquele lugar.

MacCannell sustenta que existe normalmente um processo de sacralização, que torna um determinado artefato, natural ou cultural, um objeto sagrado do ritual turístico (1976:42-8). Inúmeros estágios estão envolvidos nisso, a saber, a paisagem, o enquadramento e a elevação, a veneração, a reprodução mecânica do objeto sagrado e a reprodução social, à medida que novas paisagens (ou "sítios") recebem um nome que homenageia alguém ou algo famoso. É igualmente importante notar que não só existem muitas atrações que se podem homenagear, mas muitas delas são contempladas apenas uma vez. Em outras palavras, o olhar do turista pode ser surpreendentemente instável, procurando ou antevendo algo novo ou diferente.

Os processos aqui envolvidos são parcialmente revelados na análise que Turner faz dos peregrinos (1973; 1974). Importantes *rites de passage* estão presentes no movimento de um estágio para outro. Esses estágios são três: o primeiro deles é a separação social e espacial do lugar normal de residência e dos laços sociais convencionais; o segundo é a liminaridade, onde o indivíduo encontra-se em uma "antiestrutura... fora do lugar e do tempo" — os laços convencionais são suspensos, é vivenciada uma "communitas", na qual as ligações são intensas e ocorre uma experiência direta do sagrado e do sobrenatural; o terceiro é a reintegração, em que o indivíduo é reintegrado ao grupo social anterior, habitualmente em um *status* social mais elevado.

Embora essa análise se aplique às peregrinações, outros escritores estenderam suas implicações ao turismo (ver Cohen, 1988:38-40; Lett, 1983; Shields, 1990). A exemplo do peregrino, o turista desloca-se de um lugar familiar para um lugar distante e então regressa ao lugar anterior. No lugar distante não só o peregrino, como também o turista se entregam à "veneração" de santuários que são sagrados, embora de modo diferente, e, como resultado, obtêm algum tipo de experiência enaltecedora. No caso do turista, Turner e Turner se referem a situações "liminóides" (1978). O que se assinala, neste exemplo, é algo que não foi examinado por MacCannell, isto é, em boa parte do turismo que se pratica, as obrigações cotidianas são suspensas ou invertidas. Existe uma licença para um comportamento permissivo, alegre, "não-sério" e o encorajamento de uma "communitas" relativamente livre de restrições, bem como de uma proximidade social. Tais argumentos colocam em questão a idéia de que existe simplesmente uma "rotina" ou uma ação habitual, conforme Giddens, por exemplo, afirma (1984). O que se encontra presente, com freqüência, é uma ação semi-rotineira ou uma espécie de não-rotina que acabou se tornando rotina.

Uma das mais perspicazes análises desse fato é a abordagem de Shields em relação "à capital mundial da lua-de-mel", as Cataratas do Niágara (1990). Viajar em lua-de-mel ao Niágara implicava, com efeito, uma peregrinação, que envolvia uma experiência de liminaridade, na qual os códigos da experiência social normal eram invertidos. Os recém-casados, em particular, encontravam-se historicamente em uma zona liminar ideal, onde as estritas convenções sociais das famílias burguesas eram relaxadas diante das exigências da viagem e de um relativo anonimato e liberdade, em relação ao escrutínio coletivo. Em um romance escrito em 1808 diz um personagem, referindo-se ao Niágara: "Nos outros lugares existem preocupações com os negócios e a moda, com a idade, a tristeza e as mágoas do coração; aqui, porém, só se vê juventude, fé, enlevo" (cit. em Shields, 1990). Shields também discute como Niágara, a exemplo de Gretna Green, na Escócia, tornou-se um significante hoje despido de significação, um clichê amplamente comercializado.

Alguns escritores que seguem essa tradição afirmam que um comportamento tão jovial ou "lúdico" é, basicamente, de tipo restitutivo ou compensatório, revitalizando os turistas para seu retorno aos lugares que lhe são familiares, onde vivem e trabalham (ver Lett, 1983, sobre o caráter lúdico do turismo praticado em iates fretados). Outros escritores, ao contrário, adotam uma interpretação menos funcionalista e argumentam que os conceitos, um tanto genéricos, de liminaridade e inversão precisam ser situados em um conteúdo mais preciso. É necessário investigar a natureza dos padrões sociais e culturais da existência cotidiana do turista, a fim de perceber exatamente aquilo que é invertido e como a experiência liminar se desenvolverá. Gottlieb, por exemplo, é de opinião que aquilo que se procura, nas férias e feriados, é a inversão da vida de todos os dias. O turista de classe média procurará ser "camponês por um dia", enquanto o turista de classe média baixa procurará ser "rei/rainha por um dia" (ver Gottlieb, 1982). Embora tais exemplos sejam pouco convincentes, eles assinalam um aspecto crucial do turismo, isto é, existe uma nítida distinção entre aquilo que é familiar e aquilo que é longínquo, e tais diferenças produzem distintos tipos de zonas liminares.

Em conseqüência, parece incorreto sugerir que a busca da autenticidade é a base da organização do turismo. Na verdade uma característica principal parece ser a de que existe uma diferença entre o lugar normal de residência/trabalho e o objeto do olhar do turista. Pode ocorrer que a procura daquilo que consideramos ser os elementos autênticos constitua um componente importante, mas isso se dá apenas porque existe, em certo sentido, um contraste com as experiências cotidianas. Além disso, concluiu-se recentemente que alguns visitantes — aqueles a quem Feifer (1985) denomina "pós-turistas" — quase se deliciam com a inautenticidade da experiência turística normal. Os "pós-turistas" encontram prazer na multiplicidade dos jogos turísticos. Sabem que a experiência turística não existe, que ela não passa de uma série de jogos ou textos que podem ser exercitados ou interpretados. Nos capítulos posteriores estabelecerei algumas conexões importantes entre o conceito do pós-turismo e o desenvolvimento cultural mais geral da pós-modernidade.

No momento, porém, torna-se necessário refletir sobre aquilo que produz um olhar turístico diferenciado. No mínimo deve haver alguns aspectos do lugar a ser visitado que o distinguem daquilo que é encontrado convencionalmente na vida cotidiana. O turismo resulta de uma divisão binária básica entre o ordinário/cotidiano e o extraordinário. As experiências turísticas envolvem algum aspecto ou elemento que induz experiências prazerosas, as quais, em comparação com o dia-a-dia, se situam além do habitual (ver Robinson, 1976:157). Isso não quer dizer que outros elementos da produção da experiência turística não levarão o turista típico a sentir-se "em casa", não tão "deslocado" assim. No entanto, os objetos potenciais do olhar do turista precisam ser diferentes de algum modo. Precisam situar-se fora daquilo que é ordinário. As pessoas precisam vivenciar prazeres particularmente distintos, que envolvam diferentes sentidos, ou que se situem em uma escala diferente daquela com que se deparam em sua vida cotidiana. Existem diferentes maneiras mediante as quais uma divisão entre o ordinário e o extraordinário pode ser estabelecida e mantida.

Existe, por exemplo, o fato de se ver um objeto único, tal como a Torre Eiffel, o edifício Empire State, o Palácio de Buckingham, o Grand Canyon ou até mesmo o lugar, em Dallas, onde o presidente Kennedy foi baleado (ver Rojek, 1990, em relação a esse fato). Existem objetos absolutamente distintos para serem contemplados e que todo mundo conhece. São famosos por serem famosos, embora possam ter perdido a base de sua fama, a exemplo do edifício Empire State, que ainda atrai dois milhões de pessoas por ano, apesar de já não ser o prédio mais alto de Nova York. Muitas pessoas que vivem no Ocidente têm a esperança de contemplar alguns desses objetos durante sua vida. Elas empreendem uma espécie de peregrinação a um centro sagrado que, freqüentemente, é a capital de uma grande cidade.

Existe a visão de determinados signos, tais como a típica aldeia inglesa, o típico arranha-céu americano, a típica cervejaria alemã, o típico castelo francês e daí por diante. Esse modo de olhar demonstra como os turistas são, de certo modo, praticantes da semiótica, lendo a paisagem à procura de significantes ou de certos conceitos ou signos preestabelecidos, que derivam dos vários discursos da viagem e do turismo (ver Culler, 1981:128).

Existe igualmente a possibilidade de se verem aspectos não-familiares daquilo que se julgara previamente familiar. Um exemplo é a visita a museus que mostram representações da vida das pessoas comuns, revelando sobretudo seus artefatos culturais. Freqüentemente eles estão dispostos em um entorno "realista", para demonstrar como eram aproximadamente suas casas, oficinas e fábricas. Os visitantes contemplam, assim, elementos não-familiares da vida das outras pessoas, até então supostamente familiares.

Existe também a possibilidade de se verem os aspectos comuns da vida social, empreendida pelas pessoas em contextos inusitados. Parte do turismo direcionado para a China foi desse tipo. Os visitantes acharam particularmente interessante contemplar a execução de tarefas domésticas em um país "comunista" e, em conseqüência, perceber que as rotinas da vida não lhes são tão pouco familiares assim.

Existe também o desempenho de tarefas ou atividades familiares no contexto de um entorno visual inusitado. A natação e outros esportes, as compras, o ato de comer e beber possuem um significado particular, se acontecem tendo como pano de fundo um visual característico. A contemplação visual torna extraordinárias certas atividades que, caso contrário, seriam apenas mundanas.

Existe, finalmente, a visão de determinados signos que indicam que certo objeto é, com efeito, extraordinário, embora não dê essa impressão. Um bom exemplo de tal objeto é uma rocha da lua, embora não pareça chamar a atenção. A atração não é o objeto em si, mas o signo que se refere a essa visão tão característica (Culler, 1981:139). Visão semelhante ocorre nas galerias, quando parte daquilo que está sendo contemplado é o nome do artista, digamos Rembrandt, tanto quanto a pintura em si, que pode ser difícil de se distinguir entre tantas outras expostas na mesma galeria.

Argumentei que o caráter do olhar é fundamental para o turismo. Campbell, no entanto, faz uma colocação importante, relacionada mais genericamente com o caráter do consumo enquanto tal (1987). Ele afirma que o devaneio e a expectativa, ambos disfarçados, são processos fundamentais para o consumismo moderno. Os indivíduos não procuram a satisfação a partir dos produtos, de sua seleção, aquisição e uso. Na verdade a satisfação nasce da expectativa, da procura do prazer, que se situa na imaginação. A motivação básica das pessoas, em relação ao consumo, não é, portanto, simplesmente materialista. Elas procuram, sim, vivenciar "na realidade" os dramas agradáveis que já vivenciaram em sua imaginação. No entanto, como a "realidade" jamais poderá propiciar os prazeres aperfeiçoados com que o indivíduo se depara nos devaneios, cada compra conduz à desilusão e ao anseio por produtos sempre mais novos. Existe uma dialética da novidade e da insaciabilidade no âmago do consumismo contemporâneo.

Campbell parece ver no "hedonismo imaginativo" uma característica relativamente autônoma das sociedades modernas, separado de dispositivos institucionais específicos, tais como a propaganda, ou de modos particulares de emulação social (1987:88-95). Ambas asserções são dúbias em geral, mas particularmente no que se refere ao turismo. É difícil conceber a natureza do turismo contemporâneo sem ver como tais atividades são literalmente construídas em nossa imaginação pela propaganda e pela mídia, bem como pela competição consciente entre diferentes grupos sociais. Se Campbell está certo ao afirmar que o consumismo contemporâneo envolve a busca do prazer imaginário, então o turismo constitui, com toda a certeza, um paradigma. O turismo envolve necessariamente o devaneio e a expectativa de novas e diferentes experiências, que divergem daquelas normalmente encontradas na vida cotidiana. Tais devaneios não são autônomos, porém. Envolvem o trabalho com a propaganda e outros conjuntos de signos, gerados pela mídia, muitos dos quais dizem respeito claramente a processos complexos de emulação social.

Outro problema na análise de Campbell, aliás útil, é que ele trata o consumismo moderno como se fosse historicamente imutável. Não consegue, assim, abordar uma questão muito discutida na ciência social contemporânea, isto é, o caráter mutante do consumo e as possíveis transformações paralelas na natureza da produção capitalista (o consumo é empregado aqui no sentido de "compra" e não implica a ausência da produção no lar). Muitos escritores argumentam que uma mudança profunda está ocorrendo nas sociedades contemporâneas. Em outros escritos refiro-me a esse fato como algo que envolve uma mudança do capitalismo organizado para o capitalismo desorganizado (ver Lash e Urry, 1987). Outros escritores caracterizaram-no como um movimento do fordismo em direção ao pós-fordismo e, em particular, afirmam que existe uma mudança nos modos típicos de produção, que vai do consumo de massa em direção a padrões de consumo mais individualizados (ver Aglietta, 1987; Hirschhorn, 1984; Piore e Sabel, 1984; Leadbetter, 1988; Hall, 1988).

No entanto, esse lado consumista da análise não se acha desenvolvido, indicando o viés "produtivista" em boa parte da literatura existente. Agora estabelecerei dois tipos ideais: de consumo de massa fordista e de consumo diferenciado pós-fordista.

Consumo de massa: aquisição de mercadorias produzidas mediante condições de produção de massa; uma taxa, alta e crescente, de gastos com produtos destinados ao consumidor; produtores individuais que tendem a dominar determinados mercados industriais; o produtor como dominante, mais do que o consumidor; mercadorias que pouco se diferenciam umas das outras em virtude da moda, das variações sazonais e de segmentos específicos do mercado; escolhas relativamente limitadas — aquilo que existe tende a refletir os interesses dos produtores, quer a posse seja particular, quer pública.

Consumo pós-fordista: o consumo, mais do que a produção, predomina, na medida em que os gastos do consumidor aumentam em proporção com a renda nacional; novas formas de crédito permitem o aumento dos gastos do consumidor, produzindo assim elevados níveis de endividamento; quase todos os aspectos da vida social se tornam mercadoria, até mesmo os atos de caridade; diferenciação muito maior dos padrões de compra por parte de diferentes segmentos do mercado; maior volatilidade das preferências do consumidor; crescimento de um movimento do consumidor e a "politização" do consumo; reação dos consumidores ao fato de serem partes da "massa" e necessidade, por parte dos produtores, de se voltarem muito mais para o consumo, sobretudo no caso das indústrias prestadoras de serviços e aquelas de propriedade pública; desenvolvimento de muito mais produtos, cada um dos quais tem uma vida mais curta; emergência de novas espécies de mercadorias, mais especializadas, baseadas em matérias-primas que implicam formas de produção não-massivas (produtos "naturais", por exemplo).

Existem obviamente muitos modos de consumo que interpenetram esta divisão. Há, no entanto, testemunhos consideráveis de que as sociedades ocidentais têm se deslocado amplamente do primeiro para o segundo tipo. Se for assim, essa mudança, então, também se refletirá no caráter mutante do turismo contemporâneo. Na Grã-Bretanha, acampar durante as férias constituiu o exemplo por excelência do conceito fordista de lazer. Na mudança em direção ao pós-fordismo, tais acampamentos receberam novas denominações ("centros" ou "lugares de férias") e agora se apresentam como lugares de "liberdade". Demonstrarei, em capítulos posteriores, que existem muitas outras mudanças ocorrendo no conceito contemporâneo de férias e que têm amplo caráter "pós-fordista". As modificações em questão foram caracterizadas por Poon (1989) como algo que envolve a mudança de um "velho turismo", o qual envolvia empacotamento e padronização, e que deu lugar a um "novo turismo", segmentado, flexível, mercantilizado. O diretor de marketing da British Airways, escreve, por exemplo, a respeito do *fim do marketing de massa* na indústria de viagens... seremos muito mais sofisticados no modo como *segmentaremos* nosso mercado" (cit. em Poon, 1989:94).

Algumas dessas mudanças também estão transformando as relações *entre* o turismo e outras práticas culturais. No capítulo 5 examinarei parte da literatura atual sobre o "pós-modernismo", cuja característica essencial é a importância que se dá à "diversão, ao prazer e à imitação", traços que sempre caracterizaram o olhar turístico. Os centros de férias são, portanto, uma espécie de protótipo daquilo que agora está se tornando muito mais amplo, algo que poderíamos denominar a estetização do consumo.

O próximo capítulo oferece uma sociologia histórica do balneário marítimo, experiência britânica das férias elevada à quinta-essência. A ascensão e queda de tais locais reflete importantes mudanças ocorridas na sociedade britânica, incluindo o crescimento de padrões pós-fordistas de consumo (ver também Pearce, 1982, que aborda a psicologia social do turismo, e Rojek, 1990, sobre a ligação entre o turismo e o lazer).

2
O Turismo de Massa e a Ascensão e Queda do Balneário Marítimo

Introdução

O desenvolvimento do primeiro exemplo de turismo de massa, ocorrido entre a classe trabalhadora na indústria da Grã-Bretanha, foi uma forma excepcionalmente singular de atividade social. O olhar do turismo de massa iniciou-se nas ruelas das pequenas e grandes cidades industriais do norte da Inglaterra. Por que essa classe trabalhadora veio a pensar que viajar, durante breves períodos, para outros lugares bem diversos era uma forma apropriada de atividade social? Por que o olhar de turista desenvolveu-se entre a classe trabalhadora na indústria do norte da Inglaterra? Que revolução na experiência, no pensamento e na percepção conduziu a tais modos insólitos de prática social?

O crescimento de um turismo como esse representa uma democratização da viagem. Já vimos que a viagem sempre foi socialmente seletiva. Estava à disposição de uma elite relativamente limitada e era indicativa de *status* social. No entanto, na segunda metade do século XIX, ocorreu um amplo desenvolvimento da viagem de massa por trem. As distinções de *status* passaram a ser traçadas entre diferentes classes de viajantes, porém menos entre aqueles que tinham condição e aqueles que não tinham condição de viajar. Veremos mais tarde como, no século XX, o carro e o avião democratizaram ainda mais o deslocamento geográfico (ver Stauth e Turner, 1988:521f.). À medida que a viagem se democratizava, da mesma forma amplas distinções de gosto passaram a ser estabelecidas entre diferentes *lugares*: para onde se viajava tornou-se algo de considerável significado social. O olhar do turista passou a ter uma importância diferente em determinados lugares, em detrimento de outros. Desenvolveu-se uma "hierarquia" do balneário e certos lugares passaram a ser vistos como corporificações do turismo de massa, a serem desprezados e ridicularizados. Grandes diferenças de "tom social" se estabeleceram em lugares que, de resto, eram semelhantes. Alguns desses lugares — os balneários da classe trabalhadora — desenvolveram-se rapidamente como símbolos do "turismo de massa", lugares de inferioridade que representavam tudo aquilo que os grupos sociais dominantes consideravam de mau gosto, comum e vulgar.

As explicações em torno do olhar do turista, dos discursos que fundamentavam e corroboravam o turismo de massa para a classe trabalhadora industrial, no século XIX, tendem a ser excessivamente genéricas. Tais manifestações têm sido explicadas normalmente em termos da "industrialização do século XIX" (ver, por exemplo, Myerscough, 1974). Ao identificarmos com maior precisão aqueles aspectos da industrialização que foram particularmente importantes, será dedicada especial atenção ao crescimento dos balneários marítimos, cujo desenvolvimento de forma alguma foi inevitável. Eles surgiram de características *particulares* da industrialização do século XIX e do crescimento de novos modos, de acordo com os quais se organizou e se estruturou o prazer, em uma sociedade baseada, em larga escala, nas classes industriais.

O crescimento do balneário marítimo britânico

Em toda a Europa numerosos balneários se desenvolveram no século XVIII. Seu objetivo original era medicinal. Propiciavam água mineral, usada para banhos e para beber. De modo algum ficou exatamente claro como e por que as pessoas passaram a acreditar em suas propriedades medicinais. Ao que parece, o primeiro balneário da Inglaterra foi Scarborough, que data de 1626, quando uma certa sra. Farrow notou uma fonte na praia (ver Hern, 1967:2-3 e, mais genericamente, Howell, 1974). Daí a algumas décadas os médicos passaram a advogar os efeitos desejáveis de tomar as águas ou fazer a "Cura". Desenvolveram-se vários outros balneários, em Bath, Buxton, Harrogate, Tunbridge Wells, etc. Uma surpreendente quantidade de males melhoraram supostamente, não só ao tomar-se as águas, como também ao banhar-se nelas. Scarborough, porém, era um lugar diferenciado, pois não apenas se tratava de um grande balneário, mas também localizava-se à beira mar. Um certo dr Wittie começou a preconizar o uso de se tomar a água do mar e de banhar-se nela. Durante o século XVIII houve considerável aumento do hábito dos banhos de mar, à medida que as classes mercantis e profissionais, então em desenvolvimento, começaram a acreditar em suas propriedades medicinais, que davam conta de todos os males. Naquela época o balneário era recomendado para adultos e havia pouca associação entre o litoral e as crianças. Com efeito, como o objetivo de banhar-se no mar era o bem que isso provocava, os banhos realizavam-se freqüentemente no inverno e envolviam basicamente a "imersão" e não aquilo que hoje é entendido como natação (ver Hern, 1967:21). Essas caídas no mar eram estruturadas e ritualizadas, prescritas apenas para tratar graves estados de saúde. O banho só deveria ser tomado "após devida preparação e conselhos", conforme escreveu o historiador Gibbon (ver Shields, 1990) e, normalmente, o banhista entrava na água inteiramente nu. A praia era mais um lugar "de cura" do que "de prazer".

Os balneários conseguiam permanecer relativamente restritos, no plano social. O acesso era facultado apenas para aqueles que tinham condições de adquirir ou alugar acomodações em determinada cidade. Younger resume esse fato:

> ...a vida, nas estações de água, durante os séculos XVII e XVIII, assemelhava-se, de muitos modos, à vida em um cruzeiro ou em um pequeno hotel, em uma estação de esportes de inverno, onde a companhia é pequena, reservada, em oposição ao moderno balneário marítimo, onde o indivíduo está submerso na multidão. (1973:14-15).

No entanto, à medida que os banhos de mar tornaram-se relativamente mais favorecidos, ficou mais difícil, para os grupos socialmente dominantes, restringir o acesso. Foram criadas dificuldades em Scarborough devido a sua dupla função, como balneário e como lugar de recreação situado à beira-mar. Em 1824 o terreno do balneário foi cercado e instalou-se uma guarita, com entrada paga, a fim de excluir as "classes impróprias" (Hern, 1967:16). Pimlott resume os efeitos do amplo desenvolvimento dos balneários especializados, à beira-mar, onde esse tipo de restrição social não era possível:

> A capacidade dos balneários marítimos, por outro lado, era ilimitada. Enquanto a vida social, no balneário, se focalizava necessariamente na sala onde se tomavam as águas e nos banhos, e não havia alternativa a se viver em público, o litoral era

grande o suficiente para absorver todos os que para ali iam e a homogeneidade social importava menos. (1947:55).

Portanto, uma precondição para o rápido crescimento dos balneários marítimos, no final do século XVIII e, sobretudo, no século XIX, era o espaço. A Grã-Bretanha possuía um extenso litoral que tinha poucos usos, à parte a localização de portos de pescadores, e que não podia ser controlado por particulares, já que a propriedade da faixa litorânea e das praias, entre as marés alta e baixa, era da Coroa (ver Thompson, 1981:14).

O desenvolvimento desses balneários foi espetacular. Na primeira metade do século XIX os balneários marítimos mostraram uma taxa mais rápida de crescimento populacional do que as cidades manufatureiras: 2,56% ao ano, em comparação com 2,38% (Lickorish e Kershaw, 1975:12). A população de Brighton passou de sete mil para 65 mil habitantes em meio século, sobretudo porque o Príncipe Regente o tornou um lugar da moda: "um setor do West End *maritimizado* (ver Shields, 1990). A população das 48 principais cidades litorâneas aumentou em cerca de cem mil habitantes, entre 1861 e 1871, e mais do que dobrou ao se chegar no fim do século. Calculava-se, em 1911, que 55% da população da Inglaterra e do País de Gales fazia pelo menos uma viagem ao litoral e que 20% dela permanecia por um período mais prolongado a cada ano (Myerscough, 1974:143).

Um conjunto de condições provocou o rápido crescimento dessa nova forma de lazer de massa e, em conseqüência, de uma concentração de serviços relativamente especializados e únicos, em determinados centros urbanos, destinados a propiciar inusitados objetos para o olhar do turista e que, naquela época, eram absolutamente surpreendentes.

Houve considerável aumento do bem-estar econômico de parcelas substanciais da população industrial. A renda nacional *per capita* quadruplicou ao longo do século XIX (ver Deane e Cole, 1962:282). Isso possibilitou que setores da classe trabalhadora acumulassem uma poupança, entre as férias, dado que, naquela época, havia pouca procura por férias remuneradas e muito menos pelas compulsórias (ver Walton, 1981:252).

Além disso, houve uma rápida urbanização, pois muitas cidades de pequeno porte cresceram com incrível rapidez. Em 1801, 20% da população vivia em pequenas cidades e essa cifra foi a 80%, em 1901. Isso ocasionou níveis extremamente elevados de pobreza e de excesso populacional. Ademais, essas áreas urbanas quase que não contavam com espaços públicos, tais como parques e praças (ver Lash e Urry, 1987, cap. 3). Ao contrário do que ocorria nas pequenas e grandes cidades mais antigas, desenvolveu-se um grau bastante nítido de segregação por classes. Esse fato foi fundamental para o surgimento do balneário típico, que se apoiava na atração exercida sobre determinados grupos sociais de certas partes das cidades industriais emergentes. *The Economist*, em 1857, resumia o padrão típico do desenvolvimento urbano:

> A sociedade tende cada vez mais a fracionar-se em classes — e não simplesmente classes, porém classes localizadas, colônias de classes... É a disposição a associar-se com iguais, em certa medida com aqueles que têm *interesses* práticos semelhantes, em medida ainda maior com aqueles que têm gostos e cultura semelhantes e, acima de tudo, com aqueles com quem julgamos estar em um patamar de igualdade moral, qualquer que possa ser nosso padrão. (20 de junho de 1857:69; ver também Johnson e Pooley, 1982).

Portanto, um dos efeitos da transformação econômica, demográfica e espacial da pequena cidade do século XIX foi produzir comunidades da classe trabalhadora, que se auto-regulavam, as quais mantinham relativa autonomia em relação às novas ou antigas instituições da sociedade mais ampla. Essas comunidades foram importantes para o desenvolvimento de formas de lazer da classe trabalhadora, que eram relativamente segregadas, especializadas e institucionalizadas (ver Clarke e Critcher, 1985).

O crescimento de um padrão mais organizado e rotineiro de trabalho levou a tentativas de desenvolver uma correspondente racionalização do lazer: "Em grande parte essa regularização dos dias de lazer surgiu devido a uma modificação das horas diárias de trabalho e da natureza desse trabalho" (Cunningham, 1980:147).

Foi sobretudo nos novos e emergentes locais de trabalho e nas cidades que o trabalho passou a ser organizado como uma atividade relativamente limitada pelo espaço e pelo tempo, apartada do divertimento, da religião e das festividades. Ao longo dos séculos XVIII e XIX o trabalho foi sendo cada vez mais valorizado em si e não simplesmente como um remédio contra a preguiça. Fizeram-se algumas tentativas no sentido de partir de uma orientação que tinha a tarefa por objetivo e de adotar uma orientação cuja finalidade era o tempo (ver Thompson, 1967). Os industriais tentaram impor uma disciplina rigorosa à sua mão-de-obra, recentemente estruturada (Pollard, 1965). Foram introduzidas regras severas de atendimento e pontualidade, com as quais se tinha pouquíssima familiaridade, acompanhadas de multas e punições. Montaram-se campanhas contra a bebida, o ócio, os esportes violentos, a linguagem grosseira e as férias e feriados (ver Myerscough, 1974:4-6; Cunningham, 1980: cap. 3, relativo à "recreação tradicional"). Muitas feiras foram abandonadas, e os dias santificados, bem como os dias em que o Banco da Inglaterra fechava para o público, foram dramaticamente reduzidos. A partir da década de 1860 a idéia de civilizar a "grosseira" classe trabalhadora por meio de uma recreação organizada tornou-se muito mais divulgada entre os patrões, os reformadores de classe média e o Estado (ver Rojek,

1990: cap. 2). As formas típicas da recreação que se favoreciam eram a instrução educacional, o exercício físico, o artesanato, a formação musical e as excursões. Férias no campo, para as crianças carentes das cidades, e acampamentos organizados pelos entusiastas movimentos da juventude (Brigada dos Meninos, Escoteiros, Brigadas dos Rapazes Judeus, etc.), foram um dos elementos da reengenharia social da classe trabalhadora, favorecida pelo movimento da recreação racional.

À medida que o trabalho se tornou em parte racionalizado, as horas de trabalho foram sendo gradualmente reduzidas. O Parlamento introduziu vários dispositivos de uma legislação protetora, na segunda metade do século XIX. Foi particularmente importante a instauração da jornada de trabalho de meio período, sobretudo aos sábados (ver Cunningham, 1980: cap. 5). Phelps-Brown notou que: "Conseguir que o trabalho semanal não passasse de 54 horas e proporcionar meia jornada de trabalho foi algo único em sua época, comemorado como 'la semaine anglaise' (1968, 173; ver também Cunningham, 1980, 142-5).

A obtenção de intervalos mais prolongados, de férias com a duração de uma semana, foi uma iniciativa pioneira no norte da Inglaterra, sobretudo nas regiões têxteis algodoeiras de Lancashire (ver Walton, 1981). Os proprietários das fábricas começaram a admitir essas "semanas de folga" como períodos regularizados de férias, as quais encontravam sua compensação no fato de que o comparecimento ao trabalho era muito mais regular, durante o resto do ano: "O fechamento total de um moinho, durante as férias habituais, era preferível à constante interrupção durante o verão, e houve vantagens em se estabelecer férias em certos períodos, objetos de um acordo" (Walton, 1981:255).

Alguns patrões começaram a encarar as férias regulares como algo que contribuía para a eficiência. No entanto, o prolongamento gradual das férias, a partir de meados do século XIX, resultou sobretudo de uma pressão defensiva da própria mão-de-obra, especialmente dos setores mais afluentes, que encaravam tais práticas como um meio de desenvolver suas formas autônomas de recreação. Leonard Horner, inspetor de uma fábrica, atribuía a sobrevivência das férias mais ao costume do que a uma "liberalidade por parte dos patrões" (Walton, 1978:35). Um traço particularmente significativo das férias é que elas deviam ser gozadas coletivamente. Conforme argumenta Walton, em momentos tais como "o Natal, a Páscoa e semana de Pentecostes, o costume ditava que as férias deveriam ser tiradas *en masse* e comemoradas por toda a comunidade" (1978:35). A partir da década de 1860 as férias semanais passaram a implicar viagens para o litoral, longe dos lugares normais de residência (ver Walton e Poole, 1982).

No final do século XVIII e início do XIX houve uma certa mudança de valores, particularmente ligada ao "movimento romântico". Deu-se ênfase à intensidade da emoção e da sensação, ao mistério poético, mais do que à clareza intelectual, e à expressão hedonística individual (ver Feifer, 1985: cap. 5, que se refere ao turista "romântico", bem como Newby, 1981). Os sumos sacerdotes do romantismo na Grã-Bretanha foram os Shelley, Lord Byron e os Wordsworth. Os efeitos do romantismo sugeriam que se podia sentir-se emotivo em relação ao mundo natural e que a paisagem era algo que uma pessoa podia contemplar com deleite. Os prazeres individuais deveriam derivar da apreciação de uma paisagem que causasse uma impressão. O romantismo implicava que os moradores das novas cidades industriais emergentes se beneficiariam enormemente com o fato de passarem breves períodos longe delas, contemplando a natureza. O romantismo não apenas conduziu ao desenvolvimento do "turismo da paisagem" e da apreciação de magníficos trechos do litoral. Encorajou também os banhos de mar. Levando em consideração o tempo, em geral inclemente, e o fato de que a maior parte dos banhistas ficavam nus, já que nenhum traje de banho conveniente havia sido imaginado no início do século XIX, deve ter ocorrido algum desenvolvimento considerável da crença nas propriedades da "natureza", enquanto restauradora da saúde. Boa parte do turismo, no século XIX, baseou-se no fenômeno natural do "mar" e suas supostas propriedades de propiciador de saúde (ver Hern, 1967: cap. 2; Walton, 1983: cap. 2; Feifer, 1985:216).

Uma precondição a mais para o crescimento do turismo de massa foi a grande melhoria dos meios de transporte. No fim do século XVIII levavam-se três dias para viajar de Birmingham a Blackpool. Até mesmo a viagem de Manchester a Blackpool exigia um dia inteiro. Somente Brighton era razoavelmente bem-servida por diligências. Por volta de 1830, 48 diligências por dia faziam a rota Londres-Brighton e o tempo de viagem fora reduzido para quatro horas e meia (ver Walvin, 1978:34). Havia, porém, dois grandes problemas em relação a viagens em diligências. Em primeiro lugar, muitas estradas estavam em estado bastante precário. Foi somente na década de 1830 que os consórcios das estradas criaram uma rede nacional razoável e o tempo de duração das viagens caiu expressivamente. Em segundo lugar, a viagem em diligências era muito cara e custava cerca de 2,5 a 3d. por milha. Referindo-se aos viajantes que se dirigiam a Blackpool, em 1813, Richard Ayton notou que: "A maior parte deles vêm em tílburis, mas alguns vêm a pé de Manchester, que fica a mais de quarenta milhas (aproximadamente 64 km), e percorrem essa distância em um dia" (Walvin, 1978:35).

Inicialmente, na década de 1830, as companhias ferroviárias não se deram conta do potencial econômico do massivo mercado de passageiros de baixa renda. Em vez disso, concentraram-se no transporte de mercadorias e de passageiros prósperos. Porém o Ato Ferroviário de Gladstone, baixado em 1844, importante iniciativa da legislação, obrigava as companhias ferroviárias a dar atendimento "às classes trabalhadoras" (ver Walvin, 1978:37). Mesmo antes disso a abertura da estrada de ferro entre Preston e Fleetwood, em 1840, havia causado um extraordinário fluxo de visitantes ao porto, muito dos quais seguiram pelo litoral até Blackpool. Em 1848 calculava-se que mais de cem mil viajantes haviam deixado Manchester de trem, em direção ao litoral, durante a semana de Pentecostes; em 1850 este número ultrapassava a cifra dos duzentos mil (Walvin, 1978:38). O efeito sobre o tom social de Blackpool em meados do século XIX foi notado naquela época:

> A menos que se tomem medidas imediatas, Blackpool, como balneário destinado a visitantes respeitáveis, será arruinado... A menos que as viagens baratas de trem sejam interrompidas ou que se estabeleça uma regulamentação eficaz para se lidar com as milhares de pessoas que visitam aquele lugar, as propriedades de Blackpool ficarão de tal modo depreciadas que jamais se poderá recuperar seu valor (cit. in Walvin, 1978:38).

De fato, o "tom social" de Blackpool parece ter encontrado sua decadência rapidamente, pois 15 anos antes era considerado "um lugar favorito, salubre e decente para 'famílias respeitáveis'" (ver Perkin, 1976:181).

O papel das ferrovias não deve ser excessivamente enfatizado, porém. Em geral as companhias de estradas de ferro achavam que a natureza sazonal do tráfego durante as férias era indício de que se tratava de um negócio particularmente lucrativo. Foi somente no final do século que elas se dispuseram a promover viagens a diferentes balneários, sublinhando as características mais atraentes de cada um deles (ver Richards e MacKenzie, 1986:174-9). Só muito raramente, como no caso de Silloth, no noroeste da Inglaterra, elas tentaram construir um balneário inteiramente novo, mas, neste caso, o fracasso tornou-se evidente (ver Walton, 1979).

Argumentou-se também que o padrão do desenvolvimento ferroviário tinha que ver com a diferença de "tom social" entre os vários balneários marítimos, que surgiam rapidamente em meados do século XIX. Uma explicação razoável para tais diferenças seria aquela segundo a qual os balneários mais acessíveis às grandes cidades e às pequenas cidades industriais tinham todas as probabilidades de serem mais populares, o que afastaria os visitantes que gozavam de um *status* social mais elevado. Assim, Brighton e Southend eram mais populares e tinham um tom social inferior a Bournemouth e Torquay, que não se encontravam a um dia de viagem de Londres (Perkin, 1976:182). No entanto, semelhante explicação não satisfaz inteiramente. Perkin nota que Scarborough e Skegness estavam praticamente à mesma distância de West Riding e, entretanto, desenvolveram tons sociais muito diferentes. Embora a estrada de ferro obviamente tenha feito uma diferença em relação a essas localidades, sua chegada não explica completamente as notáveis variações que surgiram. E muito menos as atitudes das elites locais, argumenta Perkin. Houve, de fato, fortes campanhas na maior parte dos lugares que se tornaram balneários da classe trabalhadora, tais como Blackpool ou Morecambe, no sentido de impedir que as companhias ferroviárias locais realizassem viagens dominicais de um só dia, pois julgava-se corretamente que os viajantes espantariam os visitantes mais ricos que os balneários tinham a possibilidade de atrair.

Perkin afirma que o efeito das elites locais sobre os respectivos "tons sociais" dos diferentes balneários resultou dos modos segundo os quais a terra e as edificações eram localmente possuídas e controladas. O fator determinante do tom local de cada balneário era a competição pelo domínio desses locais entre três facções do capital: o capital local, de grande porte, sobretudo o de proprietários dos hotéis principais, das salas de concerto, das lojas, etc.; o capital local, pequeno, sobretudo o dos donos de pensões, de parques de diversões, etc.; grandes empresas, altamente capitalizadas, pertencentes a forasteiros e que proporcionavam um divertimento de massa, barato (1976:185). Particularmente importantes eram a posse e o controle anterior da terra, em cada localidade. Perkin demonstra esse fato da maneira mais convincente possível ao estabelecer o contraste entre Blackpool e Southport, sendo que este último se localizava *mais perto* dos grandes centros de população e possuía ótimas praias, muito amplas. Ambos os balneários começaram com o fornecimento, mais ou menos espontâneo, de acomodações para os banhos de mar por parte dos estalajadeiros, sitiantes e pescadores locais. No entanto, em Southport a terra não era cercada e vários posseiros que proporcionavam acomodações para os banhos de mar em breve se tornaram meeiros dos lordes, senhores das terras, os quais, por sua vez, abriram uma avenida elegante e espaçosa, Lords Street. Os senhores das terras também impediram novos empreendimentos industriais e frearam a expansão do comércio. Em conseqüência, Southport tornou-se um balneário com grandes hotéis, vilas residenciais, amplos jardins e casas de repouso para os magnatas do algodão, etc. (ver Walton, 1981:251).

Blackpool, em contraste, começou como uma comunidade de pequenos sitiantes. Em 1838 havia somente 24 sítios com mais de 25 acres na pequena cidade, e a maior parte deles estava a uma grande distância da orla marítima. Até mesmo os grandes sítios na orla foram vendidos e divididos em terrenos, onde se construíram pensões com vista para o mar. Walton nota que nenhum outro grande balneário foi tão dominado por pequenas pensões quanto Blackpool. Isto se deve a que:

Não havia espaço para que uma propriedade planejada, de alta categoria, se desenvolvesse nos termos do dono das terras, pois os pequenos sitiantes de Blackpool estavam compreensivelmente mais preocupados em obter o máximo proveito de um terreno limitado do que em melhorar as amenidades do balneário como um todo.
A terra em Blackpool foi desenvolvida com alta densidade, desde o início, e poucas restrições se fizeram aos empreendedores por parte dos donos das terras, pois o padrão fragmentado das propriedades significava que sempre havia competição, quando se tratava de vender propriedades destinadas às construções. (Walton, 1978:63).

Em conseqüência, toda a área central acabou tornando-se um conjunto mal-planejado de pequenas propriedades, pensões, pequenas lojas, etc., sem espaço para os grandes edifícios públicos, amplas avenidas e jardins, como os que existiam em Southport. Embora o pequeno capital local tentasse apelar ao mercado turístico de classe média, que se expandia rapidamente, Blackpool não possuía aquelas atrações paisagísticas necessárias à atração desse mercado. Ao mesmo tempo tornava-se intensamente popular perante a classe operária, em parte devido a seus baixos custos. O número de visitantes aumentou enormemente durante as décadas de 1870 e 1880, quando o jornal *Morning Post* declarou que, em Blackpool "podem-se obter mais diversões, por menos dinheiro, do que em qualquer outro lugar do mundo" (24 de agosto de 1887). Fracassaram os esforços realizados pela Corporação, com a finalidade de excluir os comerciantes que vendiam produtos e serviços baratos. Perkin sugere que, por volta da década de 1890, um número suficiente de contribuintes de impostos havia se interessado em atender aos viajantes da classe trabalhadora e, assim, o "tom social" de Blackpool se estabeleceu com firmeza (1976:187). A principal exceção a esse padrão seria a área conhecida como a Costa Norte, onde a "Companhia de Terras, Construções e Hotéis de Blackpool" adquiriu o controle de três quartos de milha da orla marítima e planejou com cuidado um empreendimento socialmente seleto e coerente (ver Walton, 1978:70-1). É interessante notar que durante o século XIX Southport prosperou mais do que Blackpool e até mesmo em 1901 sua população era mais numerosa (Perkin, 1976:186).

Assim, as diferenças quanto ao "tom social" dos balneários ("a hierarquia dos balneários") parece ser explicável em termos da intersecção entre os padrões de propriedade da terra e a atração paisagística. Aqueles lugares que terminaram como balneários da classe trabalhadora ou que poderiam ser descritos como "balneários fabris", ligados a uma determinada cidade industrial, eram os que, em geral, apresentavam uma propriedade muito fragmentada da terra, em meados do século XIX, e uma paisagem relativamente pouco atraente. Referindo-se a Skegness ou Nottingham-by-the-Sea, Ashworth diz que se situava "no litoral menos colorido, mais descaracterizado e negativo da Inglaterra" (*The Guardian*, 21 de junho de 1986). Tais balneários se desenvolveram como um lugar bastante barato de se visitar e, como resultado, surgiu uma infra-estrutura turística que atendia a um enorme mercado de trabalhadores, porém tratava-se de um mercado oriundo normalmente de uma área industrial específica. À medida que o mercado se desenvolveu, os veranistas mais ricos foram para outros lugares, a procura de acomodações, paisagens e tom social superiores. Tirar férias é uma forma de consumo evidente, no qual as atribuições de *status* são feitas na base de *onde* uma pessoa ficou e depende, em parte, *de como são as outras pessoas* que também vão para o lugar que se escolheu. A atração exercida por um lugar e, em conseqüência, sua localização na hierarquia dos balneários também depende de *quantas* pessoas estão no mesmo lugar, sobretudo de quantas pessoas se assemelham ao viajante.

Houve, no século XIX, algumas diferenças interessantes entre as férias populares no sul e no norte do país (ver Walton, 1981). No sul, as excursões de um só dia eram mais populares e tendiam a ser organizadas pelas companhias ferroviárias, grupos de interesse nacional, tais como a Liga Dominical Nacional ou firmas comerciais, a exemplo de Thomas Cook (ver Farrant, 1987, sobre o desenvolvimento dos balneários do litoral sul, de "Londres à beira-mar"). Esta organização foi fundada em 1841 quando Thomas Cook fretou um trem de Leicester para Loughborough, para um encontro sobre a temperança (ver Feifer, 1985:167). Sua primeira excursão de prazer foi organizada em 1844 e o "pacote" incluía um guia que acompanhava o grupo a lojas recomendadas e a locais de interesse histórico que mereciam ser "olhados". Cook escreveu com eloqüência sobre as vantagens do turismo de massa e da democratização das viagens:

> Mas é tarde demais, nestes dias de progresso, para dizer uma asneira tão exclusiva... as estradas de ferro e os vapores são o resultado da luz comum da ciência e destinam-se ao povo... Os melhores homens e as mentes mais nobres regozijam-se ao ver o povo seguir suas rotas do prazer, que já palmilharam. (cit. in Feifer, 1985:168-9).

O interessante é que, entre aqueles que compravam os "pacotes" de Cook para o continente europeu, as mulheres superavam consideravelmente os homens. Na restritiva Grã-Bretanha vitoriana, Thomas Cook proporcionava uma notável oportunidade para as mulheres, freqüentemente solteiras, viajarem pela Europa sem serem acompanhadas. O imenso significado organizacional e sociológico de Thomas Cook é bem-resumido por Younger: "Sua originalidade residia em seus métodos, em sua quase infinita capacidade de servir, sua aguda percepção das necessidades de seus clientes... Ele inventou o agora universal sistema de cupons e, por volta de 1864, mais de um milhão de passageiros haviam passado por suas mãos" (1973:21).

No norte da Inglaterra as associações de voluntários já existentes exerceram um papel organizacional e financeiro mais importante na evolução do movimento em torno das férias (ver Myerscough, 1974:4-5). *Pubs*, igrejas e clubes contratavam com freqüência uma excursão ou um trem e ofereciam a seus membros facilidades de pagamento. Isso também apresentava a vantagem de que a proximidade dos amigos, vizinhos e líderes locais proporcionava segurança e controle social. Assim, um grande número de pessoas bastante pobres se viram em condições de tirar férias, passando noites fora de casa. Em breve estabeleceu-se um padrão: aqueles que saíam de férias voltavam repetidas vezes às mesmas acomodações, no mesmo balneário. Blackpool, com sua alta proporção de senhorias nascidas em Lancashire, gozava de considerável vantagem a esse respeito. Os clubes de férias tornaram-se muito comuns em vários lugares da região industrial de Lancashire, embora, em outros lugares, continuassem sendo uma raridade. Walton resume bem o que aconteceu no final do século XIX, em Lancashire:

> As comunidades das fábricas, desde cedo incentivadas pelos patrões e por agências de auto-aperfeiçoamento, criaram seu próprio sistema popular de organização das férias, no final do século XIX. Cada família era capacitada a financiar suas próprias férias, sem assistência vinda de cima. O original sistema de férias de Lancashire baseou-se, assim, na solidariedade da classe trabalhadora, ao conservar e ampliar os feriados e férias costumeiras e, através da cooperação e assistência mútua, fazer deles o mais amplo uso... Somente em Lancashire... obteve-se um equilíbrio entre a sobrevivência dos feriados tradicionais e a disciplina do trabalho industrial. Somente ali cidades inteiras saíam de férias e encontravam balneários capazes de atender as suas necessidades (1978:39).

Esse padrão se fez presente particularmente na indústria têxtil algodoeira, em parte devido ao alto nível de emprego das mulheres. Isso significava renda familiar mais elevada e maior interesse por formas de lazer, que se baseavam menos nas escolhas masculinas e mais na família (ver Walton, 1981:253). Em outros lugares, afirma Walton, "uma ligação muito grande com os feriados costumeiros e com modos de trabalho retardaram o desenvolvimento do hábito de passar feriados à beira-mar, em boa parte da Inglaterra industrial" (1981:263).

Com efeito, esse foi um período no qual muitos outros eventos ligados ao lazer começaram a ser organizados. Houve uma pletora de tradições inventadas entre 1870 e 1914, freqüentemente promovidas e sacralizadas por meio do patrocínio real. Os exemplos incluíam o Torneio Real em 1888, o primeiro jogo de equipes universitárias em 1895, os Jogos de Highland, que foram colocados sob o patrocínio da Coroa em 1852, etc. Conforme observa Rojek, no final do período

Figura 2.1 Turismo "de massa" à beira-mar.

Figura 2.2 Cartão-postal de Morecambe.

vitoriano/eduardiano houve um sistema reestruturado de regulamentação moral, que envolvia não a negação dos prazeres, mas seu cultivo. Nisso os espetáculos nacionais desempenhavam um papel fundamental e o mais espetacular deles era a parada da Guarda Montada do Palácio, quando se realizava a cerimônia conhecida como *"Trooping the Colour"* * (ver 1990: cap. 2). Participar pelo menos uma vez desses acontecimentos de lazer passou a ser uma parte importante do nascente senso de britanicidade no final do século XIX, o qual derivava, em parte, das atividades de lazer do povo.

No período entre as duas grandes guerras os principais acontecimentos que afetaram o olhar do turista, na Grã-Bretanha, foram o aumento do número de proprietários de carros, que alcançou a cifra de dois milhões por volta de 1939; o uso generalizado do transporte por ônibus; o considerável crescimento do transporte aéreo — mais de duzentos milhões de milhas voadas em 1938; o desenvolvimento de novas organizações, tais como o Touring Clube dos Ciclistas, a Associação Cooperativa de Férias, a organização de Sir Henry Lunn, o Touring Clube da França, o Sindicato Internacional das Organizações Oficiais de Propaganda do Turismo, a Associação dos Albergues da Juventude, o Camping Clube da Grã-Bretanha, etc.; o desenvolvimento inicial dos acampamentos de férias, começando pelo acampamento da ilha de Man, organizado por Joseph Cunningham, em 1908, e culminando, nesse período, com o acampamento de Skegness, sob a direção de Billy Butlin, aberto em 1936; o desenvolvimento dos cruzeiros de prazer (ver Brunner, 1945; Lickorish e Kershaw, 1975; Ward e Hardy, 1986). No entanto, apesar de todos esses avanços, observou Brunner, o balneário à beira-mar continuou sendo a Meca da grande maioria dos ingleses que partiam em férias, durante todo esse período. Ela argumentou que tais balneários "são essencialmente próprios deste país, mais numerosos e mais altamente especializados em sua funções de balneários do que aqueles existentes em qualquer outro país" (1945:8). As férias e feriados à beira-mar ainda eram a forma predominante na Grã-Bretanha, até a Segunda Guerra Mundial, e haviam se expandido com maior rapidez do que qualquer outro tipo de férias, durante o período entre as duas guerras (ver Walvin, 1978:116-18).

Para poder lidar com os milhões de visitantes os balneários iniciaram um enorme programa de investimentos. O investimento particular em hotéis e casas alcançou a cifra de duzentos a trezentos milhões de libras e os investimentos da municipalidade também foram altos, embora, muitas vezes, controlados de maneira conservadora (ver Pickvance, 1990, sobre a importância desse "conservado-

---

* Cerimônia pública na qual os soldados transferem oficialmente a bandeira do regimento, geralmente durante uma parada. (N. do E.)

rismo municipal" nos balneários de Thanet). Em Blackpool, por exemplo, gastou-se 1,5 milhão de libras com o passeio público e os jardins, quatrocentas mil libras com as piscinas, 1,25 milhão de libras com um parque e a mesma quantia com o Jardim de Inverno (Walvin, 1978:117). Quatro balneários (Blackpool, Bournemouth, Brighton e Southend) haviam se tornado centros urbanos importantes por volta de 1931 e suas populações ultrapassavam cem mil habitantes. Esses balneários possuíam características demográficas inusitadas, com proporções muito mais elevadas do que a média nacional, em relação à presença de trabalhadores do setor de serviços, sobretudo de mulheres, e uma proporção cada vez maior de aposentados.

É preciso assinalar uma última mudança no padrão vigorante antes da guerra. Houve sólido desenvolvimento do movimento em favor das férias remuneradas, que culminou no *Holidays Act* de 1938 (ver discussões sobre a questão em Brunner, 1945:90 e Walvin, 1978: cap. 6). Já em 1920, 58 acordos que garantiam férias remuneradas haviam sido assinados pelos sindicatos. Em meados da década de 1920, de 16 a 17% da mão-de-obra gozava de férias remuneradas. Pouco progresso foi realizado durante os anos da depressão, sobretudo porque tornou-se óbvio que seria necessária uma legislação. Foram propostas várias emendas às leis, porém todas elas enfrentavam uma decidida oposição. Finalmente foi estabelecido um comitê em 1937, o que culminou com uma legislação no ano seguinte, boa parte da qual passou a ser aplicada somente após o término da guerra. Sir Walter Citrine, ao prestar esclarecimentos a esse comitê, declarou que partir de férias "é um fator crescente na vida da classe trabalhadora. Acho que a maior parte das pessoas apreciam agora a necessidade de uma completa mudança de ambiente." (cit. em Brunner, 1945:9). Estimou-se que o número de pessoas que saíam de férias no Reino Unido, no período do pós-guerra, dobrou, passando de 15 para 30 milhões. Assim, a essa altura, havia se desenvolvido uma indústria que se tornou particularmente "voltada para lidar com as pessoas *en masse* e passou a ser extremamente eficiente e organizada, no sentido de atrair e lidar com verdadeiros exércitos de trabalhadores das cidades" (Walvin, 1978:107).

Assim, por ocasião da Segunda Guerra Mundial, houve uma aceitação geral da visão de acordo com a qual sair de férias era bom e constituía a base da renovação pessoal. As férias quase haviam se tornado marca de cidadania, um direito ao prazer. Em torno desse direito desenvolveu-se na Grã-Bretanha uma ampla infra-estrutura que proporcionava serviços especializados, sobretudo nos balneários. Todo mundo se tornara autorizado a gozar dos prazeres do "olhar do turista" à beira-mar.

Detalharemos em seguida como esse olhar passou a ser organizado em um determinado "balneário da classe trabalhadora", Morecambe, situado no noroeste da Inglaterra, ao sul do Distrito dos Lagos. Mostraremos o quão diferenciada é a organização desse olhar, à medida que diferentes balneários passaram a especializar-se no fornecimento de serviços a distintos grupos sociais.

"Bradford à beira-mar", praias e bangalôs

Conforme vimos, foi no norte da Inglaterra, sobretudo nas cidades têxteis de Lancashire, que a promoção de férias para as classes trabalhadoras implantou-se com pioneirismo, nas décadas de 1850 e 1860:

> Foi aqui que as férias à beira-mar, em contraste com as excursões de um dia, se tornaram uma experiência de massa durante o último quarto do século XIX. Em outros lugares, até mesmo em Londres, o processo foi mais lento e desigual. No entanto as demandas da classe trabalhadora passaram a ser o fator mais importante gerador do crescimento dos balneários na Inglaterra setentrional, nos últimos anos da era vitoriana (Walton, 1983:30-1).

Até meados do século XIX quase todos os grandes balneários localizavam-se no sul da Inglaterra, próximos aos veranistas de classe média e às fontes das finanças (ver King, 1984:70-4). Somente esses balneários conseguiam atrair visitantes vindos de um mercado nacional. Os balneários distantes do litoral sul tinham de apoiar-se no mercado local ou regional. No entanto, no início do século XX, a situação se modificara profundamente. Inúmeros balneários de grande porte haviam se desenvolvido no norte da Inglaterra. Por volta de 1911, Blackpool se tornara o quinto maior balneário do país, enquanto em Lytham, Morecambe, Southport e St. Anne's houve um grande aumento da população. Este, portanto, foi um período que "presenciou a rápida e enfática ascensão do balneário especializado na classe trabalhadora" (Walton, 1983:67). Em comparação com o período anterior, os balneários que cresciam com maior rapidez eram muito mais dispersos por todo o país.

O padrão de crescimento em Morecambe foi assim descrito: "Morecambe... tentou tornar-se um balneário seleto e um lugar de lazer para os homens de negócio de West Riding, mas, em vez disso, tornou-se a Blackpool dos habitantes de Yorkshire" (Perkin, 1976:104; ver também Quick, 1962).

Condição essencial para o crescimento do balneário da classe trabalhadora foram os fortes laços comunitários presentes nos centros industriais do norte da

Inglaterra (ver Walton, 1978:32). Morecambe, porém, não poderia esperar competir com Blackpool em relação ao enorme fluxo de turismo proveniente de Lancashire, pois esta última localidade havia desenvolvido, em épocas recentes, uma infra-estrutura turística de grande porte. Possuía melhores ligações ferroviárias (usava a mesma companhia durante toda a viagem) e situava-se a uma distância consideravelmente mais próxima das pequenas e grandes cidades do sul e do leste de Lancashire, que se expandiam rapidamente. Teve, assim, condições de acolher uma grande clientela, que fazia excursões de apenas um dia. Uma vez que um balneário impulsionasse seu "interior industrial", era pouco provável que sua posição fosse ameaçada, pois as visitas que para ele se dirigiam tornaram-se parte de uma "tradição" de se tirarem férias, naqueles centros industriais. Os balneários que se desenvolveram mais tarde, como Bournemouth e Skegness, em geral gozaram dessa condição por não terem rivais óbvios ou semelhantes em sua proximidade (ver Walvin, 1978:161). No caso de Morecambe, ficou claro, na segunda metade do século, que a localidade seria incapaz de competir com Blackpool no que diz respeito a absorver os turistas que vinham de Lancashire. Foi assim que Ralph Darlington, proprietário das minas de carvão de Wigan e vereador, declarou ao Comitê da Câmara dos Comuns, em 1884, que "Morecambe não goza de nossa estima como uma estação de águas. Eu diria até que ela não o é em absoluto." (cit. em Grass, 1972:6). Do mesmo modo Thomas Baxter, membro do Conselho de Saúde de Morecambe em 1889, observou que "não havia dúvida de que Blackpool sempre se avantajara, em toda a região de Lancashire" (*Observer*, 11 de outubro de 1889).

 A incapacidade de competir com o mercado turístico de Lancashire, combinada com a ligação ferroviária com as pequenas cidades têxteis de Yorkshire, significava que boa parte do turismo direcionado para Morecambe provinha de West Riding. Isso se devia ao fato de que as conexões com Yorkshire incluíam não só os negócios com turismo, mas também os padrões de migração. Considerável número de pessoas provenientes de Yorkshire, trabalhadores e patrões, foram viver em Morecambe e parte deles ia diariamente a Bradford ou Halifax (Perkin, 1976:190). O primeiro presidente da nova Câmara, o vereador E. Barnsbee, era de Bradford e, aposentando-se, passou a residir em Morecambe. Além disso, a localidade não era apenas o local de férias para aqueles que moravam em West Riding. Tinha de enfrentar considerável competição com os balneários da costa leste, em Yorkshire e Lincolnshire. Ainda assim tornou-se cada vez mais popular. Um correspondente do *Daily Telegraph* escreveu em 1891:

Aquilo que Margate representa para o *cockney** médio, Morecambe representa para o homem de Yorkshire, robusto e amante da saúde. É reconhecido por todos que Morecambe é o verdadeiro Yorkshire, até a medula... Os homens, os rapazes e as garotas de Yorkshire decidiram colonizar e popularizar esta estação de águas, chuvosa, varrida pelos ventos, onde a brisa sopra e que a todos propicia a saúde (cit. em Grass, 1972:10).

No período entre as duas guerras um prefeito de Bradford proclamou que: "A maioria dos cidadãos de Bradford, para não mencionar as crianças, apreciaram passar uma parte de seus momentos de lazer nesse maravilhoso balneário, tão favorável à saúde" (*Visitor*, julho de 1935, Recordações do Jubileu de Diamante).

Morecambe, entretanto, não conseguia atrair um número suficiente de visitantes da classe média. O motivo, em parte, era o fato de que os líderes da cidade não conseguiam impedir o crescimento do turismo de um só dia, descrito pelo jornal *Lancaster Guardian* sendo exercido por uma multidão "desordeira e briguenta" (22 de agosto de 1868). Parte disso se devia à existência de muitas casas relativamente pequenas (muitas vezes "casas de fundo"), o que tornava impossível a abertura de novas pensões e pequenos hotéis que proporcionassem acomodações para visitantes de poucos meios, sobretudo os que vinham do oeste de Yorkshire. Travaram-se grandes debates entre os defensores da "respeitabilidade", que haviam se organizado através da Comissão de Saúde até 1894 e do Conselho do Distrito Urbano, após essa data, e entre os que promoviam "o consumo de férias para as massas", tais como as grandes companhias de turismo. Em um editorial publicado em 1901 o jornal *Visitor* apoiava o último grupo, sob a alegação de que "em uma cidade que não dispunha de associações e parques públicos, além de um cais mantido pelos impostos", eles "haviam realizado admiravelmente seu trabalho, atendendo os visitantes, durante esta estação" (2 de outubro de 1901). Já no final da década de 1890 os defensores do desenvolvimento comercial haviam levado a melhor e as tentativas realizadas pelo Conselho do Distrito Urbano de manter a "respeitabilidade" haviam fracassado. O *Daily Telegraph* assim resumiu Morecambe em 1891: "Pode ser que para as pessoas exigentes Morecambe, lugar simples, seja um pouco primitiva, ligeiramente marcada pela vulgaridade, porém jamais é aborrecida" (cit. in Perkin, 1976:191).

Nos últimos anos do século passado ocorreram inúmeras modificações em Morecambe: rápido aumento da taxa de crescimento da população (mais de 10% ao ano); considerável aumento de capitais aplicados, sobretudo em obras tais

---

* Nativo da parte leste de Londres. (N. do E.)

como uma torre giratória; grande desenvolvimento de acomodações nos hotéis e pensões (ver Denison-Edson, 1967).

Sua prosperidade dependia, entretanto, de outros níveis de prosperidade, sobretudo na região de Yorkshire. Quando Bradford e principalmente a indústria da lã iam bem, então Morecambe parecia prosperar. Conforme notou o *Observer* em 1883, quando "o comércio de Bradford está em maré baixa, deixa-se de se ir para "Bradford à beira-mar" (25 de maio). Morecambe continuou sendo prisioneira das ferrovias e da qualidade e quantidade de serviços que elas proporcionavam.

No período entre as duas guerras, Morecambe foi bem-sucedida, em parte porque houve grande crescimento de férias remuneradas, em parte porque a maioria das férias ainda eram passadas à beira-mar e as famílias eram transportadas por trem e, em menor proporção, por ônibus. Os divulgadores de Morecambe advogavam que todos os trabalhadores deveriam receber férias remuneradas de uma semana (*Visitor*, 22 de janeiro de 1930). Em 1925 havia dois *campings* em Heysham, que fazia parte do mesmo município. Morecambe presenciou um crescimento considerável de sua população (3,8% durante a década de 1930; esse valor total, entre 1930 e 1946, elevou-se a 54% (Denison-Edson, 1967:28). As décadas de 1930 e 1940 foram particularmente prósperas, e o conselho da cidade fez pesados investimentos em novos objetos destinados ao olhar do turista, um nítido exemplo de como um conselho conservador, em um balneário, pode muito bem praticar um "conservantismo municipal."

Agora descreverei brevemente dois outros balneários para que se possa estabelecer uma comparação: Brighton, no litoral sul, e Birchington, em Kent. Cada um deles é responsável por ter sido o primeiro a desenvolver novos objetos destinados ao olhar do turista, à beira-mar. Brighton foi a primeira praia dedicada ao "prazer" e Birchington a primeira a ter bangalôs.

Já relatamos o antigo e amplo desenvolvimento de Brighton no século XVIII. A praia era encarada como local de tratamento médico e, à frente delas, estavam as "mergulhadoras", mulheres responsáveis pelos banhos de imersão (sobre o assunto, ver Shields, 1990: segunda parte, cap. 2). Em meados do século XIX essa praia medicalizada foi substituída por uma praia de prazer, que Shields caracteriza como uma zona liminar, uma escapadela dos padrões e ritmos da vida cotidiana. Essa zona apresentava outra característica, a do carnaval, à medida que a praia se tornava barulhenta, apinhada de gente, repleta de uma mistura social imprevisível e que envolvia a inversão das hierarquias sociais e dos códigos morais. No carnaval medieval clássico, o corpo grotesco se contrapunha ao corpo disciplinado do decoro e da autoridade; no século XIX, por ocasião do carnaval, durante as férias, o corpo grotesco era desavergonhadamente descoberto e exposto ao olhar dos outros. Corpos literalmente grotescos tornaram-se cada vez mais

51

afastados da visão real e eram contemplados através de representações comerciais, sobretudo o cartão postal vulgar. Shields resume o carnaval da praia, tornado apropriado ao prazer:

> É este corpo impudico, insensato, indisciplinado, que constitui o símbolo mais tocante do carnavalesco — o corpo das convexidades e dos orifícios, que se intromete e penetra no espaço corporal dos outros, que ameaça escapar, transgredir e transcender as circunscrições do corpo (1990).

O fato de que Brighton foi o primeiro balneário em que a praia foi estruturada como um lugar destinado ao prazer, à mistura social, à inversão do *status*, ao carnaval, é um motivo pelo qual, nas primeiras décadas do século XX, o local passou a gozar da reputação de excessos sexuais e, sobretudo, dos fins de semana "sujos". Isso se tornou parte da imagem de Brighton, embora a praia já não funcione mais como um local carnavalesco.

Embora as associações de classe, em Brighton, se dessem com a realeza e a aristocracia, os balneários de Kent, em meados do século XIX, eram associados à classe média relativamente nova (ver King, 1984:72-8). Porém, já em 1870, Margate e Ramsgate tornavam-se menos atraentes para o mercado das férias, sobretudo para a classe média profissional, que, cada vez mais, procurava Cliftonville e Westgate. Nesta última localidade todas as estradas eram particulares e se permitia unicamente a construção de casas não-geminadas. Assim, os primeiros bangalôs da Grã-Bretanha começaram a ser construídos em 1869-70, um ao lado do outro (King, 1984:74). Até que isso acontecesse não havia uma construção especializada de casas à beira-mar. Com efeito, nas mais antigas aldeias onde a pesca constituía a principal atividade econômica, as casas muitas vezes eram construídas com os fundos dando para o mar, a exemplo de Ravenglass, no Distrito dos Lagos. O mar era para se pescar, não para se contemplar. Os balneários do século XIX eram lugares públicos, com edificações públicas bem-definidas, tais como salas de reuniões, passeios e jardins públicos, salões de dança etc. As zonas residenciais eram semelhantes àquelas encontradas em cidades do interior e não se destacavam.

Em contraste, o desenvolvimento do bangalô como uma forma especializada de habitação à beira-mar resultou de numerosos fatores: a atração cada vez maior de se visitar o litoral não apenas por motivos estritamente médicos, mas pelas belas paisagens e pelo ar revigorante; a demanda cada vez maior, por parte de setores da classe média, de acomodações bem distantes de outras pessoas; a possibilidade de contemplar o mar em relativa solidão; a crescente popularidade da natação, em oposição aos banhos de imersão e, em conseqüência, a percepção da necessidade de se contar com um acesso semiprivado para a família inteira, sobretudo para as crianças. Birchington satisfazia idealmente essas condições: não havia serviços públicos, existia uma orla marítima atraente para a construção de casas, os primeiros bangalôs tinham uma aparência "rural" e ofereciam contrastes atraentes com as edificações urbanas e era possível construir túneis que ligavam cada bangalô com a praia. Houve, no século XIX, um ampla "bangalomania" à beira-mar, de tal modo que, em certo sentido, no século XX o bangalô tornou-se sinônimo de beira-mar. Na medida em que ele se tornou a habitação da classe média baixa, suas anteriores características boêmias desapareceram, ele deixou de estar na moda e passou a ser objeto de considerável hostilidade em relação ao *status* (ver King, 1984: cap. 5).

Vale a pena refletir por alguns momentos sobre o que aconteceu com as férias, em um país muito influenciado pela cultura britânica, mas cujo desfecho foi muito diferente. Refiro-me à Nova Zelândia. Lá não existem basicamente balneários à beira-mar e o que mais se aproxima desse conceito é Day's Bay, próximo de Wellington, mas mesmo ali não há serviços públicos, à exceção de um salão de chá, de propriedade da municipalidade. Além disso, dificilmente o bangalô poderia ser associado com a praia, na Nova Zelândia, pois trata-se de uma edificação encontrada em todos os lugares. Parece ter havido muitos motivos para a ausência do desenvolvimento dos balneários na Nova Zelândia. Como as principais cidades se situam na costa, seria pouco provável que "ir para o litoral" pudesse ser encarado como algo especial. O crescimento da população só ocorreu após o desenvolvimento do automóvel e assim o lazer tornou-se mais privatizado e menos dependente geograficamente da estrada de ferro, que foi importante no exemplo da Grã-Bretanha, conforme já vimos. Finalmente, a ênfase muito forte no lazer organizado da família foi associada a uma tendência de auto-abastecimento, no lugar de se adquirirem os serviços necessários.

O período após a guerra presenciou o rápido crescimento do balneário britânico à beira-mar, na década de 1950, e o rápido declínio de muitos lugares nos anos setenta e oitenta. Abordarei tais processos muito brevemente, pois boa parte do resto do livro ocupa-se com a análise, um tanto ampla, de como o olhar do turista está sendo transformado nas sociedades ocidentais, e, em conseqüência, o balneário britânico à beira-mar tornou-se um objeto muito menos favorecido desse olhar.

O fim de um cais?

Tentarei agora delinear o que aconteceu com os balneários à beira-mar, no período após a guerra, e procurarei perceber o sentido de um paradoxo. Na Grã-Bretanha o turismo tornou-se uma indústria importante, de massa; no entanto, os lugares mais desenvolvidos, em termos de sua infra-estrutura, que poderiam tirar vantagem desse fato, isto é, os balneários à beira-mar, não participaram de tal crescimento. Nos últimos dez anos a totalidade dos gastos feitos pelos turistas nos balneários baixou de cerca de metade a um terço e o número de leitos por noite declinou cerca de 25% (Wickers e Charlton, 1988:F6). Por exemplo, entre 1973 e 1987, em Morecambe o número de pequenos hotéis e pensões caiu de 640 para 267 e o número da ocupação de leitos, de 12.340 para 7.115 (Bagguley et al., 1989: cap. 3). Muitos hotéis foram convertidos em acomodações para pessoas saídas de hospitais psiquiátricos, idosos e pessoas que viviam de renda. Assim, os balneários tornaram-se apenas um entre o grande número de objetos potenciais do olhar do turista. Passar férias de uma semana ou de 15 dias à beira-mar, na Grã-Bretanha, atualmente é uma experiência turística considerada menos atraente e significativa do que o era nas décadas que precederam a Segunda Guerra Mundial.

No período imediato que se seguiu à guerra não havia o menor indício dos problemas que surgiriam. Conforme observa Parry, os anos vinte e trinta foram o momento culminante dos balneários. Os anos cinqüenta e o início dos anos sessenta foram uma espécie de veranico: "terminou o racionamento, a 'austeridade' cessou e os negócios explodiram; passar férias no estrangeiro ainda era privilégio de poucos e os pacotes turísticos não existiam" (Parry, 1983:189). Além disso, a maioria dos habitantes do norte continuavam sendo leais a seus antigos balneários. Este padrão tradicional ou organizado persistiu e cidades inteiras deslocavam-se para o litoral em determinadas semanas. Um papel importante na sustentação de tais padrões foi desempenhado pela estrada de ferro. As Estradas de Ferro Britânicas organizaram muitas excursões especiais de trem, levando os visitantes aos balneários que eram visitados tradicionalmente. Por exemplo, na Páscoa de 1960, pelo menos 48 trens especiais chegaram a Morecambe e o chefe da estação declarou que aquela tinha sido a Páscoa mais animada dos últimos 18 anos. Grandes investimentos foram planejados, embora a maior parte dos visitantes ainda se hospedassem nos hotéis tradicionais, nos alojamentos que ofereciam cama e café da manhã e que não eram licenciados, ou acampassem. Os *campings* tiveram enorme expansão na década de cinqüenta, sobretudo com a chegada de Pontins (ver Ward e Hardy, 1986:cap. 4).

Nesse período a experiência com as férias foi notavelmente regulamentada. Mesmo quando as pessoas se hospedavam em apartamentos, isso envolvia o consumo de refeições durante uma semana. As férias se baseavam no fuso horário da semana (ver Colson, 1926). Era quase impossível fazer reservas no meio da semana. Os visitantes sabiam onde deveriam comer, o que comeriam e exatamente quanto tempo permaneceriam. Se as pessoas fossem acampar, então muita coisa mais era organizada e "de um *camping* a outro o que se oferecia era idêntico: o mesmo padrão de divertimentos, a mesma dieta, o mesmo tipo de acomodação, a mesma rotina semanal" (Ward e Hardy, 1986:161). Embora a televisão já estivesse surgindo nesses lugares, a ênfase ainda era dada ao divertimento ao vivo. Na década de 1950 artistas renomados eram regularmente atraídos a Morecambe, ao passo que Blackpool se vangloriava de apresentar 14 espetáculos ao mesmo tempo (Parry, 1983:191).

No entanto, boa parte disso começou a modificar-se dramaticamente na década de 1960 e o restante deste livro detectará uma série de transformações na organização do olhar do turista, que se afastou de muitos desses balneários. Agora descreverei mudanças naquilo que é ordinário e, em decorrência, naquilo que é considerado extraordinário e que constitui o objeto do olhar à beira-mar.

Na Grã-Bretanha os balneários do litoral possuíam pelo menos um cais (Blackpool tinha três) e freqüentemente uma torre. Tais construções, porém, envolviam uma tentativa de conquistar a natureza, de construir um objeto feito pelo homem, que em todos os momentos e para sempre estaria presente, dominando ou o céu ou o mar. Sua dominação é o que lhes dá motivo para estarem lá, é sua função. Barthes diz, em relação a Torre Eiffel, que ela possibilita ao visitante participar de um sonho (1979). A torre não é um espetáculo normal, pois proporciona aos visitantes uma vista inteiramente original de Paris. Com efeito, ela transforma Paris em natureza, "constitui o burburinho dos homens em uma paisagem,... a cidade junta-se aos grandes temas naturais que são oferecidos à curiosidade dos homens (*sic*): o oceano, a tempestade, as montanhas, a neve, os rios" (1979:8). A mais famosa de todas as edificações como esta, na Grã-Bretanha, é a Torre de Blackpool, aberta em 1894, imitando a Torre Eiffel. É única na Grã-Bretanha e é o símbolo da cidade. Tais torres e, em menor extensão, os cais, capacitam as pessoas a verem as coisas em sua estrutura, a ligarem a organização humana com fenômenos naturais extraordinários, a celebrarem a participação e a vitória da capacidade do homem sobre a natureza. Fazem parte do caráter irredutível e extraordinário do local turístico ideal. Referindo-se à Torre de Blackpool, Thompson escreve:

Ela também acrescenta uma terceira dimensão aos eixos leste/oeste e norte/sul do momento. Um tanto a exemplo da *interface* praia/mar, oferece alguns prazeres específicos ao transcender aquilo que é normal e cotidiano. Possibilita àquele que parte em férias apreciar Blackpool a partir de uma perspectiva diferente. (1983:126).

Nas últimas duas ou três décadas, o extraordinário caráter das torres e dos cais declinou de maneira impressionante. Os cais caíram dentro do mar e não demonstram o domínio *sobre* a natureza, mas o contrário. Em Morecambe, por exemplo, um cais foi varrido pelas águas, o outro está queimado pela metade e poderá ser demolido. Durante anos os cais de Brighton foram negligenciados. Hoje os cais e as torres são símbolos da nostalgia, pois o antigo "tema" das férias à beira-mar é muito bem expresso no *slogan* da propaganda referente à ilha de Man, em 1988: "Você sentirá o desejo de voltar." Ao mesmo tempo, exemplos mais espetaculares e modernos do domínio sobre o mar podem ser encontrados em túneis, canais, navios e marinas (até mesmo uma delas foi planejada para Morecambe). Torres semelhantes, ligando a terra e o céu, são hoje sobrepujadas por arranha-céus, hotéis, cápsulas espaciais e, é claro, por aviões, todos eles muito mais obviamente "modernos" e extraordinários.

Uma segunda grande atração, no balneário marítimo, eram os divertimentos proporcionados pelos parques de diversão. Na Grã-Bretanha, a praia do Prazer, em Blackpool, tem sido desde sua inauguração, em 1906, o lugar preponderante de um desses cenários de prazer (ver Parry, 1983: caps. 17 e 18; Bennett, 1983). A partir de 1920 ela vem tentando parecer resolutamente moderna. "Sua arquitetura do prazer assumiu uma aparência funcional, aerodinâmica" (Bennett, 1983:145). O recurso ao arquiteto Joseph Emberton criou uma "Arquitetura do Prazer" inteiramente nova, na qual tudo era luz, sol, ar fresco e divertimento (Parry, 1983:152-4). E ela tem sido periodicamente superada. O *designer* do Festival da Grã-Bretanha, Jack Radcliffe, deu-lhe nova aparência durante o período de prosperidade da década de 1950. Novos equipamentos foram acrescentados, baseados sobretudo nas inovações introduzidas em caráter pioneiro nas feiras mundiais (por exemplo, uma roda-gigante exibida na Feira Mundial de Chicago, em 1893) ou em passeios futuristas que se encontram nos parques de diversão americanos (por exemplo, o *Starship Enterprise*, introduzido em 1980). Fundamental para a estratégia do gerenciamento da praia do Prazer foi o progresso que ali se introduziu e ela tornou-se a primeira, a maior e a melhor, pelo menos do Reino Unido. Tem até mesmo sua própria torre, usando a mais recente tecnologia, o que faz a Torre de Blackpool parecer um tanto antiquada (Bennett, 1983:147). O parque ainda é propriedade de uma companhia local; não acompanhou a maioria dos locais de diversão de Blackpool, que se tornaram parte das empresas voltadas para o lazer e estabelecidas em Londres, tais como a THF e a EMI, nos anos sessenta e setenta (Bennett, 1983:146). O parque atrai 6,5 milhões de visitantes a cada ano. A maior parte das outras localidades à beira-mar não podem competir com ele. Por exemplo, as pessoas que se hospedam em Morecambe viajam freqüentemente a Blackpool para visitar o Parque do Prazer.

A principal competição que Blackpool enfrenta se deve agora a novos parques de diversão e temáticos, com estilo novo, sendo que o mais bem-sucedido deles, no norte da Inglaterra, é Alton Towers. Esses novos parques não se localizam normalmente à beira-mar, embora tenham, em geral, uma locação "rural" muito atraente, nas proximidades da rede rodoviária, mais do que junto às ferrovias. Além da praia de Prazer de Blackpool, os demais parques localizados nos balneários à beira-mar lutarão para competir. Esses lugares deveriam exibir "modernidade", alta tecnologia, juventude, perigo sob controle, expectativas e prazer. No entanto, se forem localizados em balneários "antiquados" (quase todos o são, com exceção de Blackpool e Brighton), transmitirão mensagens negativas, que falam de tecnologias atrasadas, envelhecimento, deterioração, perigo devido à negligência e nostalgia por não se localizarem em outro lugar. Em Morecambe o principal parque de diversões tornou-se um parque temático, estranhamente baseado no tema do oeste selvagem americano.

Blackpool, ao contrário, tentou, de modo geral, firmar-se como um local irredutivelmente moderno, como um centro de lazer cosmopolita, internacional, a "Las Vegas do Norte", e atualmente tem menos que ver com suas associações anteriores, que a ligavam a Lancashire, ao norte e à classe trabalhadora. Conforme observa Bennett: "Em Blackpool, tudo é novo, independentemente do quanto seja antigo" (1986:146). É o maior balneário à beira-mar da Europa, recebe mais visitantes do que toda a Grécia e dispõe de mais leitos do que Portugal (Wickers e Charlton, 1988: F6; Waterhouse, 1989a: 10). Existem no momento 2.700 hotéis, o turismo é responsável por 12.000 empregos, 16% de todos os feriados, na Grã-Bretanha, são passados em Blackpool e a incrível quantidade de 25% de visitantes de um só dia fizeram pelo menos cinqüenta viagens prévias ao balneário (Lancashire County Council, 1987:24). Keith Waterhouse resume seus insuperáveis encantos: "Com todo seu espalhafato, tinha tudo para ser o maior espetáculo da terra. No entanto, em vulgaridade, é ultrapassada apenas por Las Vegas" (1989a: 10). Em contraste, todos os demais balneários marítimos parecem fora de moda e não conseguem oferecer a mesma quantidade de recursos. Os poucos que prosperaram, tais como Bridlington, Torquay ou Southport, com suas marinas de 300 milhões de libras, gozam da vantagem de contar com poucas construções modernistas que estragam a imagem que um balneário típico, com exceção de Blackpool, deveria ter (ver Wickers, 1987:8).

Outra característica da maioria dos balneários eram os *campings* (ver Ward e Hardy, 1986). Iniciaram-se antes da Primeira Guerra Mundial, quando consistiam literalmente em um acampamento de tendas. Até mesmo naquela época dizia-se que seu desenvolvimento constituía uma reação contra a qualidade relativamente precária de acomodações e serviços da típica pensão à beira-mar. A modificação mais significativa ocorreu com os *campings* de luxo implantados por Billy Butlin, começando por Skegness, que passou a funcionar em 1936. Em comparação com aquilo que estava disponível no hotel ou na pensão típicos, Butlin proporcionava recursos realmente luxuosos, com divertimentos no próprio local, comida de boa qualidade, espetáculos de alta categoria e saneamento moderno, tudo aquilo que Ray Gosling denominou "um verdadeiro Beveridge do lazer" (cit. em Ward e Hardy, 1986:60). O interessante é que, quando o primeiro acampamento foi aberto, os visitantes pareciam se entediar e Butlin concluiu que as pessoas que viajavam durante as férias necessitavam de algum grau de organização. Foram então inventados os "Casacas Vermelhas", que "liderariam, aconselhariam, explicariam, reconfortariam, ajudariam e, em geral, se tornariam o que mais pudesse se assemelhar a anjos sobre a terra, durante as férias" (cit. em Ward e Hardy, 1986:63).

O momento culminante desses *campings* foi o período que se seguiu imediatamente à guerra, até 1959, quando foi exibida na rede de televisão BBC a série *Hi-de-Hi!*. Essa prosperidade resultou de inúmeros fatores, incluindo a Lei Sobre as Férias Remuneradas, promulgada em 1938, os altos níveis de emprego, a redução da idade para o casamento e a alta taxa de formação da família. Em 1948, uma pessoa em vinte, das que tiravam férias, se hospedava nos *campings* de Butlin. O acampamento de férias era um símbolo da sociedade do pós-guerra e refletia o estilo arquitetônico modernista do período. Alguns acampamentos tinham aparência pouco melhor do que certas propriedades municipais em pequena escala, a exemplo de Pontin's, em Middleton Sands, nas proximidades de Morecambe. Outros, como o de Prestatyn, no País de Gales, por exemplo, transmitiam algo do encanto e da fantasia de um transatlântico, com seu estilo despojado e funcional (ver Ward e Hardy, 1986: cap. 5).

Na década de 1950 realizou-se um considerável esforço no sentido de construir acampamentos destinados às "férias das famílias" e de limitar o número de visitantes desacompanhados. Houve também uma tentativa de impedir que a maioria dos que se hospedavam nos acampamentos proviessem principalmente da "classe trabalhadora". Essa tentativa foi malsucedida pois, a exemplo do que ocorria com os balneários, os acampamentos não se mostraram capazes de atrair um grande número de visitantes de classe média, embora se deva notar que eles tentavam caracterizar sua clientela como não-pertencente a alguma classe, tratando-a como "campistas". Houve também uma modificação nos acampamentos, no que se refere a "auto-abastecimento", sobretudo por parte da rede Pontin's. Procurou-se caracterizar esse fato como algo que envolvia uma "liberdade" cada vez maior e, com efeito, a expressão "acampamento" foi deixada de lado, pois implicava regime e regulamentação. Hoje tais locais são conhecidos como "centros", "aldeias" ou "locais de férias". No entanto, não resta dúvida de que sua atração diminui e o número de acampamentos, na Inglaterra, passou de 114, em 1939, para 83, em 1986. Em 1983 dois dos maiores, os de Butlin, em Filey, e Clacton, foram fechados. Ward e Hardy concluíram, a partir de seu estudo, que por volta da década de 70 e 80

> ... os acampamentos de férias já estavam um tanto ultrapassados... novos conceitos de férias haviam sido desenvolvidos... Pacotes de férias para lugares exóticos, além de pausas individuais no trabalho, fora da temporada turística, aumentam as dificuldades dos acampamentos... Muito do que existe hoje, em relação ao acampamento de férias, tornou-se lugar comum (1986:152).

Já não existe mais a matéria de que são feitos os sonhos. A reação dos proprietários dos acampamentos foi concentrá-los em grandes centros, a exemplo da empresa Butlin, e segmentar o mercado, com diferentes centros que atendam diferentes gostos, incluindo centros unicamente destinados a adultos, férias para pessoas com interesses específicos e férias curtas, a exemplo da empresa Warner (ver Glancey, 1988).

Esses acampamentos estão, com toda a certeza, malposicionados para competir com o mais novo "conceito" de atendimento às férias na Europa, o Center Parc, na floresta de Sherwood, Nottinghamshire. Trata-se de uma aldeia, onde foram investidos 34 milhões de libras, na qual uma "orla marítima" artificial foi construída, com um domo gigantesco de plástico, de camada dupla e que mantém uma temperatura constante de 28° C. Neste complexo turístico, a natação, o divertimento e o prazer proporcionados pelo calor tropical, pequenas lagoas com água quente, palmeiras e cafés à beira da água são a grande atração. Outras atrações incluem barcos à vela, canoagem e uma variedade imensa de vegetação. Tais centros não precisam ser localizados próximo ao mar, já que a tecnologia permite que a orla marítima seja construída em qualquer lugar. O segundo Center Parc está sendo construído em Anglia.

Acreditava-se que os balneários fossem extraordinários pelo fato de que neles estavam concentrados o mar, a areia, algumas vezes o sol, bem como a ausência da indústria manufatureira, presente em quase todas as pequenas e grandes cidades. Nos últimos anos, porém, numerosas transformações modificaram esse panorama. Conforme assinalei, a orla marítima agora pode ser construída e contemplada em qualquer lugar. A relativa atração exercida pelo próprio mar declinou. No século XIX o desenvolvimento dos balneários baseava-se nas supostas propriedades dos banhos de mar como restauradores da saúde. Os banhos de sol, ao contrário, eram relativamente inusitados, em parte devido ao grande valor atribuído à pele alva, que significava delicadeza, ócio e reclusão. Isso começou a mudar em relação às classes altas a partir de 1920, sobretudo graças ao desenvolvimento de novos balneários da moda, tais como Cannes e Biarritz. Entre esses grupos sociais uma pele bronzeada era associada à suposta espontaneidade e à sensualidade natural dos negros. Presumia-se que os banhos de sol levassem as pessoas para mais perto da natureza (ver Turner e Ash, 1975:79-83).

No período do pós-guerra era o sol, e não o mar, que, supostamente, proporcionava saúde e atração sexual. O corpo ideal passou a ser visto como aquele que é bronzeado. Esse ponto de vista foi difundido nas diversas classes sociais e o resultado é que muitos pacotes turísticos o apresentam quase como se fosse um motivo para viajar durante as férias. Os balneários do norte da Europa passaram então a ser considerados menos atraentes, menos na moda, pois não podem garantir a produção de um corpo bronzeado (ver Fiske, 1989: cap. 3, sobre a semiótica da praia australiana, em oposição a este fato). Embora isso possa se modificar, devido ao atual pânico provocado pelo melanoma maligno e talvez pelo fato de que a pele alva volte a ser considerada marca de elegância, até agora, na Europa, essa ênfase no sol beneficiou enormemente o desenvolvimento de balneários em torno do Mediterrâneo. Isso teve início na França e na Espanha, espalhou-se para a Grécia, a Itália e a Iugoslávia, em seguida para o norte da África e, mais recentemente, para a Turquia.

As praias da Grã-Bretanha não podem garantir o sol e muito menos águas límpidas, se alguém quiser banhar-se no mar. Das 392 praias da Grã-Bretanha listadas pelo governo, 40% não preenchem exigências oficiais, incluindo quase todas aquelas que se localizam no noroeste da Inglaterra (ver Scott, 1988). Em comparação, a França dispunha de 1.498 praias e a Itália, de 3.308. Deve-se notar que as praias são espaços complexos, localizados de forma anômala entre a terra e o mar, a natureza e a cultura. Diferentes extensões de praia devem ser lidas de maneiras muito diversas, com diferentes e notáveis formas possíveis de atividade.

Os balneários marítimos também se tornaram menos diferenciados devido à ampla desindustrialização de várias cidades de pequeno e grande portes. Existe, em conseqüência, menos necessidade de escapar delas e ir para a beira-mar, que oferece um contraste. À medida que o cotidiano se modificou, as cidades se desindustrializaram e muitas se tornaram objeto do olhar do turista, com máquinas que produzem ondas artificiais e outras características de uma praia, de modo que os balneários à beira-mar já não são mais extraordinários.

As pessoas costumavam ir para o litoral a fim de nele encontrar, concentrados, serviços especificamente organizados para proporcionar prazer. Agora, entretanto, muitos balneários oferecem atrações mais pobres do que muitas cidades pequenas que têm o mesmo porte deles. Um relatório recente sobre Morecambe revelou que:

> Em 1973 o balneário vangloriava-se de contar com dois cais, cinco cinemas, teatros, um salão de baile, muitos entretenimentos ao vivo e muitas outras atrações. Hoje os cais e os cinemas deixaram de operar, os teatros fecharam e a gama de entretenimentos ao vivo é extremamente limitada (cit. em *Lancashire Evening Post*, 23 de dezembro de 1987).

Inúmeros fatores reduziram as características distintivas dos balneários. O crescimento da televisão colocou, de um só golpe, a diversão ao alcance de todos e, assim, não é preciso mais ir aos balneários para aplaudir os grandes nomes. Conforme Perry, "a televisão exibe os grandes talentos todas as noites, durante a semana inteira" (1983:192). Além disso, a maior parte dos balneários são, em termos populacionais, bastante pequenos e não têm condições de sustentar uma alta concentração de diversões. Assim é que, freqüentemente, se apóiam em atividades patrocinadas oficialmente. No entanto, como tais atividades são promovidas por entidades conservadoras, existe considerável relutância em pagar por elas. Mesmo que essas entidades promovam atividades, elas, muitas vezes, são menos atraentes do que aquelas que o visitante em potencial encontra em sua cidade. Muitas entidades oficiais, afastadas do litoral, construíram centros de esporte e de lazer, enquanto as companhias nacionais de diversão se expandiram em quase todos os lugares, com exceção do litoral. De modo mais geral, conforme veremos adiante, muitas cidades de pequeno e grande portes se desenvolveram como centros de consumo, para seus moradores e para os turistas em potencial. Harvey nota que, cada vez mais, cada cidade "precisa aparecer como um lugar inovador, excitante, criativo e seguro onde se possa viver, divertir-se e consumir. O espetáculo e a exibição tornam-se os símbolos de uma comunidade dinâmica" (1987:13).

Examinarei essas mudanças nos capítulos que se seguem. Exatamente por que "o espetáculo e a exibição" tornaram-se as características de quase todos os lugares? Que processos produziram a generalização do olhar do turista? O que isso significa para a organização daquelas indústrias que se desenvolveram com a finalidade de proporcionar serviços para o olhar do turista?

Um fato importante a ser considerado é a internacionalização do turismo contemporâneo. Cada objeto potencial do olhar do turista agora tem de competir internacionalmente, o que levou a modificações substanciais daquilo que é extraordinário e daquilo que é internacionalmente ordinário. Parry expressa muito bem como o "pacote turístico" barato exerceu efeitos devastadores sobre o balneário marítimo do litoral norte da Grã-Bretanha:

> Aquele que saía de férias, nos anos trinta, não tinha escolha e estava preparado para correr um risco. Se ele morasse em uma cidadezinha industrial, pelo menos todos seus vizinhos teriam padecido da mesma "semana de férias aborrecidas". Não é o que aconteceu na década de 1970. Agora o turista queria o sol e, se metade dos moradores de sua rua voltavam de Marbella ou de Torremolinos com as costas queimadas, o nariz descascando e sem barriguinha, ele não haveria de querer ficar de fora. (1983:192-3).

3
A Economia Mutante da Indústria Turística

Introdução

O relacionamento entre o olhar do turista e aquelas indústrias que se desenvolveram com o objetivo de satisfazer esse olhar é extremamente problemático.

Deve-se notar inicialmente que quase todos os serviços proporcionados aos turistas têm de estar ao alcance deles no momento e no lugar em que são produzidos (ver Urry, 1987). Em conseqüência, a qualidade da interação social entre o fornecedor do serviço, tal como o garçom, o comissário de bordo ou o recepcionista do hotel e os consumidores, faz parte do "produto" que está sendo adquirido pelo turista. Se determinados aspectos dessa interação social forem insatisfatórios (o garçom desajeitado, o comissário de bordo de cara amarrada, o recepcionista pouco gentil), aquilo que é comprado torna-se, com efeito, um produto diferente. O problema resulta do fato de que a produção de tais serviços, destinados ao consumidor, não pode ser inteiramente realizada nos bastidores, longe do olhar dos turistas. Eles não conseguem deixar de presenciar certos aspectos da indústria que está tentando servi-los. Além disso, os turistas tendem a alimentar grandes expectativas em relação àquilo que deveriam receber, já que "partir de férias" é um acontecimento dotado de particular significado. As pessoas procuram o *extraordinário*, de modo que serão extremamente críticas em relação aos serviços proporcionados que pareçam solapar essa qualidade.

Outras características da indústria do turismo encerram a possibilidade de causar dificuldades para os produtores de tais serviços. Estes não podem ser proporcionados em qualquer lugar. Têm de ser produzidos e *consumidos* em lugares muito particulares. Parte daquilo que é consumido se refere ao lugar no qual se localiza o produtor do serviço. Se determinado lugar não transmite significados culturais apropriados, a qualidade do serviço específico poderá muito bem ficar comprometida. Existe, portanto, uma "fixidez espacial" fundamental no que se diz respeito aos serviços turísticos (ver Bagguley, 1987). Em anos recentes houve um enorme aumento da competição, com o objetivo de atrair turistas. Em relação à Grã-Bretanha ocorreu uma "europeização" do mercado turístico e uma "globalização" cada vez maior. Assim, enquanto os produtores são, até certo ponto, fixados espacialmente, em virtude de terem de proporcionar determinados serviços em determinados lugares, os consumidores são cada vez mais móveis, capazes de consumir os serviços turísticos em uma base global. A indústria é inevitavelmente competitiva, já que quase todos os lugares do mundo podem muito bem atuar como um objeto do olhar do turista. Tais serviços requerem um emprego intensivo de mão-de-obra e, portanto, os patrões procurarão minimizar os custos trabalhistas. Várias estratégias são empregadas para tornar isto possível, mas algumas, pelo menos, acabarão comprometendo ou prejudicando inteiramente o extraordinário caráter do olhar do turista que consome.

A ênfase dada à qualidade da interação social entre os produtores e os consumidores dos serviços turísticos significa que o desenvolvimento dessa indústria não se explica simplesmente em termos de determinantes "econômicos". Conforme será demonstrado neste livro, torna-se igualmente necessário examinar uma gama de mudanças culturais que transformam as expectativas das pessoas em relação àquilo que elas querem contemplar, que significado se deve ligar a este olhar e que efeito isto exercerá sobre os propiciadores de serviços turísticos relevantes. Trata-se de uma indústria que sempre precisou de consideráveis níveis de envolvimento e investimento públicos e, em anos recentes, isto aumentou, na medida em que todos os tipos de lugares tentam estruturar ou reforçar sua posição enquanto objetos preferidos do olhar do turista. A economia do turismo não pode ser compreendida separadamente da análise do desenvolvimento cultural e da política do setor, que examinaremos mais tarde, assim como o trabalho, na indústria turística, não pode ser entendido à parte das expectativas culturais que estão presentes na complexa prestação de tais serviços. Os relacionamentos do trabalho, na indústria do turismo, são culturalmente definidos de maneira significativa.

Neste capítulo a atenção será direcionada para alguns dos fatos mais recentes em relação àquilo que, de modo um tanto vago, pode ser denominado a economia política mutante da indústria turística. Passo a fazer um breve relato do conceito das mercadorias posicionais, o principal conceito econômico usado para dar conta da economia do turismo, antes de passar para a mutante indústria do turismo no Reino Unido, indicando sobretudo sua tendência à globalização e algumas das principais mudanças ocorridas na economia política do turismo no ultramar.

Os limites sociais do turismo

O economista Mishan apresenta uma das análises mais claras da tese segundo a qual existem limites fundamentais à escala do turismo contemporâneo (1969; ver Urry, 1990). Tais limites derivam dos imensos custos do congestionamento e do excesso de gente. Na década de 1960 Mishan, com grande percepção, escreveu sobre "o conflito de interesses... entre, de um lado, os turistas, as agências de turismo, as indústrias de tráfego e os serviços de hotelaria, para não mencionar os governos ansiosos por aumentar suas reservas de moedas estrangeiras, e, de outro lado, aqueles que se preocupam em preservar a beleza natural" (1969:140). Ele citou o exemplo do lago Tahoe, cujas plantas e cuja vida animal foram destruídos pelos esgotos gerados pelos hotéis construídos em suas margens. Um exemplo dos anos oitenta seria o modo pelo qual as barreiras de coral, em torno de ilhas turísticas como Barbados, estão morrendo, devido ao bombeamento de esgoto sem tratamento no mar, originado dos hotéis da orla marítima, e porque os nativos tiram as plantas e os peixes das barreiras para vendê-los aos turistas.

Mishan também observa que existe um conflito de interesses entre as atuais e futuras gerações, que nasce do modo pelo qual as viagens e o turismo têm seu preço fixado. O custo do turista marginal não leva em conta os custos de uma congestão adicional, impostos pelo turista extra. Tais custos incluem os efeitos geralmente indesejáveis de praias superlotadas, falta de paz e de silêncio, destruição da paisagem. Além disso, o turista que é sensível ao meio ambiente sabe que não existe nada a ganhar pelo fato de adiar uma visita ao lugar em questão, muito ao contrário. Existe forte incentivo para viajar o mais cedo possível, gozar da paisagem ainda intocada, antes que as multidões cheguem. A perspectiva de Mishan, de alguém horrorizado com as conseqüências do turismo de massa, é a seguinte: "A indústria do turismo, em seus competitivos embates, que objetivam desvendar todos os lugares que, um dia, ofereciam repouso e tranqüilidade, encantamento, beleza e interesse histórico a uma multidão cheia de dinheiro, está literal e irrevogavelmente destruindo-os" (1969:141). Seu elitismo de classe média nunca se afasta muito de uma certa realidade. Por exemplo, ele afirma que os "jovens e crédulos" é que são os envolvidos pelas fantasias arquitetadas pela indústria do turismo.

Sua principal crítica é que a difusão do turismo de massa não produz uma democratização das viagens. Trata-se de uma ilusão que destrói os próprios lugares que são visitados. Isso acontece porque o espaço geográfico é uma fonte estritamente limitada. Mishan afirma: "Aquilo que alguns podem gozar em liberdade, a multidão destrói necessariamente para si mesma." (1969:142). A menos que se estabeleça um acordo internacional (ele chega a sugerir uma atitude imensamente radical, isto é, a proibição de todas as viagens aéreas internacionais!), a próxima geração herdará um mundo quase desprovido de lugares "de beleza natural intocada" (1969:142). Portanto, permitir que o mercado se desenvolva sem regulamentação tem por efeito destruir aqueles mesmos lugares que são os objetos do olhar do turista. Um número cada vez maior desses lugares padece do mesmo padrão de autodestruição. Um balneário que, recentemente, se julgou estar prejudicado é St. Tropez, o lugar que Brigitte Bardot tornou famoso. A atriz agora alega que o lugar está sendo varrido por "uma onda negra de sujeira humana"; que os turistas "são medíocres, pouco asseados, têm péssimos modos, são grosseiros" e que ela tem a intenção de "deixá-lo para os invasores" (ver Rocca, 1989).

Esse tipo de argumento pessimista é criticado por Beckerman, que apresenta duas questões muito oportunas (1974:50-2). Em primeiro lugar, a preocupação com os efeitos do turismo de massa é, basicamente, uma ansiedade de "classe média", a exemplo de muitas outras preocupações com o meio ambiente. Isso ocorre porque as pessoas realmente ricas "estão completamente a salvo das massas nos balneários muito caros, em seus iates e ilhas particulares, em suas propriedades isoladas" (Beckerman, 1974:50-1). Em segundo lugar, a maior parte dos grupos afetados pelo turismo de massa se beneficiam dele, incluindo até mesmo alguns dos visitantes pioneiros que encontram à sua disposição certos serviços que outrora era impossível obter, quando o número de turistas era pequeno. Em conseqüência, Beckerman se refere "ao egoísmo estreito de um certo tipo de queixa" (1974:51).

A discordância sobre os efeitos do turismo de massa recebe maior peso teórico na tese de Hirsch sobre os limites sociais do crescimento (1978; ver também a coleção Ellis e Kumar, 1983). Seu ponto de partida assemelha-se ao de Mishan: ele nota que a liberação individual, por meio do exercício da escolha do consumidor, não torna tais escolhas liberadoras para todos os indivíduos, quando juntos (1978:26). Ele se preocupa em particular com a economia posicional. Esse termo se refere a todos os aspectos dos bens, serviços, trabalho, posições e outros relacionamentos que ou são escassos ou são sujeitos à congestão e ao abarrotamento. A competição, portanto, equivale a zero: assim como uma pessoa consome mais o bem em questão, outra pessoa é forçada a consumi-lo menos. O fornecimento não pode ser aumentado, ao contrário do que ocorre com os bens materiais, que os processos do crescimento econômico podem facilmente produzir em maior quantidade. O consumo dos bens posicionais, por parte de uma pessoa, é inerentemente relacional. A satisfação que cada indivíduo obtém não é infinitamente expansível, mas depende da posição do consumo de uma pessoa em relação ao consumo de outras pessoas. Isso se pode denominar competição coagida. Ellis e Heath a definem como uma competição na qual o *status quo* não constitui uma opção (1983:16-19). Presume-se normalmente, na ciência econômica, que as trocas do mercado são voluntárias, de tal modo que as pessoas escolhem livremente entrar ou não em uma relação de troca. No entanto, no caso de um consumo coagido, as pessoas não têm realmente essa escolha. É preciso participar, embora no final do processo de consumo a pessoa não fique necessariamente em uma posição melhor. Isso pode ser resumido na frase: "É preciso correr mais rápido a fim de ficar parado." Hirsch cita o exemplo da suburbanização. As pessoas mudam-se para os subúrbios com o objetivo de escapar da congestão da cidade e de estar mais próximas da tranqüilidade do campo. No entanto, à medida que prossegue o crescimento econômico, os subúrbios ficam mais congestionados, expandem-se e seus moradores acabam ficando tão distantes da vida no campo como quando habitavam a cidade. Então procurarão novas moradias, mais próximas do campo e o processo se repete. As ações individualmente racionais dos outros fazem uma pessoa ficar em um estado pior e ela não pode evitar sua participação no processo de pular de um lugar para outro. Ao longo do tempo ninguém fica em melhor situação como resultado desse consumo coagido.

Hirsch acredita claramente que boa parte do consumo possui características semelhantes ao exemplo da suburbanização, isto é, a satisfação que as pessoas obtêm do consumo depende das escolhas consumistas dos outros. Isso pode ser visto de maneira muito nítida no exemplo de certos bens, que são escassos em um sentido absoluto. Os exemplos aqui citados são "os velhos mestres" ou "a paisagem natural", nos quais o aumento do consumo, por parte de uma pessoa, conduz a uma redução do consumo, por outra (ver também Ellis e Heath, 1983:6-7). Hirsch reflete igualmente sobre aqueles casos em que existe uma "escassez social direta": bens de luxo ou talvez sofisticados, que são apreciados devido a sua raridade ou alto preço. Possui-los indica um *status* social ou bom gosto. Os exemplos incluem jóias, residência em determinadas áreas de Londres, roupas de estilistas. Um terceiro tipo examinado por Hirsch é o da "escassez social incidental": bens cujo consumo contém uma satisfação que é influenciada pela amplitude de seu uso. Os exemplos negativos, neste caso, incluiriam a aquisição de um carro e nenhum aumento da satisfação devido a uma congestão cada vez maior, pois todo mundo faz o mesmo; a obtenção de qualificações educacionais e nenhuma melhoria no acesso a posições de liderança, pois todo mundo vem adquirindo credenciais semelhantes (Ellis e Heath, 1983:10-11).

É bastante fácil sugerir exemplos de turismo que correspondem a essas várias formas de escassez. O litoral do Mediterrâneo acha-se em condição de absoluta escassez, pois ali o consumo de uma pessoa se faz às custas de mais alguém. Existem muitos lugares procurados durante as férias que são consumidos não por serem intrinsecamente superiores, mas porque são sinal de bom gosto ou de *status* superior. Para os europeus, as Antilhas, a África Ocidental e o Extremo Oriente seriam exemplos atuais, apesar de que eles se modificarão, quando os padrões de turismo de massa também se modificarem. Finalmente, existem muitos locais turísticos onde a satisfação experimentada pelas pessoas depende do grau de congestão. Talvez o melhor exemplo seja, nos dias de hoje, a Grécia. Hirsch cita um profissional de classe média, que comentou que o crescimento de vôos fretados a um país anteriormente "exótico" significava que: "Agora que tenho condições de ir para lá sei que tudo vai se estragar." (1978:167).

Embora eu tenha delineado esses diferentes tipos de bens posicionais, identificados por Hirsch, a distinção entre eles não é amplamente mantida e eles se fundem uns com os outros. Além disso, existem inúmeras e grandes dificuldades na argumentação de Hirsch. Ela é ambígua em relação ao que significa o consumo, no caso de um excesso de turismo. Seria a capacidade de contemplar determinado objeto, se necessário na companhia de muitas outras pessoas? Seria a capacidade de contemplar sem que outros estejam presentes? Ou seria a capacidade de alugar acomodações durante um breve período, tendo o objeto do olhar ao alcance da mão? Ou seria a capacidade de possuir uma propriedade da qual se desfrute uma vista do objeto, situado na vizinhança imediata? O problema se impõe devido à importância do olhar para a atividade turística. Afinal de contas, o olhar é visual, pode-se dar literalmente em um segundo e os demais serviços proporcionados são, em certo sentido, periféricos ao processo fundamental de consumo, que é a captura do olhar. Isso significa que a escassez envolvida com o turismo é mais complexa do que Hirsch supõe. Uma das estratégias empregadas pela indústria do turismo foi a de adotar novas iniciativas que permitam a um número cada vez maior de pessoas contemplar o mesmo objeto. Os exemplos incluem a construção de grandes complexos hoteleiros distantes da orla marítima; a implantação de excursões de férias fora da alta estação, de tal modo que a mesma vista possa ser contemplada durante o ano inteiro; a organização de viagens de férias para os diferentes segmentos do mercado, de tal modo que um número maior de visitantes em potencial possa ver o mesmo objeto; desenvolvimento de acomodações pelo sistema *time-share* (uso compartilhado), o que permite que os recursos por elas oferecidos sejam usados durante o ano inteiro.

Além disso, a noção de escassez é problemática devido a outros motivos. Começarei por apresentar a distinção entre a capacidade física de transporte a um local turístico e sua capacidade de percepção (ver Walter, 1982). No primeiro exemplo, a coisa fica clara, quando uma trilha, em uma montanha, já não pode mais ser percorrida, pois foi destruída pela erosão e, na prática, desapareceu. Entretanto, até mesmo nesse caso, existem milhares de outras trilhas nas montanhas que poderiam ser percorridas e, assim, a escassez se aplica unicamente àquela trilha que leva a determinada paisagem, e não a todas as trilhas existentes nas outras montanhas.

O conceito da capacidade de percepção modifica a situação. Walter preocupava-se com a qualidade subjetiva da experiência turística (1982:296). Embora a trilha ainda possa ser fisicamente percorrida, ela já não significa mais aquele ermo ainda não desbravado que o visitante esperava contemplar. Assim, sua capacidade de percepção seria alcançada, mas não sua capacidade física. Walter nota que a capacidade de percepção é imensamente variável, depende de determinadas concepções da natureza e das circunstâncias nas quais as pessoas esperam contemplá-la. Cita o exemplo de uma montanha nos Alpes. Enquanto bem material, a montanha pode ser contemplada por sua grandiosidade, beleza e conformidade com uma paisagem alpina idealizada. Quase que não existe limite para esse bem. Independentemente de quantas pessoas estão contemplando a montanha, ela ainda conserva tais qualidades. No entanto, a mesma montanha pode ser encarada como um bem posicional, uma espécie de santuário da natureza, que os indivíduos desejam gozar na solidão. Existe, portanto, uma forma "romântica" do olhar do turista, na qual a ênfase é colocada na solidão, na privacidade e em um relacionamento pessoal e semi-espiritual com o objeto do olhar. Barthes caracteriza esse ponto de vista conforme ele é encontrado no *Guide Bleu*. Ele se refere a "essa promoção burguesa das montanhas, esse antigo mito alpino... apenas as montanhas, gargantas, desfiladeiros e torrentes... parecem encorajar a moralidade do esforço e da solidão" (1972:74).

Walter discute o exemplo do parque de Stourhead, em Wiltshire, que ilustra

... o conceito romântico segundo o qual o eu não se encontra na sociedade, mas na contemplação solitária da natureza. O parque de Stourhead é a paisagem romântica perfeita, suas trilhas estreitas serpenteiam entre as árvores e os rododendros, grutas, templos, um chalé gótico e tudo isso se dispõe em torno de um lago de margens muito recortadas... O parque é projetado de tal forma que se possa percorrê-lo em um estado de assombro diante da Natureza e a presença de outras pessoas imediatamente começa a prejudicar esse estado. (1982:298)

Ao discutir as colocações de Mishan, ressaltei a ênfase que ele dá à "beleza natural intocada" como algo que constitui o típico objeto do olhar do turista. No entanto, esse é apenas um tipo de olhar, que denominarei "romântico". Existe uma alternativa: o olhar "coletivo" do turista, com diferentes características. Aqui está a descrição de outro parque e casa em Wiltshire, Longleat:

... uma grande e imponente casa, construída no meio de um parque. As árvores foram plantadas propositadamente a uma certa distância umas das outras, de tal modo que se possa ver o parque a partir da casa e a casa a partir do parque. A casa constitui, com efeito, o ponto focal do parque... o folheto traz uma lista de 28 atividades e comodidades... Toda essa atividade e as multidões que o freqüentam se encaixam naquela tradição do lar imponente. Em sua essência, a vida do aristocrata era mais pública do que privada. (1982:198)

Lugares como esse eram destinados a ser públicos e pareceriam estranhos se fossem vazios. São as outras pessoas que fazem esses lugares. O olhar coletivo precisa, assim, da presença de um grande número de pessoas, a exemplo do que ocorria nos balneários marítimos abordados no capítulo 2. Outras pessoas dão uma atmosfera ou um sentido carnavalesco a um lugar. Indicam que aquele é o lugar onde se deve estar e que não se deve ir para outras paragens. Conforme vimos, um dos problemas enfrentados pelo balneário britânico à beira-mar é que nele não havia um número suficiente de pessoas para transmitir essa espécie de mensagem. Conforme Walter: "Brighton ou Lyme Regis, em um dia ensolarado de verão, com a praia só para uma pessoa, seriam uma experiência fantasmagórica" (1982:298). É a presença de outros *turistas*, pessoas como nós, que é necessária para o sucesso de tais lugares, que dependem do olhar coletivo do turista. É também o caso das grandes cidades, pois aquilo que as distingue é seu caráter cosmopolita. É a presença de pessoas do mundo inteiro (os turistas, em outras palavras) que confere às grandes capitais sua excitação e seu encanto (ver Walter, 1982:299).

Inúmeros outros turistas simplesmente não geram uma congestão, conforme poderia sugerir o argumento posicional. A presença deles propicia um mercado para aqueles tipos de serviço que a maioria dos turistas se desesperam por adquirir, tais como acomodações, refeições, bebidas, viagem e diversões. A Nova Zelândia é, a esse respeito, um exemplo interessante. Uma vez que se deixa as quatro principais cidades, quase não existem essas comodidades, em face da presença de poucos visitantes em relação à dimensão do país. O contraste com o Distrito dos Lagos, no noroeste da Inglaterra, chama demais a atenção devido, sobretudo, à semelhança das paisagens.

Assim, a argumentação de Hirsch sobre a escassez e a competição posicional se aplica principalmente àqueles tipos de turismo caracterizado pelo olhar romântico. Nos lugares onde se localiza o olhar coletivo existem menos problemas de congestão e excesso de gente. A argumentação de Hirsch se apóia no conceito segundo o qual existe apenas um número limitado de objetos que podem ser contemplados pelo turista. No entanto, em anos recentes, houve, conforme já se descreveu no capítulo 1, um enorme aumento dos objetos do olhar do turista, que vão muito além da "beleza natural inviolada" a que se refere Mishan. Parte dos motivos desse aumento resulta do fato de que os turistas contemporâneos são colecionadores de olhares e parecem estar menos interessados em repetir visitas ao mesmo lugar, revestido de uma certa aura. O que conta é o olhar inicial.

Aqueles que realmente valorizam a solidão e um olhar turístico romântico não consideram isto simplesmente um modo de contemplar a natureza. Ao contrário, tentam fazer com que todo mundo sacralize a natureza, da mesma maneira que eles o fazem (ver Walter, 1982:300-3). O romantismo, conforme observamos no capítulo 2, estava implicado no surgimento do turismo de massa, espalhou-se, generalizou-se e difundiu-se a partir das classes médias altas, embora o conceito de natureza romântica seja um prazer fundamentalmente inventado e variável. Quanto mais seus partidários tentam fazer o proselitismo de suas virtudes, mais as condições em que se dá o olhar romântico são solapadas: "O turista romântico está cavando seu próprio túmulo, ao procurar evangelizar os outros, convertendo-os à sua religião" (Walter, 1982:301). O olhar romântico constitui um mecanismo importante, que está ajudando a difundir o turismo em escala global, inserindo quase todos os países em seu âmbito, pelo fato de o romântico procurar sempre novos objetos de seu olhar, e minimiza a diversidade, por meio da ampliação daquilo que Turner e Ash denominam "a periferia do prazer" (1975).

O olhar turístico contemporâneo é cada vez mais sinalizado. Existem marcos que identificam as coisas e os lugares dignos de nosso olhar. Essas sinalizações identificam um número relativamente pequeno de pontos centrais turísticos. O resultado é que a maior parte dos turistas se concentram em uma área muito limitada. Conforme observa Walter: "O ponto central sagrado proporciona um bem posicional que é destruído pela democratização" (1982:302). Ele, em contraste, favorece a visão segundo a qual existem "jóias a ser encontradas em todos os lugares e em tudo... não existe limite para aquilo que se encontrará" (Walter, 1982:302). Ele afirma que devemos afastar-nos da tendência de estruturar o olhar do turista em torno de alguns locais sagrados e selecionados e sermos muito mais universais em relação aos objetos que podemos contemplar. Não há a menor dúvida de que isto começou a ocorrer em anos recentes, sobretudo com o desenvolvimento do turismo industrial e tradicional. Existem, no entanto, poucas dúvidas de que a análise que Walter faz do caráter classista do olhar romântico é altamente persuasiva e encerrarei estas considerações sobre a teoria econômica do turismo registrando a profunda análise sociológica que este autor faz do caráter difuso do olhar romântico em oposição ao olhar coletivo, e, em conseqüência, ao problema do bem posicional que muitos locais turísticos contêm:

> ... os formadores profissionais de opinião (redatores de folhetos, professores, funcionários das comissões oficiais de turismo, etc.) pertencem em sua maioria à classe média e é no interior dessa classe que se fundamenta, em grande parte, o desejo romântico pelos bens posicionais. Em contraste, o fato de a classe trabalhadora, em sua grande maioria, apreciar a convivência, a sociabilidade e o fazer parte de uma multidão é encarado freqüentemente com desprezo por aqueles preocupados em conservar o meio ambiente. É uma pena, pois... exalta uma atividade disponível unicamente para os privilegiados. (Walter, 1982:303)

A globalização e a economia do turismo

Já vimos que o balneário inglês à beira-mar decaiu em meados da década de 1960, no momento em que o turismo de massa, pelo menos na Europa, internacionalizou-se. Continuou a existir um crescimento maciço dos fluxos internacionais de turismo. Por volta de 1984 o número de deslocamentos de turistas, em escala mundial, era de 300 milhões e o turismo internacional constituía o segundo maior item do comércio mundial. As receitas geradas pelo turismo internacional aumentaram 47,6 vezes durante o período de 1950-84. Cerca de três quartos dessa cifra dizem respeito a países industrializados, sendo que os Estados Unidos, o Japão, a Alemanha e o Canadá apresentam um grande déficit e a Áustria, França, Itália, Espanha e Suíça, amplos créditos (IMF, 1986:Tabela C-5). No exemplo do Reino Unido, os ganhos e os gastos obtidos com o turismo ultramarino se apresentaram mais ou menos equilibrados no início dos anos oitenta e gozaram de bom crédito na década de 1970. A Grã-Bretanha situa-se após os Estados Unidos, a Espanha, a Itália e a França em termos de ganhos obtidos com o turismo estrangeiro. No entanto, de meados ao final da década de 1980, ocorreu um grande déficit, resultante do aumento das viagens feitas pelos cidadãos britânicos ao exterior, da tendência dos turistas britânicos a aumentar seus gastos, quando no exterior, e do fato de que aqueles turistas que visitam o Reino Unido, vindos do exterior, agora gastam relativamente menos, em parte porque hoje há um número menor de turistas provenientes da América do Norte (Departamento de Emprego, 1988).

Essa internacionalização do turismo significa que não podemos explicar os padrões turísticos, em qualquer sociedade, sem analisar o que ocorre em outros países. A internacionalização do turismo, sobretudo na Europa, significa que cada local turístico pode ser comparado com aqueles que se localizam no exterior. Assim, quando as pessoas visitam determinado lugar em seu próprio país, elas, com efeito, estarão escolhendo não visitar um lugar situado no exterior. A internacionalização do turismo expressa a idéia de que todos os objetos potenciais do olhar do turista podem ser localizados em uma escala e podem ser comparados entre si.

O resultado dessa internacionalização é que diferentes países ou diferentes lugares de um país passam a especializar-se no que se refere ao propiciamento de determinados objetos a serem contemplados. Nas últimas duas décadas, surgiu uma divisão internacional dos locais turísticos. A Grã-Bretanha passou a especializar seu turismo na história e na herança cultural e isso afeta não só o que o visitante vindo do estrangeiro espera contemplar, como também faz com que os residentes do Reino Unido se sintam motivados a passar as férias em seu próprio país. Além disso, a internacionalização das férias é mais adiantada e desenvolvida no Reino Unido do que na maioria dos outros países. Isto pode ser explicado em parte pelo anterior e inovador desenvolvimento dos pacotes turísticos na Grã-Bretanha e em parte por causa da disponibilidade de uma excepcional quantidade de locais históricos, passíveis de atrair um grande número de turistas vindos do exterior. Assim como a economia do Reino Unido, em geral, é uma economia aberta, isto também é especificamente verdadeiro em relação ao turismo. Agora discorrerei rapidamente sobre a natureza da indústria dos pacotes de férias antes de tecer considerações sobre as principais características da indústria doméstica de férias no Reino Unido.

Os operadores de turismo estabelecidos na Grã-Bretanha, ao que parece, vendem seus pacotes turísticos por um preço consideravelmente menor do que outros países europeus com os quais podem ser comparados. Em uma amostragem de 57 hotéis da Espanha, Portugal e Grécia, notou-se que, no caso de quarenta deles, era um operador britânico de turismo que oferecia o preço mais baixo. Em 39, entre 57 hotéis, era uma agência alemã que cobrava o preço mais caro (Milner, 1987:21). As agências estabelecidas na Grã-Bretanha se mostraram particularmente eficazes em reduzir os custos unitários e em gerar um grande mercado no Reino Unido. Existem hoje cerca de 11 milhões de pacotes de férias vendidos anualmente, em comparação com os cinco milhões vendidos em 1980. O principal motivo pelo qual tais pacotes exerceram semelhante impacto na Grã-Bretanha se deve ao surgimento anterior de agências de turismo integradas, com seus operadores de turismo, que fizeram um uso espetacular das novas tecnologias do transporte a jato e dos sistemas de reserva computadorizados (ver Reynolds, 1989:330-3, que escreve a respeito da agência Thompson Holidays, a qual faz parte, aliás, de uma multinacional canadense de mídia e de marketing).

A expansão da indústria de pacotes turísticos na Grã-Bretanha se fez acompanhar de um considerável grau de concentração. Em 1988 o Grupo Thompson, que inclui Portland e Skytours, era responsável por 28% do mercado e o International Leisure Group, que inclui Intasun e Club 18-30, 17%. A terceira principal companhia, Horizon, que domina cerca de 8% do mercado, foi assumida recentemente pela Thompson (ver *The Economist*, 27 de agosto de 1988:59-60). O vigor das principais empresas turísticas resulta em parte do fato de que ou elas possuem suas próprias companhias aéreas (a Thompson, por exemplo, é dona da Brittannia) ou são de propriedade de uma companhia de aviação (a British Airways é dona da Martin Rooks). Quando a Thompson assumir a Horizon, a nova companhia aérea será maior do que a Swissair e duas vezes tão grande quanto a SAS (*The Economist*, 1988:59; ver Goodall, 1988:28-9, sobre a integração vertical em boa parte da indústria do turismo na Europa). Com efeito, as empresas de turismo tendem, de modo significativo, a ganhar mais dinheiro através de suas companhias aéreas subsidiárias do que por meio dos pacotes de férias. Alega-se que, em relação a eles, o lucro da empresa alcança a baixa cifra de 1 a 2 libras por férias cujo preço é de 275 libras (ver Williams, 1988; *The Economist*, 27 de agosto de 1988).

No entanto, ainda existem muitas companhias de pequeno porte que se encarregam de pacotes turísticos. Em 1988 havia 679 operadoras licenciadas perante a *Civil Aviation Authority*. A fatia ocupada pelas grandes empresas aumentou, porém. Ao que parece, isso se deve em parte ao fato de que elas começaram a proporcionar viagens destinadas a lugares mais exóticos e a se dedicar a gostos mais especializados. Mais tarde discutirei esse tema, que denomino o "pós-turismo". A Thompson, por exemplo, tem 24 folhetos orientados para diferentes segmentos do mercado e a aquisição da Horizon provavelmente envolverá maior segmentação do mercado (Williams, 1988; *The Economist*, 27 de agosto de 1988).

Em uma pesquisa sobre seus leitores, realizada em 1987, a publicação *Holiday Which?* verificou que nenhuma das três grandes empresas que na época atuavam na área de turismo sequer faziam parte das vinte empresas mais importantes em termos de popularidade. As pessoas entrevistadas prefeririam empresas de turismo menores e mais especializadas. Mas, em outra pesquisa, Lewis e Outram detectaram que os clientes percebiam poucas diferenças entre as operadoras de turismo (1988:209-10). Notaram também um elevado nível de satisfação com as operadoras entre os clientes que responderam o questionário. Os entrevistados tinham atitudes particularmente positivas em relação às conveniências a eles proporcionadas e aos aspectos financeiros dos pacotes de que participaram (Lewis e Outram, 1986:213). Isso talvez se oponha à imagem das férias, que foi resumida por Pilé. É citado um psicólogo industrial que, escrevendo sobre o tema, afirma o seguinte:

> Elas [as férias] se baseiam nos traços mais estressantes da vida no século XX. É surpreendente que as pessoas jamais questionem por que participam delas... Deixam um lar confortável, civilizado e basicamente vão se hospedar em uma praia, durante 15 dias, onde padecem de tremendo desconforto... Chegam a um hotel desconhecido, onde sequer podem comer quando querem. (Pile, 1987)

Inúmeras e importantes modificações afetarão esse setor da indústria turística. Em primeiro lugar, o pacote turístico fará com que lugares muito mais distantes se tornem acessíveis ao mercado de massa, tais como o Caribe, pelo preço de 300 libras, ou o Extremo Oriente, por 400-500 libras.

No futuro, os consumidores terão condições de contar com pacotes muito mais flexíveis, aquilo que a indústria turística denomina "Viagens Livres e Independentes" (ver Hart, 1988:19). Isso significa que os agentes de viagem precisam se tornar mais capacitados do que as entrevistas sugerem que eles são no momento (ver Welsh, 1989, em relação às colocações negativas que se fazem em relação às principais agências de turismo).

No presente, o mercado dos pacotes turísticos é regulamentado ou organizado por uma autoridade central, na área da aviação, em cada país (ver *The Economist*, 27 de agosto de 1988). No entanto, após 1992 e a formação de um mercado único, os operadores de turismo, na Europa, operarão em escala bem mais elevada, em cada um dos países. Isso terá como efeito o aumento da competição e a redução do nível de concentração em um determinado país. Será interessante observar se isso está associado a uma integração vertical maior, em que as grandes empresas de turismo continuam a adquirir agências de viagem, hotéis e companhias aéreas (ver Buck, 1988, sobre o complexo relacionamento entre quatro empresas de turismo e as agências de viagem).

Finalmente, trata-se de uma indústria na qual novas tecnologias são particularmente apropriadas, devido aos enormes problemas envolvidos no setor da informação e da comunicação. A inovação mais recente foi a adoção do videotexto interativo. Ele foi introduzido em 1979 e agora é adotado por cerca de 90% de todas as agências de viagem no Reino Unido, sendo o sistema TOPS, da Thompson, o mais conhecido de todos (ver Bruce, 1987:115). No futuro, um dos recursos será o sistema *self-service*, que permitirá aos clientes "servirem" a si mesmos passagens e outros produtos padronizados. Com efeito, se for possível obtê-los em casa, então poder-se-á conceber uma "agência de turismo sem papéis". O desenvolvimento de certos recursos permitiria ao presumível turista fornecer alguns parâmetros da viagem que pretende fazer, possibilitando ao computador a geração de inúmeros produtos destinados ao possível consumidor (Bruce, 1987:117-18).

Em 1989, na Grã-Bretanha, foi vendido pelas principais agências um milhão de pacotes turísticos a mais do que no ano anterior. Prevê-se que, em 1990, o número se situará abaixo de nove milhões (Barrett, 1989b). No entanto, o número de férias desfrutadas em outros países, por parte dos residentes no Reino Unido, continua a crescer (8% em 1989). Parece que, com o aumento do tempo destinado ao lazer, as pessoas cada vez mais se distanciam do pacote de turismo padronizado e procuram uma variedade mais ampla de formas de lazer, incluindo as viagens independentes (ver McRae, 1989). Isso forçará as agências a desenvolverem formas mais flexíveis de viagem, o que já foi discutido. Houve recentemente um notável aumento de vôos não-fretados, devido em parte a uma procura por maior flexibilidade e devido também ao crescimento do número de empresas que operam no setor do turismo internacional (ver Ryan, 1989, para um estudo muito útil sobre as futuras tendências). Tais fatores possivelmente forçarão as empresas de turismo a procurar alcançar maior qualidade de controle sobre todos os aspectos das férias, algo que, até agora, elas não têm conseguido: "O resultado tem sido de uma qualidade inconsistente. O turismo não se assemelha a uma cadeia de lojas populares. Como resultado, as operadoras vêm perdendo aquele segmento do mercado que é composto por uma elite" (McRae, 1989).

Barrett também sugere que a preferência por viagens independentes "constitui, em parte, uma reação à sensaboria dos pacotes turísticos", os quais já não são mais considerados elegantes ou na moda (1989b). Até agora examinei algumas características da indústria que se preocupa com transportar turistas britânicos e do norte da Europa sobretudo para certos países do sul da Europa, e que apresentam intensa concentração espacial (ver Goodall, 1988:25-6). Passarei em seguida a abordar a organização da indústria do turismo em sociedades que acolhem um grande número desses turistas. Antes disso, porém, examinarei algumas características da indústria do turismo que se preocupa com o fornecimento de serviços na Grã-Bretanha.

Já observei que existe atualmente um grande déficit nas atividades turísticas na Grã-Bretanha. Foi a seguinte a resposta do ministro John Lee, que, naquele momento, tinha responsabilidades especiais em relação ao turismo:

> É de se esperar que o público britânico aprecie cada vez mais o fato de que tirar férias no Reino Unido não é apenas uma experiência estimulante e agradável, mas que também serve para equilibrar nossa balança de pagamentos. Quaisquer visitantes em potencial vindos do exterior devem se dar conta de que existem poucos países no mundo que oferecem uma gama tão grande de tradições históricas, paisagens, balneários e atrações culturais e esportivas (na Inglaterra, 30% das atrações existentes, colocadas à disposição do turista, foram implantadas desde 1980 e 60% delas, desde 1970). (Lee, 1988)

Não só o ministro deixou claro que a "tradição" é a primeira atração que provavelmente fascinará os visitantes, mas também que tem havido investimentos excepcionais no que se refere a novas atrações turísticas.

No que diz respeito aos visitantes de além-mar, existe um grande mercado em potencial. Apenas 7% dos cidadãos dos Estados Unidos possuem passaporte. Bastaria que essa cifra alcançasse os 10% para que houvesse grande aumento no número de visitantes em potencial vindos dos Estados Unidos (ver Cabinet Office, 1983). Dos visitantes estrangeiros que vêm à Grã-Bretanha, apenas cerca de 20% visitam o litoral e até mesmo Blackpool atrai um número relativamente pequeno de turistas, apesar de todos os esforços no sentido de promover-se como um centro internacional de lazer. Apenas 7% dos visitantes estrangeiros comparecem "aos parques de diversão" (BTA/ETB Research Services, 1988a:58).

As preferências dos visitantes estrangeiros são nitidamente localizadas e a maior parte deles são atraídos por Londres e por várias cidadezinhas e cidades do interior. Na verdade cerca de 80% dos turistas inicia sua viagem por Londres e isso se reflete, por exemplo, no fato de que 40% daqueles que visitam os teatros do West End, em Londres, são visitantes estrangeiros (ETB Research Services, 1988a; SWET, 1982). O acúmulo de visitantes estrangeiros em Londres, em 1984-85, não causou nenhum desvio significativo para aqueles centros provinciais que já não estavam atraindo um número significativo de visitantes. Com efeito, poderá acontecer que, se não houver uma mudança nos padrões dos visitantes e se o espaço dos hotéis, em Londres, permanecer nos fracos níveis atuais, alguns visitantes de além-mar preferirão se dirigir a outros lugares da Europa, em detrimento do resto da Grã-Bretanha (ver Jeffrey e Hubbard, 1988).

Mais de 75% dos visitantes vindos do exterior preferiram organizar sua própria viagem a participar de um pacote turístico. Não houve aumento, em números absolutos, dos que vieram ao Reino Unido através de pacotes (BTA/ETB Research Services, 1988a).

Não houve aumento do número de novos visitantes ao Reino Unido e o aumento ocorrido se refere a visitantes "que repetem" a viagem. Tais repetições são comuns entre empresários que viajam, europeus ocidentais, turistas com mais de 35 anos e pessoas que viajam para fora de Londres (BTA/ETB Research Services, 1988a).

No momento, as seis atividades de lazer mais procuradas pelos visitantes estrangeiros são visitar lojas ou mercados (82%), restaurantes ou cafés (77%), igrejas, catedrais, etc. (69%), locais e edificações históricas (69%), museus e galerias de arte (64%) e cidades históricas (62%) (BTA/ETB Research Services, 1988a; ver Key Note Report, 1987). Perguntou-se também aos visitantes quais, entre os recursos colocados a sua disposição, ofereciam uma adequação entre o custo e o benefício. Com uma única exceção, a proporção dos que acharam que os benefícios equivaliam aos custos foi maior. Essa exceção se referia aos hotéis de Londres, onde a proporção dos visitantes que achavam que os custos eram maiores do que os benefícios superava três vezes os que achavam o contrário (BTA/ETB Research Services, 1988a). Esse baixo nível de satisfação reflete uma grande demanda por acomodações em Londres. As taxas de ocupação média dos quartos são as mais elevadas do país (78%), em comparação com os 47% nas cidades à beira-mar, 51% no campo e 57% em toda a Inglaterra, no ano de 1984 (Bagguley, 1987:16). Inúmeras outras características da organização geográfica e econômica do turismo britânico serão examinadas.

A colocação inicial é que a acomodação, na Grã-Bretanha, ainda é proporcionada sobretudo através de pequenas unidades. No início da década de 1980 estimava-se que havia quase dez mil hotéis, vinte mil pensões, 18 mil residências que ofereciam quarto com café da manhã, 4.800 fazendas que proporcionavam acomodações, trezentos motéis e noventa *campings* (Bagguley, 1987:8). Apenas 1,5% dos hotéis tinha mais de duzentos quartos, ao passo que 85% tinham menos de cinqüenta. Utilizando-se uma pesquisa realizada pouco depois, calculou-se que, do meio milhão de quartos de hotel na Grã-Bretanha, 30% eram de propriedade de empresas coligadas e que 70% pertenciam a organizações independentes, sendo que a maioria tinha menos de cinqüenta quartos (Slattery e Roper, 1986). O capital de pequeno porte tem, portanto, um significado permanente em se tratando do fornecimento de acomodações turísticas na Grã-Bretanha (ver Goffee e Scase, 1983; os dados aqui citados encontram-se em Bagguley, 1987). Entre essas pequenas organizações é possível distinguir quatro setores diferentes.

Temos, em primeiro lugar, aqueles que não recorrem à mão-de-obra de fora e que se apóiam na mão-de-obra da própria família. São economicamente marginais, a capacidade de gerenciamento formal é fraca e não existe separação entre o controle e o fato de ser proprietário. Muitas casas que oferecem quarto com café da manhã pertencem a este tipo. Existe a categoria dos "pequenos empregadores", que se distingue da anterior pela contratação intermitente da mão-de-obra que vem de fora. Muitas pensões e pequenos hotéis se enquadram nesta classificação. Existem os "controladores proprietários", que não recorrem à força de trabalho da família e empregam mão-de-obra externa, a qual poderá receber considerável grau de treinamento. Os níveis de investimento do capital são maiores e não existem meios formais de controle gerencial. Este tipo é menos marginal, economicamente falando, embora não exista uma divisão entre o controle e a propriedade. Muitos dos assim chamados hotéis campestres, onde o proprietário se acha diretamente envolvido, se enquadram nesta categoria. Existem finalmente os "proprietários diretores", onde há considerável investimento de capital, treinamento formal e separação entre propriedade e controle. Isto é extremamente comum entre aqueles hotéis situados no centro da cidade e que não fazem parte de cadeia alguma.

Todos esses tipos de capital de pequeno porte investido nos hotéis e na indústria hoteleira demonstram a enorme vulnerabilidade do mercado. Entre 1980 e 1986, foram registrados 121.700 hotéis e estabelecimentos similares que pagavam a taxa do valor acrescido (VAT); no entanto, 115.900 hotéis, cifra desconcertante, aliás, não faziam parte do registro (Smith, 1988:22). Um quarto desses estabelecimentos fecha em dois anos e a metade, em quatro anos. Cerca de um quarto sobrevive, enquanto os remanescentes três quartos se encontram em fluxo permanente. A taxa de demissões é consideravelmente maior nesta indústria do que em muitas outras, o que significa que existe grande insegurança no tocante aos empregos. O Escritório de Formação na Indústria Hoteleira estima que um quarto da mão-de-obra perderá seu emprego ou o deixará no prazo de um ano (Smith, 1988:22). A categoria dos "controladores proprietários" parece ter maior capacidade de sobreviver. Drew Smith, ex-editor da publicação *Good Food Guide*, afirma que: "É o restaurante [e o hotel] dirigido pessoalmente que agüentou firme, muitas vezes graças à dedicação do proprietário. Na outra ponta do mercado, isto se dá, de modo geral, porque a família manteve o domínio absoluto sobre o estabelecimento" (1988:22). Trata-se, portanto, de uma indústria de enorme volatilidade. Embora existam algumas operadoras de grandíssimo porte, conforme veremos, há muito poucas restrições à entrada (e à saída!). Drew Smith calcula que cinqüenta novos restaurantes são abertos a cada mês em Londres. Com quase toda a certeza ocorrem grandes variações na inclinação a abrir novos restaurantes e hotéis em diferentes partes do país. A Cornualha, por exemplo, parece ter tradições relativamente inexpressivas no que se refere a empresários locais, em todos os setores da economia, incluindo o turismo, embora a maior parte das empresas relacionadas com o turismo sejam, na verdade, de pequeno porte. Em um estudo sobre Looe verificou-se que havia um nível muito elevado de mobilidade geográfica entre os empresários. Por exemplo, 90% dos proprietários dos hotéis e pensões eram originários de outras regiões que não a sudoeste, e a maioria vinha do sudeste (Hennessy et al., 1986:16). A Cornualha, em geral, parece importante na atração que exerce sobre os empresários, em vez de gerar os seus.

Uma grande influência sobre os tipos de atividades relacionadas com o turismo encontradas em diferentes áreas (Londres em comparação com Looe) é o crescimento do turismo empresarial e seu impacto diferencial. Houve, na Grã-Bretanha, um aumento de 30% no número de pernoites de empresários, entre 1980 e 1984. Isso compensa o número mais ou menos estático de pernoites dos turistas domésticos, ao longo do mesmo período (Bagguley, 1987:13-18). O turismo empresarial é feito de inúmeros componentes: encontros realizados em outras partes do país; conferências (houve, em 1984, 14 mil conferências internacionais e a maioria realizou-se no Reino Unido); viagens que são dedutíveis da declaração do imposto de renda, algo proporcionado por cerca de um terço das principais empresas britânicas (ver Williams e Shaw, 1988b; 19).

O efeito do turismo comercial gerou grande e periódica expansão, no que se refere à construção de hotéis. Por exemplo, no final da década de 1960 e no início da de 1970, abriram-se hotéis em grande número, sobretudo em Londres, em decorrência do Plano de Incentivo ao Desenvolvimento de Hotéis, implantado em 1969. Em março de 1970 havia 61 hotéis planejados para Londres e, com exceção de sete, todos tinham mais de 75 quartos. Essa cifra era três vezes maior do que a que havia sido planejada para as tradicionais regiões de férias (Bagguley, 1987:17). No entanto, no início da década de 1980, a situação era bem diferente. Apenas 3% dos novos hotéis completados entre 1981 e 1984 situavam-se em Londres e a proporção mais alta (38%) localizava-se em pequenas cidades (BTA/ETB, 1985). Em 1988 (janeiro-junho) o investimento em novos hotéis distribuía-se de maneira bastante equilibrada entre diferentes regiões turísticas e Londres acolhia 10% deles. O interessante é que a maior quantidade de reformas em hotéis é encontrada na capital, bem como o maior investimento na construção de "atrações temáticas". Cerca de um terço de todo o investimento em turismo está sendo feito em Londres (BTA/ETB, 1988a:Tabela A).

Já vimos que boa parte das acomodações no Reino Unido são proporcionadas por um número muito grande de pequenos hotéis e pensões. Ao que parece, a quantidade desses estabelecimentos declinou entre 1951 e 1971 (Stallinbrass, 1980). Em anos recentes os dados são menos claros, embora seja certo que houve um aumento de acomodações proporcionadas pelas grandes cadeias de hotéis. As principais delas, em 1984, eram Trusthouse Forte, Ladbroke Group e Crest and Thistle (Key Note Report, 1986; ver Shaw et al., 1988).

A tendência mais significativa, nos últimos anos, foi o desenvolvimento de consórcios de hotéis. Havia, em 1984, 170 hotéis do grupo Best Western, no Reino Unido, 103 do consórcio Inter Hotel e 22 do grupo Prestige (*Financial Times*, 2 de janeiro de 1984; Bagguley, 1987:19-22). Esses consórcios cresceram na década de 1960, a ponto de compensar a estrutura descentralizada do capital e o problema que isso criou para a acumulação do capital e o corte sistemático dos custos. O crescimento das corporações é difícil, dado o baixo nível de concentração, o pequeno tamanho unitário e a combinação de refeições, bebidas e acomodação, para os quais existe uma demanda ao mesmo tempo sazonal e volátil (ver Litteljohn, 1982; Slattery et al., 1985; Bagguley, 1987). Os consórcios possibilitam aos hotéis obterem economia de escala e, portanto, poderão competir com muito maior eficácia com os lucros obtidos pelas grandes cadeias de hotéis, já mencionadas. Os consórcios são de numerosos tipos:

consórcios de marketing: proporcionam acesso a um departamento corporativo de marketing, na base de agrupamentos regionais (tais como os Hotéis Thames Valley) ou de segmentos específicos do mercado (exemplo da cadeia Prestige);

consórcios de marketing e de aquisições: além da economia ligada ao marketing, eles também negociam preços reduzidos para reservas muito numerosas (Best Western, Inter Hotel);

consórcios de encaminhamento: proporcionam um sistema nacional ou internacional de encaminhamento, ligado sobretudo com as companhias aéreas (Hotéis Associados British Airways);

consórcios de pessoal e de formação: fornecem treinamento e serviços de pessoal (Hotéis Concord);

sistemas de reserva: oferecem um sistema de reservas nacionais ou internacionais freqüentemente ligado a várias outras agências turísticas (Hotéis Expotel).

Alguns dos grupos que acabo de mencionar são altamente internacionalizados. Em 1986, a cadeia Trusthouse Forte, por exemplo, era proprietária de 793 hotéis no mundo inteiro, bem como de muitos outros estabelecimentos relacionados com a prestação de serviços na área de hotelaria (ver Williams e Shaw, 1988b:26). O segundo maior grupo inglês, Ladbrokes, também é dono de 140 hotéis Hilton International. Os maiores grupos internacionais, em 1986, eram o

Holiday Inns, com 1907 hotéis, e o Quality Inns, com 801 hotéis. Desde então a cadeia Holiday Inns vendeu, em 1988, o controle de todos seus hotéis fora dos Estados Unidos e, no ano seguinte, seus hotéis americanos, para a companhia inglesa Bass (ver Jamieson, 1989). A cadeia Holiday Inns controla 10% de todos os leitos dos hotéis nos Estados Unidos. O grupo Bass não fez uma aquisição plena, já que a maioria dos hotéis são franqueados. O grupo exerce agora o controle sobre 1.700 hotéis no mundo inteiro.

O grupo Grand Metropolitan também é uma expressiva força internacional, porém vendeu recentemente o grande grupo Intercontinental Hotels por 1,3 bilhão de libras para a companhia japonesa Seibu Saisson (*Guardian*, 14 de novembro de 1988). Outra grande companhia que opera na Grã-Bretanha é a Novotel, propriedade de um grupo francês. A maior companhia hoteleira da Alemanha era a Queens Moat Houses, que era também o sexto maior grupo britânico em 1984.

É oportuno distinguir os diferentes grupos de hotéis. Em primeiro lugar, existe uma cadeia hoteleira relativamente especializada, do tipo Queens Moat Houses. Em segundo lugar, temos o grupo mais generalizado, que inclui hotelaria e cadeias de restaurantes e lanchonetes, tal como o Trusthouse Forte que, além de setecentos e poucos hotéis, é também proprietário de Little Chef, Happy Eater e opera duzentos pontos do Kentucky Fried Chicken (KFC) (Guardian, 14 de novembro de 1988). O grupo vem reduzindo seu grau de diversificação desde 1970 (Gratton e Taylor, 1987:48-50). Em terceiro lugar, existem cadeias de hotéis tais como o Sheraton, que faz parte do conglomerado americano ITT, ou os hotéis Britain Rank, que pertencem a um grupo Rank muito mais amplo, o qual inclui Butlins e a cadeia de bingos Top Rank (Gratton e Taylor, 1987:41-4). Em quarto lugar, temos hotéis de propriedade de operadoras de turismo ou de agências de viagem. Isso é mais comum na Europa Ocidental do que nos Estados Unidos. Thompson, no Reino Unido, ou Vingressor, na Suécia, seriam bons exemplos. Existem, finalmente, cadeias de hotéis de propriedade das companhias aéreas: a Pan-Am, por exemplo, era dona dos Intercontinental Hotels (ver Williams e Shaw, 1988b:26).

A internacionalização do propiciamento do lazer também ocorre em outros setores dos serviços relacionados com o turismo. Isso se nota com evidência no caso da cadeia McDonalds, bem como em outros investimentos de grande porte. No momento, por exemplo, a Companhia Walt Disney está construindo um parque temático, no valor de 2 bilhões, próximo de Paris, e que receberá o nome de EuroDisney. O terreno abrigará quinhentos quartos de hotel, *shopping centers*, escritórios, *campings*, alojamentos de luxo, campos de golfe e uma linha ferroviária. É um lugar onde o visitante poderá hospedar-se e não simplesmente passar o dia, a exemplo de Disneylândia, na Califórnia (para maiores detalhes, ver Shamoon, 1989).

As indústrias relacionadas com o turismo, aqui analisadas, são, portanto, intensamente competitivas. Além disso, embora as operadoras de grandíssimo porte possam movimentar seus capitais, em reação às pressões do mercado, muitas vezes oscilante, a maioria dos grupos não têm condição de fazê-lo, certamente não no curto prazo. Trata-se de uma indústria que tem grande fixidez espacial, excepcional grau de descentralização e imensa volatilidade de gosto. Como muitos visitantes de hotéis e restaurantes ali estão devido unicamente às atrações disponíveis no local, poderá haver muito apoio no sentido de melhorar o que se tem a oferecer, aumentando o número ou a atração dos objetos potenciais do olhar do turista. Em conseqüência, o capital relacionado com o turismo poderá muito bem posicionar-se a favor do investimento público em grande escala, por parte das autoridades locais, para proporcionar novos ou aperfeiçoados objetos que os visitantes possam contemplar.

Na década de 1980 as companhias envolvidas com a indústria do turismo recorreram a inúmeras estratégias de redução dos custos.

1. A expansão de acomodações que não recorrem a pessoal especializado e que, na Grã-Bretanha, em 1984, compreendia 152 milhões de noites, em comparação com 91 milhões de noites em estabelecimentos que contavam com pessoal especializado (Bagguley, 1987:188).
2. O amplo uso da tecnologia da informação. Isso resulta do fato de que certos recursos proporcionados pela indústria hoteleira podem ficar ociosos em determinadas épocas do ano; a imensa volatilidade da demanda; o fato de que as unidades turísticas são necessariamente dispersas no espaço. A tecnologia da informação possibilita que vários tipos de rede se estabeleçam entre os consumidores em potencial e as muitas unidades específicas e descentralizadas.
3. A modificação da configuração da mão-de-obra, sobretudo por meio do crescimento do número de mulheres que trabalham em turno parcial. A proporção dessas trabalhadoras, na hotelaria e nos restaurantes e lanchonetes, no Reino Unido, elevou-se de 2,5%, em 1971, para 44,7% em 1971 (Censo do Emprego).
4. A economia dos custos, através da participação em um grupo ou consórcio.
5. O fechamento nos períodos de pouca procura ou então a tentantiva de gerar novas atividades durante a baixa estação, freqüentemente muito longa.

6. A geração de renda extra, melhorando a qualidade dos produtos oferecidos, tais como refeições, mão-de-obra mais qualificada, etc.

O impacto do turismo ultramarino

O desenvolvimento do turismo fora do Reino Unido tem exercido amplo impacto econômico, social e cultural. Recorrendo em parte ao conceito de bem posicional, já abordado, farei uma reflexão sobre alguns países mediterrâneos e em seguida apresentarei alguns comentários sobre a América do Norte e o sudeste asiático.

Conforme vimos no capítulo 1, existem relacionamentos complexos entre os turistas e a população nativa dos lugares para os quais se dirige o olhar desses turistas. A artificialidade de muitas atrações turísticas, que daí resulta, se deve ao caráter específico das relações sociais que passam a se estabelecer entre "hospedeiros" e "hóspedes", em tais lugares (ver Smith, 1978, em relação a boa parte do que será colocado). Existem inúmeros determinantes de certas relações sociais que se criam entre "hospedeiros" e "hóspedes".

1. O *número* de turistas que visitam um lugar em relação ao tamanho da população hospedeira e à escala dos objetos que estão sendo contemplados. Por exemplo, o tamanho geográfico da Nova Zelândia permitiria que um número muito maior de turistas a visitasse sem provocar danos ao meio ambiente e sem exercer efeitos sociais indesejáveis. Em contraste, a exiguidade física de Cingapura significa que turistas extras não podem ser facilmente acomodados, mesmo que se construam mais hotéis, o que, aliás, só seria possível se fossem demolidas as lojas chinesas remanescentes, que, no passado, foram um dos principais objetos do olhar do turista. Do mesmo modo, a cidade medieval de Dubrovnik, magnificamente preservada, tem um limite físico absoluto determinado não só pelas muralhas da cidade, como pelo fato de que mais de quatro mil pessoas vivem no espaço delimitado por essas muralhas. A população residente é numericamente ultrapassada no pico do verão.

2. O *objeto* predominante do olhar do turista, seja uma paisagem campestre (Distrito dos Lagos), uma paisagem urbana (Chester), um grupo étnico (os

maoris em Rotorua, Nova Zelândia), um estilo de vida (o "faroeste"), artefatos históricos (a catedral de Canterbury ou o Cais Wigan), locais de recreação (os campos de golfe em St. Andrews, ou "sol, areia e mar" (Majorca). Aquelas atividades turísticas que envolvem a observação dos objetos físicos são nitidamente menos invasivas do que as que envolvem a observação de indivíduos e grupos. Além disso, em relação a esta última categoria, a observação das vidas privadas dos hospedeiros produzirá um grande estresse social. Os exemplos incluem os esquimós ou os masai, que reagiram ao olhar cobrando determinada quantia de libras por carro em troca de visitas a suas choupanas de barro. Em contraste, quando aquilo que é observado se caracteriza mais como um ritual público, então o estresse social será menos pronunciado e uma participação mais ampla poderá ser positivamente favorecida, a exemplo do que ocorre em vários rituais balineses (ver Smith, 1978:7).

3. O *caráter* do olhar envolvido e o resultante "acúmulo" de visitantes, espacial e temporal. Por exemplo, o olhar pode ser algo que ocorra mais ou menos instantaneamente (ver/fotografar a elevação mais alta da Nova Zelândia, o monte Cook) ou que exigirá uma exposição prolongada (ver/vivenciar o "romance" de Paris). No primeiro exemplo, os turistas japoneses poderão fazer uma visita que dure apenas algumas horas, enquanto a experiência do romance em Paris necessitará de uma imersão mais prolongada e "profunda".

4. A *organização* da indústria que se desenvolve para servir o olhar da massa; se é particular ou de propriedade pública e financiada; se é de propriedade local ou se envolve significativos interesses de além-mar; se o capital aplicado é predominantemente pequeno ou de grande escala; se existem conflitos entre a população local e a emergente indústria turística. Tais conflitos poderão ocorrer em torno de várias questões: a conservação, em oposição ao desenvolvimento comercial; os salários a serem pagos aos empregados recrutados localmente, os efeitos do desenvolvimento sobre os costumes locais e a vida familiar, aquilo que se poderia denominar a "banalização" do artesanato local e como compensar o fato de que a mão-de-obra é essencialmente sazonal (ver Smith, 1978:5-7).

5. Os efeitos do turismo sobre *as atividades industriais e agrícolas preexistentes*. Eles podem ir desde a destruição dessas atividades (excesso de agricultura em Corfu) a seu gradual solapamento, à medida que a mão-de-obra e o capital são direcionados para o turismo (certas regiões da Espanha), e à sua preservação, quando se fazem esforços para salvar atividades preexistentes, como objetos a mais para serem contemplados (a criação de gado e as pastagens de Norfolk Broads).

6. As *diferenças* econômicas e sociais entre os visitantes e a maioria dos hospedeiros. No norte da Europa e na América do Norte o turismo cria menos tensões, já que a massa de "hospedeiros" será "hóspede" em outras ocasiões. Pode ser que o turismo, de maneira um tanto incipiente, promova a "compreensão internacional". A mudança das atitudes públicas na Grã-Bretanha em relação a um pró-europeanismo, na década de 1980, é difícil de se explicar, a menos que se reconheça que algum papel é desempenhado pela indústria turística européia e pelo modo como grandes fluxos de visitantes tornaram a Europa familiar e nada ameaçadora. Em outros lugares, porém, existem habitualmente enormes desigualdades entre os visitantes e a população nativa, que, em sua vasta maioria, jamais poderia ter a renda ou o lazer para ser, ela também, turista. Essas diferenças são reforçadas em muitos países em desenvolvimento pela natureza que o turismo vai assumindo, e que parece ser excepcionalmente opulenta e altamente capitalizada, a exemplo do que ocorre com muitos hotéis da Índia, China, Cingapura, Hong Kong e norte da África, em parte porque existem poucos recursos à disposição dos visitantes ou da população hospedeira.

7. O grau em que a massa de visitantes solicita *determinados padrões de acomodação e de serviço*, o fato de que eles deveriam ficar no interior de uma bolha protetora que os protegesse de muitas das características da sociedade que os acolhe. Essa exigência se faz notar sobretudo em relação aos visitantes que participam de pacotes turísticos, que não só esperavam padrões ocidentais de acomodação e alimentação, mas também o atendimento por parte de um pessoal bilíngüe e um serviço bem organizado. Tais turistas raramente deixam a segurança da bolha protetora e, até certo ponto, são tratados como "crianças" dependentes pelos profissionais do turismo (ver Smith, 1978:10-11). Em alguns casos a cultura nativa é, de fato, perigosa, tal como acontece na Sicília, em partes de Nova York e, recentemente, em Florença. Essas exigências são menos pronunciadas entre turistas que viajam sozinhos e que são mais pobres, a exemplo dos estudantes, e aqueles visitantes para quem enfrentar determinadas situações faz parte da experiência do turismo.

8. O grau em que o *Estado*, em um determinado país, procura ativamente promover o turismo ou, ao contrário, se empenha em impedi-lo. Bons exemplos da primeira alternativa são a Espanha, a Tunísia e o Havaí, que desenvolvem ativamente uma cultura turística, na qual um grande número de turistas se tornaram parte da "cena regional" (Smith, 1978:12). Em contraste, muitos dos países que exploram o petróleo, devido a motivos morais/sociais deciciram explicitamente restringir o turismo, recusando vistos (a Arábia Saudita é

um bom exemplo). Do mesmo modo, durante a Revolução Cultural, na China, a atividade do Estado se dava no sentido de impedir o crescimento do turismo. Quando isso mudou, no início e até meados da década de 1970, os visitantes ocidentais eram tão inusitados que se costumava aplaudi-los com freqüência, como se pertencessem à realeza.

9. Até que ponto *os turistas podem ser identificados e culpados* por certas implicações econômicas e sociais supostamente indesejáveis. Isso é obviamente mais comum quando tais visitantes são econômica e/ou cultural e/ou etnicamente distintos da população que os acolhe. É também mais comum quando esta população está passando por uma mudança econômica e social rápida. No entanto, tal modificação não significa necessariamente que ela se deva ao turismo. No caso de Tonga, por exemplo, não é o influxo anual de visitantes, mas o grande excesso de população que é responsável pelo alto índice de inflação. Contudo, é claro que é muito mais fácil culpar "o visitante sem rosto e sem nome" pelos problemas locais, relacionados com a desigualdade econômica e social (ver Smith, 1978:13). Além disso, algumas objeções locais ao turismo são, na verdade, objeções à "modernidade" ou à própria sociedade moderna, à mobilidade e à mudança, a novos tipos de relacionamentos pessoais, ao papel cada vez menor da família e da tradição e a diferentes configurações culturais (ver discussão em Welsh, 1988, sobre a "Coalizão Ecumênica do Turismo no Terceiro Mundo").

O impacto social do turismo depende, assim, do cruzamento de uma ampla quantidade de fatores. Expressou-se, por exemplo, grande preocupação sobre as prováveis conseqüências do turismo em vários países mediterrâneos. O crescimento do turismo no Mediterrâneo é um dos fatos econômicos e sociais mais significativos do período do pós-guerra. É um símbolo particularmente eloqüente da reconstrução da Europa, nesse período, ou, pelo menos, na Europa Ocidental.

Existe uma grande elasticidade da demanda de serviços turísticos e, como o nível de renda cresceu na Alemanha, França, Escandinávia, Países Baixos e Ilhas Britânicas, houve um aumento correspondente na procura de viagens ao exterior. A Europa Ocidental era responsável por 68% de todos os turistas internacionais em 1984 (Williams e Shaw, 1988a:1). Em reação a tal demanda, os países da Europa Meridional desenvolveram enormes indústrias turísticas. Tais indústrias têm se revelado particularmente eficientes, no que se refere aos custos, o que, por sua vez, diminuiu o custo real das viagens ao exterior e, em conseqüência, levou à maior expansão da demanda. A Espanha foi o país mediterrâneo mais procurado e tem permanecido nessa posição. O número de visitantes estrangeiros passou de seis milhões em 1960 a mais de quarenta milhões no início da década de 1980

(Williams et al., 1986:5). Outros países muito procurados foram a França, a Itália, a Grécia, Portugal, a Iugoslávia e, mais recentemente, a Turquia. Em 1984 as receitas proporcionadas pelo turismo eram responsáveis por mais de 4% da renda bruta nacional da Espanha e de Portugal, de mais de 3% da renda da Grécia, e de 2,6% da renda da Itália (Williams et al., 1986.13, deve-se notar igualmente que a mais elevada proporção, na Europa, é a Áustria, com um índice de 7,8%). A Comissão da Comunidade Européia afirma que o turismo gera uma nítida distribuição da riqueza do norte para o sul da Europa, e sobretudo para a Espanha e a Itália. Deve-se notar, porém, que esse fato, em tais países, tende a ser geograficamente concentrado. No caso da Espanha, por exemplo, 26% dos empregos na alta estação, nas Ilhas Baleares, se encontram em hotéis, embora estejam sendo empreendidas tentativas no sentido de encorajar viagens para o interior do país (Valenzuela, 1988). Do mesmo modo, na Iugoslávia, 86% de todos os turistas permaneciam em balneários do litoral (Williams e Shaw, 1988b:36).

Os efeitos problemáticos do desenvolvimento do turismo em pelo menos alguns países é bastante bem conhecido. São resultado do número elevado de turistas e sua demanda sazonal de serviços, os efeitos sociais deletérios, que resultam sobretudo da mão-de-obra disponível, a concentração geográfica dos visitantes, a falta de uma política coerente para o setor, as diferenças culturais entre hóspedes e hospedeiros, a exigência, por parte de muitos visitantes, de se fecharem em caras "bolhas ambientais". Um lugar invadido pelos turistas é Florença, onde a população residente, de quinhentos mil habitantes, acomoda 1,7 milhão de visitantes todo ano. Isso levou a um plano de remoção das funções acadêmicas, comerciais e industriais do centro, deixando-o inteiramente entregue ao turismo, o que significaria a "Disneyficação de Florença" (Vulliamy, 1988:25).

Robert Graves escreveu a respeito de uma transformação semelhante que o turismo provocou em Majorca:

> A velha Palma deixou de existir; seu centro foi devorado por restaurantes, bares, lojas de lembranças, agências de viagem e coisas do tipo... Novas conurbações brotaram ao longo de todo o litoral... O principal uso das oliveiras parece ser sua transformação em... tigelas para salada e caixas, vendidas aos turistas. Um irreverente nativo de Majorca observou que, depois que todas as árvores forem cortadas, teremos de erigir árvores de plástico, para que os turistas as admirem das janelas de seus ônibus. (1965:51)

Um relatório recente das Nações Unidas sugere que existe uma ameaça muito séria a todo o litoral do Mediterrâneo. No momento, com cem milhões de visitantes, em 1985, é a destinação turística mais popular do mundo. O relatório sugere que essa cifra poderá passar para 760 milhões em 2025, criando assim grandes dificuldades quanto à alimentação, água e recursos humanos. O crescimento das atuais cidades litorâneas precisa diminuir muitíssimo (*Guardian*, 2 de novembro de 1988). Ocorre o oposto na Turquia, o último país a desenvolver-se como grande destinação turística. A atração imediata para os investidores, na Turquia, é o fato de que a maior parte da renda se expressa através do ingresso da mooda estrangeira, que protege o país contra uma taxa doméstica de inflação, de cerca de 80%. O investimento particular no setor do turismo, em 1988, superou duas vezes o de 1987, embora a fonte de boa parte desse investimento tenha sido o Turizm Bankasi, de propriedade do Estado (Bodgener, 1988). O turismo na Turquia até agora envolveu a proliferação de alguns projetos sem planejamento, excepcionalmente feios, tais como os de Bodrum e de Marmara, que talvez precisem ser logo demolidos. Uma agência de turismo, Simply Turkey, parou de vender férias em Gumbet porque "já não era mais um local pequeno e bonito. Transformou-se em um lugar barulhento, empoeirado, onde as construções crescem desenfreadamente, cuja praia não é suficientemente grande para corresponder a seu rápido desenvolvimento" (cit. em Whitaker, 1988:15). Em outras palavras, já não é mais um local adequado para as férias de grande categoria que a agência vende. Até aqui a procura tem crescido muito rapidamente e, em 1988, foram vendidos quatrocentos mil pacotes turísticos para a Turquia. O impacto de um crescimento tão rápido é muito sentido, sobretudo porque essa região do sudoeste da Turquia sempre atraiu um número considerável de turistas individuais, devido à excepcional qualidade de suas antiguidades. A Turquia, em conseqüência, se vê às voltas com os interesses conflitantes do turismo de massa e um turismo socialmente mais seletivo.

A segunda área mais importante no que se refere à atividade turística, em nível mundial, é a América do Norte. O interessante é que ali ela se estruturou de modo diferente do da Europa. Fundamental para o turismo norte-americano foi o carro, as auto-estradas, a vista que se contempla através das janelas dos veículos e as implicações comerciais desses fatores. Jakle fala de como, no período do pós-guerra, as grandes e pequenas cidades, além das áreas rurais, foram refeitas, transformando-se naquilo que ele denomina "a ordem universal da auto-estrada" (1985:cap. 9). Em 1950, 80% de todas as viagens a longa distância foram feitas por automóveis e, por volta de 1963, 43% das famílias americanas realizavam longas viagens de férias a cada ano, percorrendo em média novecentos quilômetros.

Houve rápida melhoria da qualidade do sistema rodoviário, a fim de poder dar conta das viagens mais rápidas e de maior volume de tráfego. Infelizmente, pouco havia a ser visto nas novas estradas, a não ser a monotonia da própria estrada. John Steinbeck escreveu que "é possível ir de Nova York a Califórnia sem ver absolutamente nada" (cit. in Jakle, 1985:190). As estradas acabaram sendo construídas por questões de conveniência de quem guia, não para os padrões de vida humana que poderiam ser criados. A presença do rádio e, até certo ponto, do ar-condicionado, nos carros americanos, isola os passageiros de quase todos os aspectos do meio ambiente, com exceção daquilo que se enxerga através das janelas (ver Wilson, 1988).

Essa vista quase nada revela, pois até mesmo as paisagens urbanas consistem de painéis publicitários, da eliminação de lugares característicos e da geração de uma paisagem padronizada. A isso Jakle dá o nome de produção do "lugar comum". Os painéis publicitários são lugares comuns, desprovidos das ambigüidades e complexidades que, em geral, tornam os lugares interessantes. Eram "paisagens nada funcionais", que se tornaram até mesmo mais uniformes quanto à aparência, na medida em que se desenvolveram grandes empresas que operavam cadeias de estabelecimentos padronizados, as quais se assemelhavam entre si, tais como McDonalds, Howard Johnson, Col. Saunders, Holiday Inn, etc. A viagem de automóvel tornou-se um dos ícones dos Estados Unidos no pós-guerra, o que se refletiu em romances como *On the Road* (Pé na Estrada), de Kerouac ou o filme *Easy Rider* (Sem Destino). No romance *Lolita*, de Nabokov, o personagem Humbert Humbert conclui: "Estivemos em todos os lugares. Nada vimos." (cit. in Jackle, 1985:198).

Provavelmente o lugar turístico mais famoso da América do Norte seja as cataratas de Niágara. As reações que elas provocam sempre implicaram superlativos (ver Shields, 1990). Os que a observavam declararam não ter palavras que exprimissem o que sentiam. Eram uma maravilha exótica, tinham imensa aura natural. No entanto, uma série de transformações tornou Niágara um cenário composto de diferentes objetos para o olhar do turista. No fim do século XIX, as cataratas passaram a ser o lugar preferido para as luas-de-mel e, em geral, para os romances. Shields liga esse fato ao modo pelo qual as cataratas constituiam uma admirável zona liminar, onde as estritas convenções sociais da burguesia eram relaxadas diante das exigências da viagem e de um anonimato relativo. A associação histórica das quedas de água com a paixão, fosse ela de vida ou de morte, aumentava ainda mais a importância dessa região. Os viajantes tinham a expectativa de que as cataratas fossem excepcionais, um lugar onde os limites da experiência de todos os dias fossem transcendidos. A viagem era análoga a uma peregrinação. Nathaniel Hawthorne assim se expressou em relação a elas: "Ficamos assombrados diante da visão das espumas e da fúria, dos penhascos que provocam vertigens, de um oceano que se precipita do céu." (cit. em Shields, 1990). Mais recentemente, porém, a lua-de-mel foi esvaziada de seu *status* liminar simbólico. Ela transformou-se em um clichê nupcial desprovido de significado, que se refere a nada, a não ser a si mesmo. Toda a ênfase que se dá às cataratas deslocou-se para os acessórios, as suítes destinadas às luas-de-mel e aos "tubos do amor" em forma de coração. As cataratas hoje são sinônimo do *kitsch*, do sexo e do espetáculo comercial. É como se as cataratas já não estivessem mais lá enquanto tal. Só podem ser vistas através de suas imagens.

Assim, o mesmo objeto, em um sentido físico, foi transformado por uma variedade de interesses comerciais e públicos. A natureza do olhar passou por enormes mudanças. No século XVIII as cataratas eram objeto de intensa aura natural. No século XIX funcionavam como zona liminar, contemplada e profundamente vivenciada por casais enamorados; no século XX tornaram-se mais um "lugar" a ser colecionado pelo visitante imensamente móvel, para quem a contemplação das cataratas significa espetáculo, sexo e desenvolvimento comercial.

Algo semelhante se deu com o crescimento do assim chamado "turismo sexual" no sudeste asiático. Na Coréia do Sul ele foi encorajado especificamente pelo Estado. Sua forma principal consiste no *tour kisaeng*, destinado exclusivamente aos homens de negócio japoneses (ver Mitter, 1986:64-7). Muitas companhias japonesas recompensam seus funcionários mais destacados com *tours* pelos bordéis e festas *kisaeng* com todas as despesas pagas. Os ministros sul-coreanos congratularam as "meninas" por sua contribuição ao desenvolvimento econômico do país. Outros países que apresentam tão próspera indústria são as Filipinas e a Tailândia. No caso da primeira, o Estado encoraja o uso das "garotas hospitaleiras" no turismo e vários bordéis são recomendados pelo Ministério do Turismo (Mitter, 1986:65). Pacotes turísticos organizados em conjunto com uma agência de Manila incluem "garotas hospitaleiras" pré-selecionadas. Do dinheiro ganho, cerca de 7-8% fica em poder das mulheres. Calcula-se que na Tailândia existam quinhentas mil mulheres trabalhando na indústria do sexo e somente em Bancoc há duzentas mil delas (ver Lea, 1988:66-9). Processos particulares que ajudaram a gerar esse padrão incluem o conjunto excepcionalmente vigoroso de práticas patriarcais, que classificam as mulheres ou como "madonas/virgens" ou como "prostitutas"; a crença das pessoas vindas de países afluentes segundo a qual as mulheres de cor são mais disponíveis e submissas; a alta taxa de incesto e de violência doméstica exercida por pais/maridos em algumas dessas sociedades; o despovoamento das regiões rurais, que atrai para as cidades gente à procura de qualquer trabalho possível (ver Enloe, 1989: cap. 2 para maiores detalhes, especialmente sobre as tentativas das mulheres em se organizarem a fim de protegerem as prostitutas).

Fatores semelhantes se aplicam a outros lugares, porém tais padrões são menos óbvios. Cingapura oferece um contraste interessante. No material de propaganda destinado aos turistas não existem referências ao turismo sexual. Os únicos clubes listados são várias discotecas e *shows* em estilo asiático. Cingapura, entretanto, é um objeto extremamente bem-sucedido do olhar do turista, mas chegou-se a isso ao se atenuar seu caráter exótico. Boa parte da ênfase dada ao material publicitário se refere às atrações de Cingapura como um *shopping center* moderno e, com efeito, existe um extraordinário conjunto de *shopping centers* ao longo da Estrada das Orquídeas, hoje nome inteiramente equivocado. Cingapura também transformou muitas das antigas áreas ocupadas por lojas chinesas em modernos complexos hoteleiros, incluindo aquele que se diz o hotel mais alto do mundo. Ele foi construído ao lado do mundialmente famoso Hotel Raffles, que apresenta uma impressionante gama de conexões históricas e literárias, bem como esplêndida atmosfera colonial. Anunciou-se entretanto, em 1989, que o Raffles iria fechar durante cerca de um ano para ser "modernizado". Cingapura situa-se no Oriente, mas já não é mais "do oriente". Hoje é quase uma cidade moderna por excelência e já não se apresenta mais como "exótica/erótica" para os visitantes.

Um local interessante, em Cingapura, é Sentosa, ilha de lazer, e a melhor maneira de chegar até ela é utilizando-se o teleférico. Toda uma ambientação artificial está sendo criada, embora boa parte dela possua uma aparência vagamente colonial, incluindo sobretudo o novo terminal de barcas. Somente quando a pessoa se aproxima do terminal é que se dá conta de que ele é construído quase que inteiramente de plástico. A capacidade da ilha é muito grande e os visitantes são transportados de um lugar ao outro por um trem de um só trilho, especialmente construído. Esta curiosa combinação do ultramoderno com o pastiche histórico será, sem dúvida, vista como um modelo de desenvolvimento do turismo para outras regiões da Ásia e da África.

Conclusão

É claro que os efeitos do turismo são extremamente complexos e contraditórios, dependendo do alcance das considerações já feitas. Não é de surpreender que tenha havido muitas discussões sobre a viabilidade do turismo enquanto estratégia para o desenvolvimento econômico nas assim chamadas sociedades em desenvolvimento. Isto suscita questões muito difíceis, porém não entrarei nelas. Em vez disso, procurarei esclarecer alguns aspectos.

É importante reconhecer que o crescimento do turismo em países em desenvolvimento, tal como o "turismo da caça" no Quênia; o "turismo étnico", no

México; o "turismo dos esportes", em Gâmbia, etc., não deriva simplesmente de processos internos a essas sociedades. Esse desenvolvimento resulta possivelmente de inúmeras condições externas: mudanças tecnológicas tais como viagens aéreas módicas e sistemas de reserva computadorizados; desenvolvimento do capital, incluindo o crescimento, em escala mundial, de cadeias de hotéis (Ramada), agências de viagem (Thomas Cook) e organizações pessoais de finanças (American Express); a difusão, tão espalhada, do olhar "romântico", de tal modo que cada vez mais pessoas desejam isolar-se dos padrões existentes relativos ao turismo de massa; o fascínio cada vez maior do mundo desenvolvido com as práticas culturais de sociedades menos desenvolvidas; o turista transforma-se em um "colecionador" de lugares, que, freqüentemente, são contemplados e vistos apenas na superfície; a emergência de um *lobby* metropolitano poderoso, preocupado em promover a visão segundo a qual o turismo encerra grande potencial de desenvolvimento (ver Crick, 1988:47-8).

Muitas vezes os benefícios econômicos proporcionados pelo turismo não correspondem às expectativas. Boa parte do investimento no turismo, no mundo em desenvolvimento, foi iniciativa de companhias de grande porte, baseadas na América do Norte ou na Europa Ocidental, e a grande maioria dos gastos com o turismo fica em poder das companhias multinacionais; apenas 22-25% do que se gasta no varejo permanece no país visitado (Lea, 1988:13; ver de Kadt, 1979). Nas Ilhas Maurício, por exemplo, 90% das divisas estrangeiras obtidas com o turismo foram repatriadas para companhias baseadas em outros países. Esse fato tem todas as probabilidades de acontecer com o elevado nível atual de integração vertical na indústria. Em 1978, por exemplo, apenas 16 grupos hoteleiros eram proprietários de um terço de todos os hotéis existentes nos países em desenvolvimento (ver Crick, 1988:45). Uma exceção interessante a esse padrão de repatriação (além de Cingapura e o papel fundamental exercido pela Singapore Airlines) é a Iugoslávia e o quase-monopólio de pacotes turísticos, pelo menos por parte dos turistas britânicos que os adquirem, exercido pela Yugotours, de propriedade do Estado.

Outro problema, mais uma vez evitado por Cingapura, ocorre onde o turismo é responsável por uma proporção realmente grande da renda do país. Algumas das ilhas antilhanas experimentam essa dificuldade. Isso significa que, se algo servir para solapar a demanda do turismo, o resultado será uma enorme perda de renda nacional. Foi o que aconteceu, por exemplo, em Fiji, em 1987, após os golpes militares (ver Lea, 1988:32-6, sobretudo quanto à escala de investimentos necessários para restaurar a confiança do turista, especialmente na Austrália). Eis uma pergunta que se deve fazer: desenvolvimento *para quem*? Muitos investimentos que resultaram do turismo (aeroportos, campos de golfe, hotéis de luxo, etc.) beneficiarão muito pouco a massa da população nativa. Do mesmo modo, muita riqueza nativa que é gerada será distribuída de maneira extremamente desigual e, assim, a maior parte da população dos países em desenvolvimento obterá poucos benefícios. Isto depende, é claro, dos padrões segundo os quais se organiza a posse da propriedade. Finalmente, boa parte da mão-de-obra exigida pelos serviços relacionados com o turismo é relativamente malpreparada e poderá muito bem reproduzir o caráter servil do anterior regime colonial, aquilo que um crítico denominou "uma formação especializada em bajular" (cit. em Crick, 1988:46).

Deve-se, entretanto, indagar se muitos países em desenvolvimento têm muitas alternativas ao turismo enquanto estratégia de desenvolvimento. Embora haja sérios custos econômicos, além de custos sociais que sequer cheguei a abordar, é muito difícil, na ausência de alternativas, perceber que as sociedades em desenvolvimento não têm muita chance, a não ser a de desenvolver sua capacidade de atração enquanto objeto do olhar do turista, sobretudo dos visitantes vindos da América do Norte, Europa Ocidental e, cada vez mais, do Japão (ver Dogan, 1989, para uma avaliação dos custos e benefícios).

No próximo capítulo abordarei uma questão que acabo de mencionar: a natureza dos empregos existentes nos serviços relacionados com o turismo, questão importante para os países desenvolvidos e em desenvolvimento, uma vez que o turismo é responsável, no mundo inteiro, por uma proporção cada vez mais elevada de empregos remunerados.

4
Trabalhando sob o Olhar do Turista

Introdução

Até agora analisei inúmeros e diferentes aspectos do olhar do turista. No último capítulo relatou-se que esse olhar pode assumir duas formas diferentes, a romântica e a coletiva, e que tal distinção se refere ao tipo de organização possível das indústrias relacionadas com o turismo e que se desenvolvem para satisfazer esses diferentes olhares. Relatei igualmente que, em alguns casos, o das cataratas de Niágara, por exemplo, o olhar que vivenciamos é estruturado por imagens culturais preexistentes, nas quais o objeto físico mal é "visto". Observei também que algumas inovações significativas, no campo da organização, ocorreram na indústria turística, incluindo o sistema de cupons instituído por Thomas Cook, o acampamento de férias de luxo, os operadores de turismo, os sistemas computadorizados de reservas, cadeias de lanchonetes e refeições rápidas, etc.

Neste capítulo abordarei com detalhes o complexo relacionamento existente entre dois elementos envolvidos com o fornecimento de serviços para os turistas. De um lado estão as práticas culturais do turismo, que constituem um conjunto de atividades sociais preferidas, altamente estruturadas por distinções de gosto. Tais práticas levam as pessoas a querer estar em determinados lugares, contemplando determinados objetos, na companhia de outros tipos específicos de pessoas. De outro lado, uma ampla variedade de serviços, sobretudo sob condições de maximização dos lucros, é fornecida para turistas como estes. Conforme vimos, grandes indústrias internacionais se desenvolveram e elas podem proporcionar serviços a um custo que possibilita o desenvolvimento de grandes mercados segmentados.

Várias contradições podem se desenvolver entre tais práticas culturais e determinadas indústrias que surgiram (ver Bagguley, 1987: 5-6). Essas indústrias, particularmente as do transporte, hotéis, alimentação e diversão, se preocupam com o fornecimento de *serviços* ao consumidor e são conhecidas como indústrias da "hospitalidade". Esse fornecimento, em algumas ocasiões, é altamente problemático, ao ponto de, muitas vezes, ficar pouco claro qual é exatamente o produto que está sendo adquirido. Além disso, o olhar do turista é estruturado por noções culturalmente específicas daquilo que é extraordinário e, portanto, digno de ser visto. Isso significa que os serviços fornecidos, que podem ser incidentais para o próprio olhar, precisam assumir uma forma que não contradiga ou solape a qualidade do olhar e que, idealmente, devem intensificá-lo. Por sua vez isso suscita, conforme veremos, imensos problemas para o gerenciamento de tais indústrias, no sentido de que os serviços proporcionados pelos trabalhadores relativamente malpagos sejam apropriados à qualidade quase-sagrada do olhar dos visitantes sobre um local turístico notável, que há muito se desejava contemplar.

Devem-se notar dois traços geográficos ou espaciais dos serviços relacionados com o turismo. Em primeiro lugar, tais serviços devem ser fornecidos aos objetos do olhar do turista ou, pelo menos, devem estar próximos a eles. Não podem ser providenciados em qualquer lugar. Os serviços proporcionados ao turista desenvolvem-se em lugares muito particulares e não se pode transferi-los para outro lugar. Possuem uma determinada "fixidez espacial". Em segundo lugar, boa parte da produção de serviços envolve uma proximidade espacial entre os produtores e os consumidores do serviço em questão. Isso resulta da natureza de muitos produtos proporcionados aos turistas, tais como refeições, bebidas, uma ida ao parque de diversões, etc. Esses serviços envolvem uma conexão necessariamente próxima entre produtores e consumidores.

Providenciando um "serviço"

No caso dos produtos manufaturados, normalmente é claro em que consiste o produto. Em muitas indústrias de serviços isso não é tão evidente (ver discussão em Bagguley et al., 1990: cap. 3 e Bagguley, 1987). Mars e Nicod descrevem o problema de se especificarem os limites de um determinado serviço:

> O termo "serviço", conforme o empregamos, refere-se a uma ação ou coisa material que é mais do que uma pessoa normalmente esperaria. Em um restaurante simples pode significar nada mais do que passar o vidro com vinagre acompanhado de um sorriso. Em um restaurante da categoria de um Savoy pode significar ter de fazer esforços prodigiosos para fornecer um prato raro ou satisfazer a preferência ou o ponto fraco do cliente.
> Quanto mais uma pessoa paga por um serviço, mais exigente será sua solicitação por um serviço melhor *e mais individual*. (1984:28)

Essa citação também demonstra que a atividade da mão-de-obra é fundamental para o serviço, caso essa mão-de-obra consista simplesmente em passar o vidro com vinagre ou em exercer uma atividade mais ampla e discriminatória. Os serviços relacionados com o turismo fazem largo emprego da mão-de-obra e isso significa que os custos, em relação a ela, representam uma porção significativa dos custos totais. Eis alguns exemplos do peso dos custos da mão-de-obra, quando se pensa na proporção entre as vendas menos os lucros pré-taxados, no início da década de 1980: Aberdeen Steak Houses Group Ltd., 21% (1982); Berni Inns Ltd., 27,7% (1982); Grandmet Catering Services, 40,8% (1983); Pizza Express Ltd., 28,1% (1983); Trusthouse Forte, 28,6% (1983) (Pine, 1987:62).

Além do mais, como nas manufaturas as mudanças técnicas podem reduzir mais radicalmente os custos unitários, os serviços, ao longo do tempo, poderão ser relativamente mais caros. Os empregadores, nos vários setores dos serviços, procurarão monitorar e, sempre que possível, minimizar esses custos. No entanto, a maior parte das empresas de serviço não conseguirão diminuir os custos tal como a cadeia McDonald's conseguiu. Hoje eles representam apenas 15% do valor das vendas (Percy e Lamb, 1987).

Conforme se observou, a mão-de-obra encontra-se, em vários graus, implicada no fornecimento de muitos serviços relacionados com o turismo. Este é o desfecho proposital de um processo necessariamente *social*, no qual ocorre alguma interação entre um ou mais produtores e um ou mais consumidores. A qualidade da interação social constitui, em si, parte do serviço adquirido (ver Leidner,

1987). Adquirir um serviço significa adquirir uma determinada experiência social ou sociológica. Sasser e Arbeit, por exemplo, sugerem que: "Mesmo que um hambúrguer seja suculento, se o empregado for grosseiro, o cliente provavelmente não voltará" (1976:63). Muitos serviços são aquilo que se conhece sob a designação de sistemas de alto contato, no qual existe considerável envolvimento do cliente com o serviço. Como resultado, torna-se mais difícil racionalizar o sistema, em parte porque o cliente poderá provocar uma mudança no sistema de operação (ver Pine, 1987:64-5).

A produção de serviços normalmente envolve alguma interação social entre produtores e consumidores no nível da produção. Em primeiro lugar, a menos que o serviço possa ser mais ou menos inteiramente materializado, precisará existir, conforme já se argumentou, alguma proximidade geográfica ou espacial entre um ou mais dos produtores e consumidores do serviço. Em segundo lugar, é possível estabelecer uma distinção entre dois tipos de empregados: os que têm contatos mínimos com os consumidores de um serviço e os que têm grandes contatos. No primeiro caso, aquilo que pode ser almejado pelos empregados é a mudança técnica e a ampla racionalização da mão-de-obra; no segundo caso, os empregados seriam recrutados e treinados na base de atributos interpessoais e qualificação para exercer relações públicas (ver discussão em Pine, 1987:65). Existem dificuldades quanto a esta estratégia divisiva, pois há um ressentimento potencial entre os dois grupos, tal como o que ocorre entre *maîtres* e garçons; pode ser difícil manter a distinção entre os grupos, em organizações complexas tais como os hotéis, onde os hóspedes não podem ser confinados a áreas muito restritas; a variabilidade da demanda, em relação a muitos serviços, significa que se atribui uma recompensa considerável ao uso flexível da mão-de-obra, algo difícil de se organizar caso se faça uma forte demarcação entre diferentes grupos.

Além disso, a composição social dos produtores, pelo menos aqueles que estão servindo na linha de frente, pode ser parte daquilo que é "vendido" de fato ao cliente. Em outras palavras, o "serviço" consiste em parte de um processo de produção, revestido de determinadas características sociais, relativas a gênero, idade, raça, antecedentes educacionais, etc. Quando o indivíduo compra determinado serviço, aquilo que é adquirido é uma determinada composição social dos produtores do serviço (ver em Hochschild, 1983, como isso se aplica no caso dos comissários de bordo). Em alguns casos, aquilo que também se adquire é uma determinada composição social de outros *consumidores* de um serviço. Os exemplos são encontrados no turismo/transporte, nos quais a pessoa passa um tempo considerável consumindo o serviço, em uma proximidade relativamente grande com outras pessoas. Em conseqüência, parte daquilo que está sendo adquirido é a composição social dos outros consumidores. Voltaremos a abordar esta questão mais adiante.

No momento examinarei com maiores detalhes o significado da "mão-de-obra" para a entrega de um serviço. Como a mão-de-obra faz parte do produto que é servido, este fato coloca determinadas dificuldades para o gerenciamento. Tais dificuldades são particularmente significativas. Quanto mais demorar a entrega, mais íntimo o serviço e maior a importância da "qualidade" do consumidor. Como conseqüência desse fato, em alguns casos o modo de falar do empregado, sua aparência e personalidade podem ser tratados como áreas legítimas de intervenção e controle por parte da gerência, conforme já se notou quando foi abordado o exemplo do restaurante Savoy.

Mars e Nicod fazem observações de caráter mais geral sobre o significado da distinção entre aquilo que é uma rotina e aquilo que é uma emergência (1984:34-5). Existe uma tensão crônica entre os receptores de um serviço que encaram todo tipo de questões como uma emergência (por exemplo, um bife excessivamente bem-passado) e os produtores de um serviço, que precisam aprender a lidar com esses incidentes como se eles fizessem parte de uma rotina. Essa tensão é extremamente nítida em hotéis de grande prestígio, onde os hóspedes esperam altos níveis de serviço pessoal e onde tais problemas não podem ser tratados como simples questão de rotina. Ao contrário, naqueles hotéis de menor prestígio e mais baratos, os empregados têm de desenvolver técnicas que sugiram que tudo está sob controle, quando, na verdade, poderá ocorrer todo tipo de emergência, que surge rotineiramente devido à intensidade do trabalho que se espera ter.

Existem evidentemente variações muito consideráveis quanto às expectativas mantidas por diferentes consumidores. Mars e Nicod sugerem que, nos hotéis mais baratos, as pessoas esperam um serviço rápido, mas, em geral, não se mostram particularmente preocupadas com sua qualidade (1984:37). Em hotéis de alta categoria os hóspedes esperam que uma extensa gama de solicitações idiossincráticas sejam atendidas e que os garçons tenham a capacidade de se antecipar a essas solicitações. Mars e Nicod sugerem que determinadas dificuldades aparecem em estabelecimentos de categoria média, nos quais o nível e as formas de serviço a serem fornecidos são relativamente pouco claros e contestáveis.

Gabriel faz uma discussão interessante sobre os serviços proporcionados por um clube só para homens (1988: cap. 4). O clube lhes oferece muito mais do que uma refeição inglesa decente e tradicional. Também coloca à sua disposição

> toda uma série de *produtos intangíveis*, um lugar onde se podem fazer contatos importantes, onde se oferece hospitalidade aos convidados, onde se trocam informações, onde certos rituais podem ser preservados e realizados diariamente. A natureza

muito anacrônica do clube faz parte deste encanto. É o encanto daquilo que é antigo. (1988:141)

Gabriel prossegue, dizendo que a única maneira de avaliar o sucesso desses clubes é mediante sua capacidade de sobreviver "fornecendo aqueles serviços 'intangíveis' que não podem ser racionalizados e incorporados à máquina de atendimento" (1988:141). Os empregados, portanto, servem mais do que refeições. Estão proporcionando um ambiente intangível, que se perderia caso o atendimento tivesse de ser racionalizado.

Serviços deste tipo requerem aquilo que, de maneira um tanto descompromissada, se poderia classificar como um "trabalho emocional". Entre outros requisitos, isso envolve a necessidade de sorrir de modo agradável, amistoso e empenhado para os fregueses (Hochschild, 1983). Em relação aos restaurantes que estudou, Marshall nota o seguinte: "Os empregados eram constantemente encorajados a atender bem os fregueses, sorrir, gracejar e, se houvesse tempo, conversar longamente" (1986:41). É portanto fundamental para muitos serviços voltados para o consumidor um "trabalho emocional", de tipo público e reconhecível. No caso dos comissários de bordo um treinamento específico ocasionou esse fator, o que resulta na comercialização do sentimento humano. Em outras ocupações ele não é tão publicamente identificável. Com efeito, pode-se dar maior ênfase em estabelecer um relacionamento emocional mais "autêntico" entre produtores e consumidores, tal como se dá em uma hospedaria para viajantes, no lugar de um relacionamento que é obviamente inventado ou artificial (ver James, 1989). Pode-se alegar, no entanto, que esse trabalho emocional é difícil, solicita demais, não obtém reconhecimento e é relativamente malrecompensado. O fato de que grande parte dele é fornecido pelas mulheres não é uma coincidência.

Hochschild argumenta que esse trabalho emocional ficou mais dificultado para os comissários de bordo com a intensificação da mão-de-obra nas linhas aéreas americanas, desde a desregulamentação, a partir de meados da década de 1970: "Os trabalhadores reagem à aceleração por meio de uma desaceleração: sorriem menos abertamente, não há brilho em seu olhar e, assim, a mensagem da companhia para seus clientes chega esmaecida. É uma guerra de sorrisos" (1983:127).

É excepcionalmente difícil para a direção monitorar e controlar esse declínio da qualidade, mesmo que ela tenha plena consciência de que comissários já não estão mais proporcionando aquele serviço completo que os passageiros esperam.

No entanto, outras pesquisas realizadas entre a tripulação da KLM mostram um quadro mais diferente e complexo (ver Wouters, 1989). O que parece ter acontecido mais recentemente é que as exigências feitas pela companhia no que se refere a sexo, idade, peso, uso de jóias, maquilagem, sapatos, sorrisos, comportamento, etc. tornaram-se menos rígidas, sobretudo devido à diversidade cada vez maior dos passageiros contemporâneos. Eis a explicação de Wouters:

> Hoje um avião tornou-se uma mescla, não apenas de nacionalidades, mas também de classes sociais. O comportamento, em se tratando dos contatos mantidos entre os comissários de bordo e os passageiros, teve de se tornar menos uniforme ou padronizado e mais variado e flexível... em cada contato mantido existe a necessidade de sintonizar o comportamento com o modo como cada passageiro lida com suas emoções. (1989:113)

É igualmente importante o fato de que, em muitos serviços, seu fornecimento é proporcionado por trabalhadores que apresentam um nível relativamente baixo e são malremunerados (pelo menos em termos relativos) e que podem ter pouco envolvimento com a empresa em sua totalidade. Em Londres o problema da baixa remuneração começa a ser oficialmente reconhecido, pois divulgou-se que uma imagem pouco atraente é transmitida aos empregados em potencial na indústria hoteleira e de restaurantes (*Guardian*, 17 de dezembro de 1988). Previa-se que, no início da década de 1990, haveria grande falta de tais trabalhadores. Estimava-se que, em 1993, haveria necessidade de cerca de um terço de empregados a mais, em comparação com o final da década de 1980, e a imagem de uma baixa remuneração já estava causando problemas.

Esses trabalhadores de nível relativamente baixo são normalmente do sexo feminino e a principal exceção se encontra nas formas mais antigas de transportes e em sociedades nas quais ocupações como o atendimento em restaurantes gozaram historicamente de um *status* muito mais elevado do que na Grã-Bretanha. Passando por cima dessa interação, o conceito de "serviço" é composto de determinados pressupostos e noções ligadas a formas de comportamento relacionadas com a questão de gênero. No entanto, para muitos fregueses, aquilo que está sendo consumido como serviço é um determinado momento de seu fornecimento, por parte daqueles incumbidos disso: o sorriso no rosto da aeromoça, as maneiras agradáveis da garçonete, a simpatia no olhar da enfermeira, etc. O problema, para os gerentes, é como garantir que esses momentos funcionem apropriadamente, ao mesmo tempo em que minimizam os custos de um sistema de gerenciamento/supervisão indesejavelmente invasivo e, portanto, objeto de ressentimento. Torna-se também necessário minimizar a fricção com outros trabalhadores que atuam nos bastidores, mais bem pagos e, freqüentemente, do sexo masculino (ver Whyte, 1948).

Jan Carlzon, presidente da SAS, companhia aérea escandinava, chama a isto "os momentos da verdade" em relação a qualquer organização (1987). Sugere que, na SAS, existe algo como cinqüenta milhões de momentos da verdade todo ano e cada um deles dura talvez 15 segundos, quando um cliente entra em contato com um empregado. Carlzon afirma que esses momentos da verdade determinam se a SAS será bem-sucedida ou se fracassará. Argumenta que a importância de tais momentos significa que as organizações precisam ser completamente reorganizadas, sendo a prestação de serviços ao cliente o objetivo básico. Em conseqüência, os atuais prestadores de serviço, a "infantaria" da empresa, que é quem mais sabe a respeito das operações da "linha de frente", precisará assumir maiores responsabilidades a fim de poder atender com eficácia, rapidez e cortesia às necessidades do cliente. Isso, por sua vez, significa que os esforços dos empregados que estão na linha de frente precisam ser muito mais valorizados. Como eles são os propiciadores dos "momentos da verdade", sua motivação é fundamental. Carlzon argumenta que, em uma organização tão direcionada para o serviço, as decisões individuais devem ser tomadas em um nível de responsabilidade que não se situa nos mais altos escalões da hierarquia. Os prestadores de serviço têm de ser os "gerentes" e precisam ser muito mais direcionados para o consumidor (para modificações semelhantes ocorridas na companhia aérea British Airways, ver Reynolds, 1989).

Outro exemplo pode ser encontrado na literatura sobre o gerenciamento dos hotéis. Greene indaga o que é que faz com que os hóspedes voltem repetidas vezes ao mesmo hotel (1982). Sugere que isso tem pouco que ver com as características físicas de um hotel, resultando antes de um reconhecimento de mão dupla entre os empregados e os hóspedes do estabelecimento. O autor afirma que não existe nada mais satisfatório do que entrar em um hotel e deparar com um rosto familiar, ser chamado pelo próprio nome e não pelo número do quarto que se ocupa. Greene propõe uma série de técnicas mediante as quais os empregados do hotel se recordarão dos nomes dos hóspedes, de tal modo que elas possam ser usadas em cada "momento da verdade". Essa estratégia é levada a consideráveis limites pela cadeia Porterhouse Restaurant Group, que imaginou um esquema para motivar seus funcionários a identificarem o maior número possível de hóspedes pelo próprio nome. Aqueles que conseguissem identificar cem hóspedes ou mais se tornariam membros do "Clube dos 100"; os que conseguissem identificar 250 ficariam membros do "Clube dos 250", etc. Uma gerente alcançou um recorde no Reino Unido, pois tornou-se capaz de reconhecer dois mil hóspedes, cifra espantosa, aliás (Lunn, 1989).

Alguns outros exemplos de "momentos da verdade" se encontram em Welsh (1989). Esse autor procurou ajuda e conselhos para possíveis férias no Mediterrâneo junto a 12 diferentes agências de viagem e descobriu que o serviço, em muitas delas, estava longe de ser satisfatório e, em algumas delas, era declaradamente ruim. Welsh resumiu como isso cria problemas para a imagem do serviço fornecido por empregados de agências conhecidas por sua grande categoria: "Um empregado que usa o uniforme de uma grande agência de viagem certamente reflete, até certo ponto, a atitude da companhia como um todo em relação a seus clientes" (1989).

Para concluir, há quatro questões que devem ser levantadas em relação aos serviços. A produção de muitos deles depende do *contexto*. Para que sejam bem-sucedidos, dependem de aspectos do cenário social físico em que ocorrem. Os exemplos incluem o estilo de decoração de uma agência de turismo e que reflete uma imagem apropriada da empresa, o interior aparentemente seguro de uma aeronave, o mobiliário antigo de um hotel campestre, o conjunto de edificações de particular interesse histórico em um balneário, etc. Em outras palavras, o fornecimento de muitos serviços está interconectado com aspectos do meio ambiente e, sobretudo, com a natureza da arquitetura e da decoração. Em certos casos o serviço não pode ser recebido em um contexto físico e social pouco apropriado, já que parte do "serviço", parte daquilo que é consumido, é, com efeito, o contexto. Este é particularmente o caso de serviços relacionados com o turismo.

Além do mais, a qualidade de muitos serviços tornou-se intensamente *contestada* nas sociedades contemporâneas. Isso se deve a inúmeros motivos: o fato de que os serviços atendem a uma gama cada vez maior de necessidades das pessoas; seu consumo envolve normalmente um gasto considerável de tempo, pois eles têm de ocorrer em série e não simultaneamente (ver Gershuny, 1987); o movimento dos consumidores encorajou as pessoas a serem muito mais críticas e inquisitivas a respeito da qualidade dos serviços que estão sendo fornecidos; os consumidores são cada vez mais exigentes, ecléticos e caprichosos. Os propiciadores de serviços deparam, assim, com todo o tipo de dificuldades, quando confrontados com o caráter essencialmente contestado do "serviço".

O produto do serviço é predominantemente *intangível*. Assim, embora existam certos elementos tangíveis, tais como a alimentação, a viagem ou as bebidas, os elementos fundamentais são intangíveis. Isso é demonstrado em um estudo realizado sobre os pequenos hotéis campestres:

> O atendimento não se preocupa com o próprio produto, mas com o modo mediante o qual o produto é criado e direcionado, com as maneiras, o conhecimento e a atitude das pessoas que o fornecem e com o ambiente no qual ele é fornecido... em termos gerais, a qualidade é manifestamente incapaz de ser medida (Callan, 1989:245)

Existem, finalmente, consideráveis diferenças entre a qualidade do serviço em diferentes sociedades. Em uma pesquisa recente realizada por Mintel, foi demonstrado que um terço dos clientes de lojas, na Grã-Bretanha, consideram os funcionários incompetentes e nada prestativos. Os padrões de atendimento na Grã-Bretanha parecem ser mais baixos do que, digamos, nos Estados Unidos (mas não em Nova York!) ou no Japão (ver *The Sunday Times*, 8 de outubro de 1989).

Essas colocações bastante generalizadas sobre os serviços serão agora aplicadas aos problemas com que nos deparamos, quando se trata de uma determinada categoria de serviços fundamentais para o turismo: a comida e a bebida.

Atendimento ao cliente

O desenvolvimento da indústria de fornecimento de comida e bebida tem sido longo e complexo. Hoje esse fornecimento está à disposição de todos. Os restaurantes, bares e cafés fazem parte do espaço público das sociedades contemporâneas. Isso oferece um contraste notável com Londres, até mesmo no século XIX, quando os melhores lugares para se comer eram particulares ou semiparticulares (ver Mennell, 1985: cap. 6). Devem-se notar duas formas determinadas: os clubes particulares de Londres, que se tornaram mais numerosos a partir de 1820, e os hotéis particulares, onde as refeições privadas eram servidas nas suítes privadas dos quartos e não havia uma "sala de jantar pública". A mudança iniciou-se nas décadas de 1880 e 1890 com a construção de muitos hotéis de luxo, como resultado da mobilidade cada vez maior ocasionada pelo desenvolvimento das ferrovias. Os novos hotéis já não eram mais particulares. Seus salões de jantar públicos eram abertos pelo menos para aquele "público" rico — e rapidamente entraram na moda. Conforme Mennell, sua exclusividade se devia não à associação semiprivada com um determinado círculo social, mas aos gastos. Tais hotéis já não eram mais reservados aos homens. Eram públicos ou talvez semipúblicos, eram espaços dos homens e mulheres ricos, onde se via e se era visto.

Os novos hotéis introduziram formas inovadoras de organização, sobretudo porque a nova clientela exigia um preparo muito mais rápido das refeições. A figura fundamental na racionalização da cozinha foi Escoffier, responsável pela transformação do atendimento aos clientes. A cozinha era dividida tradicionalmente em inúmeras seções distintas, cada uma delas sob a responsabilidade de um *chef* e encarregada de uma determinada categoria de pratos, na qual cada *chef* trabalhava independentemente dos demais. Escoffier, ao contrário, organizou sua cozinha em cinco seções, baseadas não no tipo do prato a ser preparado, mas no tipo de operação a ser realizada (tais como o *rôtisseur*, encarregado dos assados, dos grelhados e das frituras, o *saucier*, que preparava os molhos, etc.). As diferentes seções eram altamente interdependentes, de tal modo que qualquer prato resultava do trabalho exercido pelos *chefs* que trabalhavam nas inúmeras e diferentes seções. Essa reforma teve por efeito romper com as demarcações tradicionais do ofício e gerar uma nova divisão do trabalho, baseada em novas formas de especialização e interdependência das atividades (Mennell, 1985:155-9).

Abordarei em seguida alguns indícios evidentes, bem como o debate em torno da contemporânea divisão do trabalho na cozinha (ver Bagguley, 1987, 1990, para maiores detalhes sobre boa parte do material aqui exposto).

É útil começar destacando algumas das principais características dos locais de trabalho, nos hotéis e restaurantes, de acordo com Mars e Nicod (1984). Uma delas é o *gerenciamento ad hoc*. Devido ao fato de que o nível de solicitação de tais serviços é extremamente volátil e imprevisível, a direção evita estabelecer contratos coletivos e favorece *contratos individuais*. Cada empregado negociará acordos separados com a direção. O que mais importa para esse tipo de assalariado é o *sistema total de recompensas*, que inclui não apenas o pagamento básico, mas também certos recursos formalizados, tais como acomodação, recursos semiformalizados — gorjetas — e oportunidades não-formais, que possibilitam ganhar um dinheiro extra (ver sobretudo Mars e Nicod, 1984: cap. 6, "A carreira informal de um garçom: aprendendo a se curvar"). Existe também uma distinção entre *trabalhadores essenciais e periféricos*. Os primeiros se beneficiam mais do sistema informal de recompensas.

Essas quatro características derivam, pelo menos em parte, das principais características dos restaurantes identificados no estudo clássico de Whyte: a *combinação* da produção com o serviço (1948:17). Um restaurante difere, portanto, de uma manufatura, que é apenas uma unidade de produção, e de uma loja, que não passa de uma unidade de serviço:

> O proprietário de um restaurante produz um produto perecível para venda imediata em seu estabelecimento. O sucesso, em um negócio como este, requer um ajuste delicado entre fornecimento e demanda e uma hábil coordenação da produção com o serviço... Esta situação recompensa a habilidade com que se lida com o pessoal... O restaurante precisa propiciar um modo satisfatório de vida para as pessoas que realizam o trabalho, ou então não conseguirá proporcionar a satisfação que seus clientes procuram. (Whyte, 1948:17-18)

Existem importantes implicações quanto ao fato de que os restaurantes representam uma combinação de produção e serviço. Como os empregados estão lidando com um produto perecível, o tempo do trabalho é extremamente variável. É difícil gerar um ritmo segundo o qual se deva trabalhar e isso também significa que existem imensos problemas de coordenação (Whyte, 1948:18-19). O trabalhador, em um restaurante, tem essencialmente dois patrões, o supervisor/empregador e o cliente. A recompensa depende de um relacionamento satisfatório com ambos. Além do mais, os empregados de baixo *status*, os garçons e as garçonetes, têm também a capacidade de solicitar uma pronta ação por parte de seus superiores em status, os *chefs* e cozinheiros. Isso, porém, é algo que gera com freqüência ressentimento e lentidão no trabalho, com a finalidade de demonstrar superioridade de *status*. Mars e Nicod sugerem que tais conflitos provavelmente são menos significativos em hotéis e restaurantes de grande categoria, onde existe um compromisso comum com a qualidade e menos pressões em relação ao tempo (1984:43-7). Whyte examina vários meios de superar tais problemas, isto é, preservar a comunicação entre a cozinha e os garçons, ao mesmo tempo em que se limita a interação cara a cara e se aumentam as possibilidades de fricção.

Marshall, porém, examina outro aspecto da indústria de restaurantes que Whyte ignora, isto é, o fato de que, quando os empregados e os clientes se encontram, existe um complexo entrelaçamento de trabalho e de lazer. Marshall argumenta que, se Whyte "tivesse investigado o relacionamento entre empregados e clientes com essa mesma resolução, teria compreendido que a cultura dos empregados de um restaurante é apenas em parte a cultura do 'local de trabalho' (1986:34). É a mistura do trabalho com o lazer que constitui a característica fundamental do restaurante que ele pesquisa.

Marshall mostra-se especificamente interessado na contradição entre as deficientes condições de trabalho, nos restaurantes, e na ausência de ressentimento em relação a elas, por parte dos trabalhadores. Os salários eram baixos, o horário de trabalho era particularmente longo e os empregados tinham de demonstrar total flexibilidade no exercício de suas funções. Ainda assim, havia pouca insatisfação sobre a natureza do trabalho ou sobre a óbvia prosperidade do proprietário, algo de chamar a atenção. Em geral não havia sindicalização, a exemplo do que acontece com a maior parte dos que trabalham nessa indústria (ver Mars e Nicod, 1984:109). Havia também, o que é um tanto inusitado, pouca alternância da mão-de-obra.

Marshall presumiu inicialmente que o paternalismo um tanto idiossincrático dos empregadores, combinado com o significado material e simbólico do sistema total de recompensas, era suficiente para a aparente lealdade dos empregados. No entanto, por meio da observação participante, o autor concluiu que esses "empregados estavam convencidos de que, na verdade, não estavam 'trabalhando' em troca de um pagamento" (1986:40). Raramente recorriam à linguagem do trabalho. Não diziam que iam trabalhar ou que iam do trabalho para casa. O negócio, afinal de contas, envolvia a provisão de um lazer. Muitos dos clientes eram amigos ou parentes dos empregados e, pelo menos nos momentos em que havia menos movimento, esses empregados eram encorajados a conversar e até mesmo a participar das atividades de lazer que se davam em torno deles. Prestava-se pouca atenção à pontualidade e aos empregados era dada a liberdade de organizarem as próprias rotinas de trabalho. Além disso, boa parte do tempo de lazer dos empregados era gasta no restaurante, bebendo nos bares. Assim, muitas fronteiras simbólicas entre o trabalho e o lazer não funcionavam. O ciclo diário de atividades (a saber, aquilo que era formalmente "trabalho" e o que era formalmente "lazer") devia ser visto muito mais como um estilo de vida. Marshall sugere que muitos outros locais de trabalho podem apresentar características semelhantes, sobretudo naqueles onde se proporciona lazer ou serviços relacionados com o turismo.

Entretanto, ao mesmo tempo, toda uma gama de transformações significativas vem ocorrendo na natureza do setor de restaurantes, particularmente ligadas à introdução de novas tecnologias, que agora examinarei resumidamente. Começarei pela ampla pesquisa de Chivers sobre os processos de trabalho de mais de seiscentos *chefs* e cozinheiros (1973; ver também Bagguley, 1987:seção 3).

Algumas características da cultura do trabalho e da situação dos cozinheiros evidenciam ser pouco provável a sindicalização ativa e a consciência de classe entre eles e os *chefs*. Cozinheiros e *chefs*, sobretudo em hotéis e restaurantes particulares, se mostram motivados para realizar seu trabalho. Existe dedicação a suas tarefas devido à crença segundo a qual o trabalho que realizam depende de habilidades, é interessante e oferece um amplo campo para que eles possam expressar suas capacidades, que se assemelham a um artesanato. Existem diferenças de *status* entre "*chefs*" e "cozinheiros", visto que os primeiros se vêem como uma elite que serve uma clientela de classe alta em estabelecimentos de grande "categoria". Essas diferenças de *status*, que possuem fundas raízes históricas, solapam a percepção de uma "ocupação" homogênea. Existem, na indústria, amplas oportunidades de se alcançarem posições de gerenciamento ou de patronato. No início dos anos setenta, por exemplo, havia três vezes mais postos de "gerenciamento/patronato" nos hotéis e restaurantes do que, proporcionalmente, na economia do Reino Unido como um todo (ver Chivers, 1973). Isso levou a uma percepção, entre os cozinheiros, da existência de uma nítida estrutura de carreiras, por meio da qual eles podem progredir e passar a dirigir seus próprios estabelecimentos.

Chivers prossegue, argumentando que ocorreu ampla mudança técnica entre esses *chefs* e cozinheiros nos anos setenta. Isso se deve em parte à introdução de vários aparelhos elétricos, que substituíram muitas operações manuais e rotineiras, mas sobretudo por causa do grande desenvolvimento dos alimentos ditos "de conveniência":

> Naqueles setores em que a própria natureza do ofício estava sendo invadida por mudanças tecnológicas, sob a forma de alimentos de conveniência (desidratados, enlatados, congelados), as opiniões revelavam dúvidas e desolação. Existia um reconhecimento da vantagem oferecida por esses alimentos no que se referia ao encurtamento das operações, a um controle cada vez maior sobre o trabalho e à redução do desperdício, mas de metade a três quartos dos *chefs* e cozinheiros temiam a perda de uma certa habilidade e, com isso, os pratos seriam prejudicados. Nos lugares onde os alimentos de conveniência preponderaram, houve uma transposição da necessidade de uma habilidade, no ato de cozinhar, para os primeiros estágios da preparação da comida, nas fábricas. O resultado é que a carne, o peixe, a verdura e as sobremesas congeladas entram na cozinha em uma condição que nada requer além de uma operação de reconstituição, que depende em parte de uma habilidade, antes que sejam servidos (Chivers, 1973:650-1).

No entanto, a pesquisa de Gabriel, realizada na cozinha de um hospital, nos anos oitenta, sugere que a situação pode ser mais complexa. Ele demonstra que o mais comum era a justaposição de alimentos de conveniência *e* de uma culinária artesanal extremamente capacitada, dependendo do número de empregados disponíveis e de determinadas solicitações quanto ao fornecimento de refeições, em certos dias (1988: 33, 54). A capacidade artesanal com toda a certeza não havia sido eliminada e fora reintroduzida em parte. Porém, ao ampliar sua pesquisa sobre os congelados, Gabriel demonstra que é possível transformar a cozinha em uma linha de produção. Disse um empregado: "Isto aqui não é uma cozinha, é uma linha de produção, porém não ganhamos dinheiro graças à produção" (Gabriel, 1988:57). No que diz respeito ao ato de cozinhar, muitas vezes torna-se difícil definir quais são os limites de um trabalho que requer perícia. Isto se deve ao fato de que ele, com freqüência, envolve habilidades tácitas, que não são aprendidas através de um aprendizado formal. Esse trabalho requer julgamento e inteligência, sensibilidade e subjetividade.

O outro grande processo de trabalho, nos hotéis e restaurantes, que foi amplamente reestruturado por meio de mudanças técnicas, no período do pós-guerra, é a lavagem de pratos. A proporção de todos os empregados nos hotéis e restaurantes que trabalhavam como ajudantes na cozinha caiu de 21% em 1951 para apenas 4,2% em 1971 (Bagguley, 1987:25). O trabalho dos ajudantes tem sido enormemente automatizado e, muitas vezes, compreende nada mais do que introduzir e retirar os pratos da máquina de lavar, bem como levá-los de um lado para o outro da cozinha. Smith avalia que cerca de 140 mil empregos desse tipo desapareceram como resultado da introdução das máquinas de lavar louça ao longo de um período de vinte anos, algo que reduziu particularmente os níveis de emprego entre as mulheres (1986).

Bagguley sugere que houve duas "fases" distintas de mudança técnica nas cozinhas dos hotéis da Grã-Bretanha e que elas apresentam diferentes implicações de gênero (1987: seções 3 e 4). A primeira fase, nos anos cinqüenta e sessenta, se refere à mecanização das tarefas manuais rotineiras e resultou na redução de empregos de mulheres como ajudantes de cozinha, *chefs* e cozinheiras. A segunda fase, sobretudo durante a década de 1970, foi a introdução de alimentos congelados, cujas conseqüências iniciais Chivers analisou. Durante esta fase houve considerável aumento do número e proporção de mulheres empregadas como cozinheiras e *chefs*.

É igualmente possível sugerir que os anos oitenta representam uma terceira fase, na qual houve amplo investimento na indústria do *fast-food* e aquilo que Levitt chama de "a industrialização do serviço" (1981). No Reino Unido como um todo mais de 1.350 postos de venda de pizza, um mil de hambúrgueres e 650 de frango foram abertos nos últimos 15 anos (Gabriel, 1988:94). O crescimento dessa competição do *fast-food* também transformou aqueles pontos tradicionais que vendiam *fish and chip* (peixe com batatas fritas), cujo número cresceu surpreendentemente em sua totalidade, nos últimos anos (Gabriel, 1988:143). Um aspecto particularmente notável desses pontos de venda de *fast-food* foi a promoção em torno de um acesso fácil e de um consumo flexível, mais ou menos simultâneo. A abertura desses locais pôs abaixo a tirania das refeições em horários fixos e a rígida organização dos horários ao longo do dia. Agora comer muitas vezes envolve "fazer uma boquinha".

Um efeito predominante acarretado por essas mudanças, no que diz respeito aos empregos no setor dos restaurantes, foi o aumento da proporção da mão-de-obra que tem menos de 21 anos. Em 1986, 75% dos 15 mil trabalhadores empregados em nível nacional pela cadeia McDonald's se situavam abaixo dos 21 anos, e a maior parte trabalhava em turno parcial. A rotatividade anual da mão-de-obra, nesta indústria, se situa em torno de 300%. Trabalhar em um ponto de *fast-food* é hoje, na Grã-Bretanha, a escolha mais comum entre aqueles que têm seu primeiro emprego. Um gerente de um desses pontos explicou a política de recrutamento: "Temos de recrutar jovens devido ao ritmo do trabalho. Pessoas mais velhas não conseguiriam aguentá-lo... este trabalho, com sua imagem dinâmica, atrai as pessoas mais jovens" (cit. em Gabriel, 1988:97).

Em lugares como esses os empregados jovens têm de aprender a se apresentar aos clientes de maneira programada. Existem formas estereotipadas de eles se dirigirem aos clientes, algumas vezes impressas na contracapa do cardápio. Precisam também aprender o sorriso da empresa. Um empregado neste setor explicou, entretanto: "É tudo artificial. Fingimos que oferecemos um serviço pessoal, com um sorriso, quando, na realidade, ninguém está sendo sincero. Sabemos disso, a direção sabe, até mesmo a clientela sabe, mas continuamos a fingir" (Gabriel, 1988:93).

No entanto, argumenta Gabriel, embora quase tudo, no universo do *fast-food*, seja sujeito a regras, elas são freqüentemente desobedecidas a fim de satisfazer a enorme demanda em determinados momentos do dia e romper com o tédio do trabalho. A direção muitas vezes faz vista grossa ao modo como os empregados mantêm certa autonomia e deixam sua marca em um trabalho que, sob outros aspectos, considerariam imensamente monótono (Gabriel, 1988: 107).

Até agora presumi que os mesmos processos se aplicam a cada país. Mennell mostra, porém, e de modo conclusivo, que as experiências da França e da Inglaterra são incrivelmente diferentes. Houve durante muito tempo, na Inglaterra, o predomínio do cargo do "gerente", principalmente nos grandes hotéis, e até recentemente um desdém pelas atividades de cozinheiro e *chef* (1985:195). A França, ao contrário, testemunhou o desenvolvimento do *chef* enquanto profissional. O *chef-patron* gozava de um *status* imensamente elevado na sociedade francesa. Mennell sugere que a situação, na Inglaterra, facilitou a implementação mais intensa das estratégias de desburocratização em comparação com a França.

Uma mão-de-obra "flexível"

Agora demonstrarei que a assim chamada nova estratégia de reestruturação dos anos oitenta, o uso flexível da mão-de-obra, é algo que caracterizou muitos serviços relacionados com o turismo durante algumas décadas. A compreensão desses serviços necessita de um exame cuidadoso das mutantes relações de gênero nessas indústrias, já que determinados tipos de flexibilidade da mão-de-obra pressupõem uma certa divisão por gêneros, no que diz respeito à força dessa mesma mão-de-obra (ver Walby, 1987, de modo geral e, em relação a este tema, Bagguley, 1970).

No Reino Unido a análise mais sistemática do uso flexível da mão-de-obra foi realizada por Atkinson, que identificou quatro formas de flexibilidade (1984). Primeiro, existe a *flexibilidade numérica*, na qual as empresas variam o nível de participação da mão-de-obra em reação a modificações no nível daquilo que ela produz. Isto pode envolver o recurso ao turno parcial, à contratação temporária, ao contrato de curto prazo e à contratação de trabalhadores ocasionais. Em segundo lugar, temos a *flexibilidade funcional*, que se refere à capacidade dos empregadores de alocar os empregados em diferentes tarefas funcionais, de acordo com as mudanças ocorridas na organização do trabalho. Em terceiro lugar, existe a estratégia do *distanciamento*, que envolve o deslocamento das relações internas da política de empregos através de relações comerciais do mercado, por meio da subcontratação e de outros procedimentos semelhantes. Em quarto lugar, temos a *flexibilidade do pagamento*, por meio da qual os empregadores tentam recompensar os empregados que, por exemplo, tornaram-se "multicapacitados" e funcionalmente flexíveis. Tais estratégias de gerenciamento têm o efeito de reestruturar as contratações nas empresas, estabelecendo a categoria dos trabalhadores "essenciais" e "periféricos". O grupo essencial consiste em empregados funcionalmente flexíveis, permanentes, muito bem remunerados, que trabalham em turno parcial, mediante contratos temporários ou como subcontratados.

A tese tem sido discutida quase que inteiramente em relação à indústria manufatureira, sobretudo durante os anos oitenta (ver NEDO, 1986; Pollert, 1988). No entanto, boa parte da indústria de serviços tem sido caracterizada, durante um período mais prolongado, por muitas dessas formas de flexibilidade. Nos serviços relacionados com o turismo, por exemplo, já notamos o uso da flexibilidade do pagamento, algo que parece ter ligação com os baixos níveis de sindicalização, até mesmo nos grandes hotéis, e com a relativa ausência de disputas industriais (ver Johnson e Mignot, 1982). Além do mais, Bagguley nota que a flexibilidade funcional e a numérica têm se caracterizado como nítidos objetivos do gerenciamento, na rede hoteleira e nos restaurantes, a partir dos anos sessenta. Isso é demonstrado por uma pesquisa do Departamento do Emprego, realizada naquela época. Notou-se por exemplo que:

> A necessidade essencial de um pleno e flexível uso dos funcionários levou a um considerável afastamento dos padrões tradicionais de contratação. Em muitos hotéis a estrutura ocupacional dos funcionários e o conteúdo de suas tarefas mudaram. O uso mais flexível dos funcionários foi evidente em todos os departamentos (Departamento do Emprego, 1971:31).

O dia típico de uma arrumadeira funcionalmente flexível, nos anos sessenta, é assim descrito:

...preparar e servir o primeiro chá do dia; dar assistência ao preparo do café da manhã e servi-lo; arrumar as camas, limpar os quartos e os banheiros e, após uma pausa depois do almoço, dar assistência ao preparo da refeição da tarde e servi-la. Os empregados que trabalham em turno parcial podem ser designados para executar as tarefas da tarde (Departamento do Emprego, 1971:31).

Semelhante flexibilidade funcional foi notada na cozinha:

Poucos hotéis mantiveram a tradicional equipe da cozinha. Sobretudo os padeiros, os encarregados dos assados e dos molhos foram empregados com menor freqüência, sendo substituídos freqüentemente por sub*chefs* menos especializados. Do mesmo modo, a contratação de cozinheiros especialmente encarregados de preparar o café da manhã tendeu a declinar e seu trabalho acabou sendo realizado por assistentes de cozinheiros, que o combinavam com outras e mais amplas tarefas exercidas em uma cozinha. O uso crescente de alimentos de conveniência e a conseqüente redução do tempo empregado no preparo de legumes e verduras, etc. possibilitaram a introdução de assistentes de cozinheiros que exerciam um maior número de tarefas, anteriormente entregues a um pessoal especializado (Departamento do Emprego, 1971:31).

O relatório também nota o uso generalizado de empregados em turno parcial, para dar conta das flutuações da demanda durante o dia, de empregados temporários, sazonais, que atendam o muito conhecido caráter sazonal dessa mesma demanda, e da subcontratação para certas funções, sobretudo as do setor de lavanderia (ver Ball, 1988, sobre a sazonalidade).

Bagguley observa ainda que um testemunho mais recente da importância da flexibilidade funcional é revelado na pesquisa realizada pelo Hotel and Catering Industry Training Board sobre as capacitações requeridas pelo setor de hotéis e de alimentação (1990; ETAC, 1983). Foram identificadas seis categorias de tarefas: preparar comida; servir comida e bebidas; manejar os alimentos e a bebida antes do preparo e guardá-los; realizar as atividades de limpeza; efetuar o trabalho administrativo e de escritório; realizar as atividades de supervisão e de gerenciamento. Concluiu-se, a partir de uma ampla pesquisa, que

... dois terços da amostragem funcionavam em três ou mais dessas áreas, de vez em quando. Cerca de 90% funcionava em pelo menos duas delas. As pessoas que ocupavam posições administrativas ou de gerenciamento apresentavam maior diversidade em seu trabalho, seguidas por pessoas que exerciam tarefas na cozinha. As pessoas que trabalhavam na recepção ou no escritório executavam menor número de tarefas. Entre as pessoas habilitadas, mais de um terço disse que trabalhava em quatro ou mais dessas áreas... As pessoas que trabalhavam em estabelecimentos menores, onde seria de se esperar maior flexibilidade quanto ao trabalho, tendiam a trabalhar em mais áreas do que as pessoas empregadas em estabelecimentos maiores. (ETAC, 1983:9)

Existe também nítida divisão quanto ao gênero, na forma e na amplitude dessas várias e flexíveis práticas de trabalho (Bagguley, 1990). Ao que parece, era muito mais comum para os homens ter empregos que envolviam uma flexibilidade funcional. Segundo o relatório da ETAC: "Houve uma nítida tendência no sentido de que os homens exerciam maior variedade de tarefas do que as mulheres, o que, sem dúvida, reflete a elevada proporção de mulheres em posições operacionais, que apresentam menor diversidade em seu trabalho" (1983:9).

As "posições operacionais" — cozinheiros, garçons, pessoal que serve no bar, auxiliares de cozinha, pessoal doméstico e pessoal da limpeza — são, em sua grande maioria, exercidas por mulheres. Além disso, é nessas posições que as empregadas trabalham em turno parcial, isto é, em uma demonstração daquilo que Atkinson denomina "flexibilidade numérica". Em 1984, mais de 80% dos empregados em turno parcial, na Grã-Bretanha, eram mulheres (Departamento do Emprego, 1987). Essas trabalhadoras numericamente flexíveis eram habitualmente as menos funcionalmente flexíveis. A maior parte dos empregados em turno parcial (predominantemente mulheres) não têm a oportunidade de desenvolver uma ampla gama de habilitações e experiências, a fim de se tornarem funcionalmente flexíveis como empregados em turno integral, que mais provavelmente serão do sexo masculino (ver Bagguley, 1990, para uma discussão mais ampla). Assim, o gênero a que pertence o empregado determina qual forma de trabalho flexível poderá ser vivenciada, sendo que tais formas se contradizem entre si.

O desenvolvimento dessas formas flexíveis de emprego é afetado por vários fatores. O fato é que a maior parte dos serviços relacionados com o turismo têm de ser prestados quando o cliente os solicita e isso aumenta o uso de trabalhadores funcionalmente flexíveis, temporários e que se empregam em turno parcial. Em muitos serviços relativos ao turismo existe excepcional variedade de funções, que precisam ser desempenhadas — produzir a comida e servi-la, divertimento, acomodações, bares, etc. —, o que proporciona muitas oportunidades para o desenvolvimento da flexibilidade das tarefas. É preciso levar em conta, nessas empresas, o clima das relações industriais. A falta de uma ampla sindicalização e de organizações de empregados em torno de grupos ocupacionais, na indústria, significa que existe pouca oposição formalmente organizada a novas práticas de trabalho. Já vimos que o estilo de gerenciamento é casual e particularizado, dependendo de sistemas informais (Whyte, 1948; Mars e Nicod, 1984). Tal estilo apresenta menos probabilidades de inibir a flexibilidade, em comparação com um estilo que faz parte de uma grande organização, que se prende a regras rígidas (ver Bagguley, 1990).

Até agora, portanto, existem provas suficientes para apoiar a visão segundo a qual práticas trabalhistas flexíveis têm sido, durante algum tempo, o traço fundamental das indústrias relacionadas com o turismo, na Grã-Bretanha. No entanto, não se deve concluir que a mão-de-obra pode se dividir facilmente entre trabalhadores essenciais e trabalhadores periféricos, hipótese levantada pela literatura sobre a flexibilidade (ver Atkinson, 1984). Guerrier e Lockwood (1989) sugerem que dois determinados grupos pertencentes à mão-de-obra na indústria da hotelaria não se adequam ao modelo do trabalhador essencial e periférico. Em primeiro lugar, existe aquilo que eles denominam "o núcleo operacional" — funcionários, recepcionistas, pessoal da cozinha, pessoal do atendimento, etc. — que, nos grandes hotéis, são muitas vezes mais funcionalmente inflexíveis do que multicapacitados, conforme poderia sugerir o modelo. Em segundo lugar, existe um grupo periférico que exerce tarefas mais ou menos idênticas às dos empregados que se acaba de identificar. No entanto, este grupo periférico goza de muito menor segurança em seu trabalho e de menores perspectivas em suas carreiras. Em Londres especialmente, os hotéis parecem fazer grande uso de empregados móveis, transitórios, recrutados com freqüência no exterior. Como esse pessoal apresenta elevadas taxas de rotatividade, muitas vezes torna-se difícil manter níveis adequados de habilitação e desenvolver programas apropriados de treinamento. Algumas vezes parece que as companhias recorrem à "flexibilidade numérica" em vez de desenvolver as múltiplas capacitações de seus empregados essenciais.

De modo mais geral, parece que existe certa parcimônia no que se refere às carreiras dos serviços relacionados com o turismo, com exceção daquelas que se referem a posições de gerenciamento e de *chefs*. Metcalf resume a situação de muitos trabalhadores naquilo que se costuma descrever como a indústria da hospitalidade: "Pouquíssimos empregos que requerem uma carreira foram identificados. ... A maior parte dos empregos foi caracterizada como sendo constituída por jovens recrutas, nenhuma promoção e alta rotatividade. Os que eram despedidos passavam a exercer grande variedade de tarefas que não exigiam capacitação..." (1988:89).

Existem relativamente poucas exceções a essa situação, na indústria em questão. Uma delas, interessante, localiza-se no norte da Inglaterra. São os salões de chá da cadeia Betty, que se encontram em quatro cidades de Yorkshire (ver Burton, 1989). O treinamento é levado muito a sério. Cada empregado a ser treinado é designado para um treinador durante um mês, antes de começar a trabalhar sozinho. A companhia, em uma atitude proposital, não se expandiu para fora dos limites do controle exercido pela família. Existe em cada salão um painel destinado aos clientes, para que eles acusem quaisquer deficiências quanto àquilo que é servido e há boas perspectivas quanto às carreiras.

    Este exemplo, relativamente inusitado, é uma prova daquela regra geral segundo a qual os serviços relacionados com o turismo se incluem entre os "produtos" mais difíceis de produzir. Isso acontece sobretudo devido às expectativas culturais cambiantes em relação ao turismo, e, portanto, em relação aos serviços que ele presta.

5
Mudanças Culturais e a Reestruturação do Turismo

Introdução

Até agora conceituei o olhar do turista como relativamente distinto de outras atividades sociais e passível de ocorrer em determinados lugares, durante períodos específicos. Esse ponto de vista foi reforçado pelas análises desenvolvidas nos capítulos 3 e 4, em torno de algumas características relevantes da indústria do turismo. Embora seja difícil demarcar exatamente o que faz e o que não faz parte dessa indústria, presumo ter conseguido chegar a uma formulação razoavelmente precisa. No capítulo 4, por exemplo, discuti o caráter específico da prestação de serviços na denominada indústria da hospitalidade.

No entanto, certas mudanças que se deram nas sociedades ocidentais, nas duas ou três últimas décadas, solaparam seriamente uma noção tão precisa. Tem ocorrido uma inversão no processo de longo prazo da diferenciação estrutural, através da qual instituições sociais relativamente distintas passaram a se especializar em determinadas tarefas ou funções. Parte dessa inversão consiste no fato de que a "cultura" passou a ocupar uma posição mais destacada na organização das sociedades atuais, cuja cultura contemporânea pode ser caracterizada pelo menos em parte como "pós-moderna". A pós-modernidade envolve uma dissolução das fronteiras, não apenas entre a alta e a baixa culturas, mas também entre diferentes formas culturais, tais como o turismo, a arte, a educação, a fotografia, a televisão, a música, o esporte, as compras e a arquitetura. Além disso, a era da comunicação de massa transformou o olhar do turista, e muitas características da pós-modernidade já estavam prefiguradas nas práticas turísticas existentes. Aquilo que denominei o olhar do turista está cada vez mais ligado a todo tipo de outras práticas sociais e culturais e, em parte, não se distingue delas. Isso tem por efeito, à medida que o "turismo" *per se* declina quanto a sua especificidade, universalizar o olhar do turista — as pessoas são "turistas" boa parte do tempo, quer gostem ou não. O olhar do turista é, intrinsecamente, parte da experiência contemporânea, da pós-modernidade, mas as práticas turísticas que ele suscita passam por rápidas e significativas mudanças. Tais mudanças não podem ser separadas dos desenvolvimentos estruturais e culturais da sociedade contemporânea e que apresentam maior amplitude.

Em capítulos anteriores reportei-me a certos conceitos que desenvolverei nesta segunda parte do livro. Mostrou-se, no capítulo 1, que o devaneio era importante na maior parte das formas de consumo e, obviamente, ele é fundamental para boa parte do planejamento das férias. No entanto, o devaneio não é apenas uma atividade puramente individual. É socialmente organizado, sobretudo através da televisão, da propaganda, da literatura, do cinema, da fotografia, etc. Foi introduzido o conceito do "pós-turista", o qual se refere ao fato de que os padrões turísticos não são fixos. Isso sugere, em particular, que o turismo pode ser encarado por alguns no mínimo como um "jogo" e que não existem experiências turísticas autênticas. No capítulo 2, foi analisado o desenvolvimento do turismo de massa na Grã-Bretanha, sobretudo o desenvolvimento do balneário marítimo inglês e a emergente hierarquia dos balneários. Explicações sobre a decadência desses balneários, devida em parte aos poderes mutantes das diferentes classes sociais, serão abordadas mais adiante.

No capítulo 3 o olhar do turista, romântico e coletivo, foi ressaltado e abordaram-se alguns dos efeitos sociais e ambientais dessas diferentes espécies de olhar. Neste capítulo sugere-se que o olhar romântico havia se tornado consideravelmente mais significativo e parte integrante do mecanismo por meio do qual o turismo contemporâneo foi "globalizado". Sugere-se também que os objetos do olhar do turista podem ser classificados em termos de três dicotomias principais, e aquela que opõe o olhar romântico ao coletivo é uma delas (as outras são o autêntico/inautêntico e o histórico/moderno). No capítulo 4 foi dada especial atenção ao caráter social ou sociológico da prestação de serviços, que os clientes esperam cada vez mais e que exigem uma determinada experiência social. Esta questão será desenvolvida de várias maneiras, sobretudo por meio da abordagem do conceito de "tema".

Dou início a esta complexa argumentação, analisando brevemente alguns traços distintivos da pós-modernidade.

Pós-modernidade

De certo modo é difícil abordar o tópico da pós-modernidade. É como se o significante "pós-modernidade" flutuasse livremente, tivesse poucas conexões com tudo que é real e não tivesse nenhum significado minimamente compartilhável. Procurarei, no entanto, sublinhar um determinado conjunto de desenvolvimentos culturais, aquilo que se poderia denominar um novo "paradigma cultural", e elaborar algumas das condições sociológicas que deram origem a ele. Sugerirei que o termo "pós-modernidade" se aplica a este paradigma com muita propriedade.

Pensar assim sobre a pós-modernidade deixa claro que não se trata de um termo que se refere a toda a sociedade (diferente, portanto, quanto a seus objetivos, da "sociedade pós-industrial") nem a uma determinada esfera de atividade (tal como a arquitetura). Ele diz respeito a um sistema de signos ou símbolos, específico no tempo e no espaço. Tal sistema é caracterizável em termos de um regime específico de significações, no qual determinados objetos são produzidos, transmitidos e recebidos. Esses objetos envolvem um determinado conjunto de relações entre o significante, o significado e o referente (ver Lash, 1990; cap. 1, a quem sou grato).

Embora eu tenha sustentado que a pós-modernidade se refere à esfera cultural, seu relacionamento com essa esfera é um tanto idiossincrático. De acordo com Lash, a pós-modernidade "é um regime de significação, cujo traço estruturante fundamental é a desdiferenciação" (1990:11). Essa argumentação pode ser elucidada em termos semelhantes àqueles empregados em boa parte da sociologia convencional. A modernidade envolve a "diferenciação estrutural", o desenvolvimento separado de numerosas esferas institucionais e normativas da economia, família, estado, ciência, moralidade, bem como o universo da estética. Cada uma dessas esferas se torna sujeita àquilo que Weber denominou *Eigengesetzlichkeit* ou autolegislação (ver Lash, 1990-8-9). Cada esfera desenvolve suas próprias convenções e modos de avaliação. O valor, nas esferas culturais, depende da eficácia com que um objeto cultural corresponde às normas apropriadas a essa esfera. A isso chamarei diferenciação horizontal.

Há, no entanto, outro aspecto que precisa ser examinado. É o que denomino diferenciação vertical. Cada esfera separa-se horizontalmente e, assim, desenvolvem-se diferenciações verticais imensamente importantes. Na esfera cultural, isso consiste em inúmeras distinções: entre a cultura e a vida, entre a alta e a baixa culturas, entre a arte erudita e os prazeres populares, entre as formas de consumo elitistas e as de massa. Na área de projeto existe uma distinção entre "arquitetura" (que, obviamente, assume vários estilos diferentes) e diversas formas vernaculares de construção. Existe também uma importante distinção entre a ciência de alto nível e a compreensão dos processos físicos por parte de um leigo, a exemplo do que ocorre na área do conhecimento médico.

A modernidade deve, portanto, ser entendida como um processo de diferenciação entre as várias esferas culturais, horizontal e verticalmente. A pós-modernidade, ao contrário, envolve a desdiferenciação (ver mais uma vez Lash, 1990: cap. 1).

Existe uma ruptura do caráter distinto de cada uma dessas esferas de atividades sociais, sobretudo a esfera cultural. Cada uma delas implode na outra e a maior parte delas envolve o espetáculo e o desempenho visual. Isso é visto mais claramente nos assim denominados eventos multimídia, mas é difícil categorizar e situar em determinada esfera boa parte da produção cultural, especialmente através do papel fundamental da televisão.

Essas esferas culturais já não são mais auráticas, para empregar um termo de Benjamin (ver Benjamin, 1973; Lash e Urry, 1987: cap. 9). Afirmar que determinado fenômeno cultural tinha uma aura é dizer que ele era radicalmente separado do social, proclamava sua própria originalidade e singularidade, o fato de que era único, e baseava-se em um discurso de unidade orgânica formal e criatividade artística. A cultura pós-moderna é antiaurática. Tais formas não proclamam que são únicas, mas são mecânica e eletronicamente reproduzidas. Existe uma negação da separação entre o estético e o social e do ponto de vista segundo o qual a arte pertence a uma ordem diferente que a da vida. O valor atribuído à unidade do trabalho artístico é desafiado por meio de uma ênfase no pastiche, na colagem, na alegoria, etc. As formas culturais pós-modernas não são consumidas em um estado de contemplação, a exemplo do que ocorre em um concerto clássico, mas de distração. A cultura pós-moderna afeta os espectadores através de seu impacto imediato, por meio daquilo que ela faz por alguém, através de regimes de prazer e não das propriedades formais do material estético. Isso serve para solapar qualquer distinção vigorosa entre uma alta cultura, apreciada por uma elite conhecedora da estética de determinada esfera (pintura, música, literatura) e a cultura popular ou baixa das massas. A pós-modernidade é anti-hierárquica e se opõe a essas diferenciações verticais.

Existe uma desdiferenciação da "economia cultural". Um aspecto desse fato é a ruptura de pelo menos algumas das diferenças entre o objeto cultural e o espectador, de tal modo que ocorre um encorajamento ativo em relação à participação desse mesmo espectador. Os exemplos incluem o "teatro ao vivo" e o desenvolvimento de *shows* de calouros na televisão, onde "todo mundo pode ser uma estrela durante cinco minutos". Outro aspecto é a dissolução das fronteiras entre aquilo que é produção artística e aquilo que é comercial. Inclui-se aqui o crescimento dos vídeos artísticos com a finalidade de venda de discos, do emprego da música *pop* em anúncios, de grandes talentos artísticos que participam da produção desses anúncios e do uso da "arte" com a finalidade de vender produtos através de um patrocinador. A cultura e o comércio estão indissoluvelmente interligados na pós-modernidade.

O pós-modernismo problematiza a distinção entre as representações e a realidade. Isso resulta de inúmeros processos. A significação é cada vez mais figurativa ou visual e, assim, existe um relacionamento mais próximo e íntimo entre a representação e a realidade do que quando a significação se exerce através das palavras e da música, sem as vantagens de um filme, televisão, vídeo, vídeo *pop*, etc. Além disso, uma proporção cada vez maior dos referentes da significação, a "realidade", é uma representação ou, conforme a famosa argumentação de Baudrillard, aquilo que consumimos cada vez mais são os signos ou representações. As identidades sociais são construídas por meio da troca de valores-sinais. Estes, porém, são aceitos em um espírito de espetáculo. As pessoas sabem, por exemplo, que a mídia é uma simulação e elas, por sua vez, simulam a mídia. Neste universo de signos e de espetáculo não existe verdadeira originalidade, apenas aquilo que Eco denomina "viagens na hiper-realidade" (1986). Tudo é cópia ou texto sobre um texto, em que aquilo que é falso parece ser mais real do que o real. Trata-se de um mundo sem profundidade ou, conforme Lash, existe uma "nova inconsistência da realidade" (Lash, 1990:15). Ele resume essa colocação: "o modernismo concebe as representações como problemáticas, enquanto o pós-modernismo problematiza a realidade" (1990:13).

Muitos escritores demonstraram recentemente que esses processos de diferenciação começaram a caracterizar muitos aspectos da cultura contemporânea, embora nem todos (ver, entre várias fontes, Hebdige, 1986-7, 1988; Foster, 1985b; Lash, 1990; Kroker e Cook, 1986; discutirei arquitetura no capítulo 6). Lash argumenta que o pós-modernismo deveria ser pensado como um paradigma cultural ou um tipo ideal. Agir assim é reconhecer que existem *outros* elementos culturais importantes que estarão presentes em determinada sociedade (pré-modernos, realistas, modernistas, etc.); que muitos fenômenos culturais incorporam elementos de diferentes tipos ideais, que diferentes sociedades são mais *ou* menos pós-modernas (os Estados Unidos mais do que a Suécia) e que algumas regiões e cidades são mais pós-modernas do que outras, dentro da mesma sociedade (Los Angeles mais do que a Nova Inglaterra).

Boa parte do restante deste livro consiste em um exame do relacionamento entre essas manifestações pós-modernas e uma ampla variedade de práticas turísticas contemporâneas. Antes, porém, deve-se notar que muitas práticas turísticas, até mesmo no passado, prefiguram algumas das características pós-modernas que se acaba de descrever (ver MacCannell, 1989, em relação ao turismo e à pós-modernidade). O turismo sempre envolveu o espetáculo. Os balneários da Inglaterra, por exemplo, competiram entre si para proporcionar aos visitantes o mais magnífico de todos os salões de baile, o mais longo cais, a torre mais alta, o parque de diversões mais moderno, o acampamento de férias mais cheio de classe, o bulevar mais elegante, etc. Devido à importância do visual e do olhar, o turismo sempre se preocupou com o espetáculo e com práticas culturais que, em parte, implodem umas nas outras. Boa parte da atividade turística tem sido profundamente antiaurática. Ela tem se baseado na reprodução mecânica e eletrônica, por meio de iluminações espetaculares, espetáculos de som e luz, *shows* com raios *laser*. Baseia-se profundamente em prazeres populares, em um antielitismo no qual existe pouca separação entre arte e vida social. Não implica contemplação, mas elevados níveis de participação do espectador. Tem sido dada muita ênfase ao pastiche ou àquilo que outros poderiam qualificar como *kitsch* (a exemplo do que ocorre com o famoso salão de bailes havaiano, no acampamento de férias de Maplin, que se vê no programa "*Hi-de-Hi!*", da televisão inglesa).

O que acabo de descrever aqui são algumas das características daquilo que denominei o olhar coletivo do turista, no capítulo 3. Nesse capítulo também discuti o olhar romântico, que é muito mais obviamente aurático, preocupado com a apreciação elitista e solitária de um cenário magnífico, apreciação que requer considerável capital cultural, sobretudo se determinados objetos físicos significam textos literários específicos, a exemplo do que acontece com os poetas de Lakeland. No entanto, mesmo no universo do olhar romântico houve elementos que agora classificamos como pós-modernos. Boa parte daquilo que é apreciado não é diretamente a realidade vivenciada, mas representações, particularmente através da fotografia. Aquilo que as pessoas "contemplam" são representações ideais da vista em questão e que elas internalizam a partir dos cartões postais, dos guias de viagem e, cada vez mais, dos programas de televisão. Mesmo quando elas não conseguem "ver" de fato a maravilha natural em questão, ainda podem senti-la, vê-la em suas mentes. Mesmo quando o objeto deixa de corresponder a sua representação, é esta última que permanecerá na mente das pessoas, como aquilo que elas "viram" de verdade.

Sugeri que existe um paradigma cultural relativamente novo, o pós-moderno; que isso deve ser particularmente compreendido em termos do processo de desdiferenciação, mas que inúmeras práticas turísticas prefiguraram historicamente esse paradigma. O turismo é prefigurativamente pós-moderno, devido a sua particular combinação do visual, do estético e do popular.

No entanto, existe um importante sentido no qual boa parte do turismo tem sido também minimamente modernista. Esse sentido é revelado pelo termo turismo *de massa*, que é como boa parte da atividade turística vem sendo estruturada desde o final do século XIX. Notamos no capítulo 2 certos aspectos da tentativa de tratar as pessoas da mesma maneira e não estabelecer diferenciações invejosas entre pessoas que eram consumidoras do mesmo acampamento de férias, hotel ou restaurante. Fundamental para o modernismo é esta concepção do público como massa homogênea, de que existe um universo de valores corretos que servirá para unificar as pessoas. Examinarei isso com maiores detalhes logo mais, no contexto de alguns aspectos da mudança arquitetônica. Porém, no contexto do turismo, o modernismo tem se refletido na tentativa de tratar as pessoas *que se situam em um lugar socialmente diferenciado* como semelhantes entre si, com características e gostos compartilhados, ainda que determinados pelos prestadores do serviço em questão. Na próxima seção examinarei como uma das características fundamentais do pós-modernismo é a recusa das pessoas em aceitar serem tratadas como parte de uma massa indiferenciada. Hutcheon resume o pós-modernismo como "um modelo que está profundamente implicado naquilo que procura descrever, mas que, ainda assim, é capaz de criticá-lo" (1986-7:180). Parte da hostilidade do pós-modernismo à autoridade é a oposição que muitas pessoas sentem em relação ao fato de serem vistas como parte da massa. É que as pessoas parecem querer ser tratadas de modo muito mais diferenciado e isso deu origem à assim denominada busca de um estilo de vida por parte da indústria de propaganda (ver Thurot e Thurot, 1983).

Até agora referi-me a diferentes paradigmas culturais, sem levar em conta as forças sociais a eles subjacentes. No entanto, o desenvolvimento do pós-modernismo deveria ser relacionado com uma análise dos poderes mutantes das diferentes classes sociais. Os enfraquecidos poderes coletivos da classe trabalhadora e os fortalecidos poderes das classes prestadoras de serviços e de outros setores da classe média geraram um grande público voltado para as formas culturais pós-modernas e, particularmente, para aquilo que alguns denominaram "pós-turismo" (ver Urry, 1988a, para uma apreciação preliminar desta colocação).

Minha argumentação deriva, de maneira um tanto solta, dos escritos de Bourdieu, *Distinction* (1984). Numerosas características desta importante obra são relevantes para o que se segue e, sobretudo, para a análise do impacto das práticas culturais de uma classe sobre outra classe. Bourdieu argumenta que os poderes das diferentes classes sociais — e, por implicação, outros agentes sociais — são tão simbólicos quanto econômicos ou políticos. Esses bens simbólicos são sujeitos a uma economia distinta, uma "economia cultural", caracterizada pela competição, monopolização, inflação e diferentes formas de capital, incluindo especialmente o capital cultural. Classes sociais diferentes se entregam a uma série de lutas entre si, a fim de aumentar o volume do capital que possuem em relação a outras classes, bem como aumentar a valorização que se dá a determinadas formas de capital que elas detêm. Cada classe social possui um *habitus*, sistema de classificação que opera abaixo do nível da consciência individual e que se inscreve nas práticas que orientam as pessoas, nas disposições corporais, nos gostos e aversões. As classes em competição umas com as outras tentam impor seus próprios sistemas de classificação a outras classes e se tornar dominantes. Nesses embates, um papel fundamental é exercido pelas instituições da cultura, da educação e dos intelectuais, de modo mais geral. O universo cultural tem sua própria lógica, câmbio e taxa de conversibilidade ao capital econômico. O capital cultural não é apenas uma questão de conhecimento teórico abstrato, mas a competência simbólica necessária para apreciar obras de "arte" ou até mesmo de "antiarte". O acesso diferencial aos meios de consumo da arte é, portanto, essencial para a reprodução da classe e, em consequência, para os processos de conflito de classes e de um conflito social mais amplo. Esse consumo cultural diferencial resulta do sistema de classes e é um mecanismo através do qual tais classes e outras forças sociais procuram estabelecer a dominação em uma sociedade (ver Bourdieu, 1984, em relação à França, bem como Lash e Urry, 1989: cap. 9; Featherstone, 1987; Lash, 1990).

Agora tentarei relacionar esta tese com a compreensão do desenvolvimento do pós-modernismo por meio da seguinte argumentação: demonstrarei primeiramente que têm ocorrido mudanças na estruturação das sociedades contemporâneas, as quais produziram substancial aumento da classe prestadora de serviços e, mais genericamente, daquilo que Bourdieu denomina "a nova burguesia tacanha". Em segundo lugar, mencionarei que tais classes são mais fortes em relação ao capital cultural do que ao capital econômico e que elas fornecem boa parte da massa de espectadores para fenômenos culturais cada vez mais novos, em contraposição ao gosto de uma burguesia mais tradicional e das classes intelectuais. Em terceiro lugar, mostrarei que essas classes possuem um *habitus* relativamente descentralizado, isto é, com fraca estrutura classificatória e fronteiras um tanto obscuras entre elas e outras classes sociais (fraca tanto quanto ao grupo como quanto à sua amplitude). Finalmente demonstrarei que essas classes empregam seu nível relativamente alto de capital cultural para proclamar a falta de gosto de boa parte da cultura da burguesia e da classe trabalhadora. A primeira é criticada por seu "elitismo", por não ser suficientemente desdiferenciada; a segunda, por sua rudez ou falta de sutileza, isto é, acha-se próxima demais da natureza, com insuficiente distância ou paródia). Bourdieu resume a atitude em relação a esta última:

> A negação de um gozo mais baixo, grosseiro, vulgar, venal, servil — em uma palavra, natural — que constitui a sagrada esfera da cultura, implica uma afirmação da superioridade daqueles que podem se satisfazer com prazeres sublimados, refinados, desinteressados, gratuitos, diferenciados, para sempre fechados ao profano. É por isso que a arte e o consumo da cultura estão predispostos, consciente e deliberadamente — ou não — a exercer a função social de legitimar diferenças sociais (1984:7).

É claro que, nas sociedades ocidentais, existe uma grande classe prestadora de serviços e, de maneira mais geral, uma classe média substancial. Na Grã-Bretanha, por exemplo, em 1981, 20,3% dos homens e 7,5% das mulheres empregados exerciam cargos profissionais e de gerenciamento ("grupos socioeconômicos", 1-4, 13). 16,8% dos homens e a espantosa cifra de 51,3% das mulheres tinham empregos de nível mais baixo, em escritórios ou como funcionários ("grupos socioeconômicos", 5, 6; Abercombrie et al., 1988:116).

A classe dos prestadores de serviço consiste naquele conjunto de lugares, no interior da divisão social do trabalho, cujos ocupantes (1) não possuem capital ou terra em grau substancial; (2) são localizados em um conjunto de instituições sociais entrelaçadas, que "prestam serviço" coletivamente ao capital; (3) exercem um trabalho superior e gozam de uma situação de mercado que, em geral, resulta da existência de carreiras bem-definidas, nas organizações ou entre elas; e (4) têm seu ingresso regulamentado pela possessão diferenciada de credenciais educacionais. Estas servem para estabelecer uma demarcação entre a classe prestadora de serviços e os trabalhadores em escritórios, além de gerar distinções relativas ao capital cultural e ao gosto (ver Goldthorpe, 1982; Abercrombie e Urry, 1983; Lash e Urry, 1987: cap. 6; Thrift, 1989; Savage et al., 1989).

É igualmente interessante refletir sobre a distribuição etária desta classe. Nos Estados Unidos, por exemplo, Pfeil demonstra que, em 1980, 59% de todas as pessoas entre 25 e 35 anos estavam empregadas em ocupações especializadas, no campo profissional e gerencial, com exclusão dos que se dedicavam a vendas. Portanto, o "pós-modernismo" é preeminentemente a "forma expressiva" da experiência de vida, social e material, de minha própria geração e classe, designada respectivamente como a geração do "*baby boom*" e a "classe profissonal-administrativa" (Pfeil, 1985:264; ver Ehrenreich, 1989).

Aquilo que denominei classe prestadora de serviços é discutido por Bourdieu, porém em termos um tanto diferentes. Ao se referir aos "intelectuais", ele contrasta sua preferência por "estética-ascetismo" com uma preferência burguesa pelos interiores suntuosos. Na Grã-Bretanha isso estaria refletido no gosto pelos interiores em estilo Habitat ou Ikea[*] entre os "intelectuais". Bourdieu escreve a respeito de seus padrões de lazer: "a forma mais ascética da disposição estética, as práticas culturalmente mais legítimas e economicamente mais baratas, isto é, freqüentar museus ou, em se tratando de esporte, escalar montanhas ou caminhar, provavelmente ocorrem com freqüência e sobretudo entre os segmentos (relativamente) mais pobres de capital econômico" (1984:267). O interessante é que Bourdieu se refere à subversão simbólica dos rituais da ordem burguesa, por parte dos intelectuais, através da demonstração de uma "pobreza ostentatória". Isso se reflete na tendência a vestir-se com certa negligência, até mesmo no trabalho, a favorecer interiores revestidos de madeira, a praticar atividades tais como o montanhismo, as excursões e as caminhadas, que representam o gosto do intelectual pelo "natural, pela natureza selvagem" (1984:220). De acordo com Bourdieu, são os intelectuais que melhor exemplificam o "olhar romântico". O burguês, ao contrário, segundo se diz, prefere "a natureza cultivada, organizada, sinalizada" (Bourdieu, 1984:220).

Aquilo que denominei classe prestadora de serviços e outros trabalhadores de colarinho branco também inclui os novos grupos emergentes, abordados por Bourdieu, que são grandes consumidores do pós-moderno: a "nova burguesia", que possui considerável quantidade de capital econômico e cultural, e a "nova pequena burguesia", cujas ocupações envolvem a apresentação e a representação. Boa parte do trabalho de ambas as categorias é simbólico — na mídia, na propaganda, no *design* — e atua como um intermediário cultural. Esses grupos têm um compromisso muito forte com a moda, isto é, com as rápidas e divertidas transformações de estilo (ver Featherstone, 1987:27). Além do mais, esses grupos são freqüentemente móveis em termos de origem social e não são necessariamente aceitos pelos intelectuais e pelo estabelecimento que detém o capital e a cultura. Portanto, aqui está um desafio à cultura estabelecida, à alta cultura, enquanto, ao mesmo tempo, a emergência de intelectuais célebres desmistificou (deslegitimou?) as fontes tradicionais do capital cultural. Featherstone descreve bem como esses grupos, envolvidos com o trabalho simbólico, constroem as condições para

---

* Habitat e Ikea são lojas de móveis e objetos para casa de estilo moderno e despojado, com preços acessíveis. (N. do E.)

o surgimento do pós-moderno: "Este intercâmbio, a prontidão com que os intelectuais acolhem novos estilos populares e as possibilidades de mercado do "novo" criam condições nas quais os estilos transitam com maior rapidez, da vanguarda para o popular, do popular para a vanguarda e do popular para a alta sociedade" (1987:27).

Como resultado gera-se uma espécie de pot pourri estilístico, onde entram o velho e o novo, o nostálgico e o futurístico, o "natural" e o "artificial", o juvenil e o maduro, a alta e a baixa cultura, o modernismo e o pós-moderno. Martin resume muito bem como o crescimento desses grupos de classe média perturbou os padrões culturais preexistentes: "O mercado cultural contemporâneo enfia no mesmo balaio a elite e o vulgo, o que antes chocava e o que hoje é motivo de piada, em uma bricolagem gloriosamente banal. O estilo é tudo e tudo pode se tornar estilo" (1982:236-7).

Além disso, argumenta Bourdieu, esses grupos também têm uma abordagem muito diferente ao prazer. A velha pequena burguesia baseia sua vida em uma moralidade do dever, sente "medo do prazer... a relação com o corpo é feita de "reserva", "decoro", "restrições" e associa com a culpa toda satisfação dos impulsos proibidos" (Bourdieu, 1984:367). Em contraste, o novo grupo de classe média

> ... preconiza uma moralidade do prazer como um dever. Essa doutrina transforma em fracasso, uma ameaça à auto-estima, o não "se divertir"... O prazer não só é permitido como exigido, com base não só na ética, como também na ciência. O temor de não se obter prazer suficiente... combina-se com uma busca de auto-expressão, de "expressão do corpo" e de comunicação com os outros. (1984:367).

Este último argumento precisa ser mais bem esclarecido. As sociedades capitalistas sempre se caracterizaram por dispensar grande ênfase a um consumo baseado na ética romântica. Campbell afirma que o romantismo propiciou aquela filosofia da "recreação" necessária a um consumismo dinâmico, no qual a busca do prazer é encarada como algo desejável em si e por si (1987:201). O romantismo acarretou o gosto tão difundido pela novidade, que garantiu o suporte ético aos padrões continuamente mutantes do consumo. No entanto, a colocação de Campbell é um tanto inespecífica e deixa de sugerir que modificações importantes podem estar ocorrendo no consumismo moderno, romântico, ético e que tais mudanças poderiam estar ligadas ao poder e ao caráter mutante das diferentes forças sociais.

Quero sugerir, em particular, que numerosos agrupamentos de classe média se encontram em uma situação transformada e estão exercendo efeitos significativos sobre a sociedade mais ampla. Tais grupos apresentam numerosos traços importantes: o significado fundamental do trabalho simbólico; o enorme aumento da importância da mídia e de seu papel contemporâneo na estruturação da moda e do gosto; a maior liberdade e incentivo de tais grupos para a concepção de novos padrões culturais; um prestígio realçado que, para a classe média, tem origem não na respeitabilidade, mas na moda; o maior significado do capital cultural para tais grupos e a contínua necessidade de aumentá-lo; uma necessidade funcional reduzida, no sentido de manter intacto seu capital econômico (ver Warde, 1988, em relação a muitas dessas questões). Uma abordagem interessante de como o projeto arquitetônico de certas áreas que passaram a ser ocupadas por "gente fina" reflete o capital cultural destas classes, foi apresentada em uma análise sobre "a paisagem pós-moderna da aristocratização" em Vancouver (Mills, 1988).

Analisarei agora o *habitus* da classe prestadora de serviços, em particular, e verei como e de que maneira um grupo fraco proporcionou a base do pós-modernismo. As implicações desta discussão para o turismo contemporâneo serão examinadas mais adiante.

A mídia, e sobretudo a televisão, exerce um impacto significativo (ver Meyrowitz, 1985; Lash e Urry, 1987: cap. 9). As identidades coletivas das diferentes classes sociais (e outras forças sociais) são estruturadas através da "grade", o sistema básico de classificação, e do "grupo", fronteiras que distinguem aquilo que é interno daquilo que é externo. Essas identidades coletivas dependem de determinados sistemas de informação, específicos de um grupo social. No entanto, o crescimento da mídia minimizou a importância desses sistemas de informação, separados e distintos. Isso acontece porque os indivíduos de todos os agrupamentos sociais estão expostos a sistemas de informação em geral e porque cada agrupamento agora pode ver alguma representação dos espaços privados dos outros agrupamentos sociais. A mídia possibilitou imensa circulação das representações das vidas das outras pessoas, incluindo as dos grupos de elite e, na Grã-Bretanha, até mesmo (ou especialmente?) da família real. Esta espécie de *voyeurismo* institucionalizado possibilita às pessoas adotarem os estilos de outros grupos, ultrapassarem os limites entre diferentes agrupamentos sociais que, supostamente, encarnam determinados valores, tais como a alta cultura, a baixa cultura, o artístico, o que tem bom gosto, o que carece dele. A mídia também abalou aquilo que é considerado como algo que deve ficar nos bastidores, bem como aquilo que deve ser mantido privado e aquilo que pode vir a público.

Voltando-se especificamente para a classe média, Bourdieu argumenta que a nova pequena burguesia situa-se em um ponto baixo, como grade e como grupo. Essas pessoas vivem para o momento, "desenredadas das restrições e travas impostas pelas memórias e expectativas coletivas" (Bourdieu, 1984:317). Tais pessoas são fracas enquanto grupo, na medida em que muitas delas se sentem culpadas por pertencer à classe média:

Elas se vêem como inclassificáveis, "excluídas"... em vez de serem categorizadas, designadas para pertencer a uma classe, ocupar um determinado lugar no espaço social... liberadas das estruturas temporais impostas pelas unidades domésticas, com seus próprios ciclos de vida, seu planejamento a longo prazo, às vezes ao longo de várias gerações, e suas defesas coletivas contra o impacto do mercado (Bourdieu, 1984:370-1).

Martin oferece uma análise semelhante, ao se referir a um *habitus* efetivamente desestruturado entre os jovens de classe média, especialmente a partir da década de 1960 (1982). A autora atribui esse fato a uma zona liminar, enormemente prolongada, que se origina do declínio da autoridade dos pais e da extensão daquele período em que não se é nem criança, nem adulto. Argumenta que um período de liminaridade particularmente prolongado desenvolve-se na nova classe média, na medida em que ela tem um *habitus* desestruturado, não só em relação aos jovens, mas também a muitas ocupações, como a mídia, por exemplo.

Inúmeros críticos da cultura também desenvolveram esse argumento. Jameson analisa o crescimento do pastiche em detrimento da paródia (1985). Enquanto esta última permanece em um relacionamento com o tempo histórico real, o primeiro não o faz. Ocorre o desaparecimento do referente histórico real e original e um exame de como o passado conduziu ao presente. Jameson observa como procuramos o passado "através de nossas próprias imagens e estereótipos sobre o passado e que permanecem para sempre fora do alcance" (1985:118). Para este autor, o pastiche fragmenta o tempo em uma série de "presentes perpétuos" (1985:118). As vidas das pessoas, em um contexto que Edgard (1987) denomina "a nova era do pastiche e da nostalgia" são vivenciadas como uma sucessão de acontecimentos descontínuos. Embora os blocos individuais possam ser calculados, e embora sejam racionais, o padrão, em sua totalidade, provavelmente será irracional. Afastar-se de certos setores da classe média é um "hedonismo calculado" (ver Featherstone, 1987).

Conservadores culturais como Lasch e Bell desenvolveram semelhante argumentação sobre o tempo (Lasch, 1980; Bell, 1976). Eles afirmam que nossa noção da história vem se perdendo. Conforme Frampton: "Vivemos um momento paradoxal. Talvez nunca estivemos tão obcecados pela história e, ao mesmo tempo, temos a sensação de que uma certa trajetória histórica ou, para certas pessoas, a própria história, está chegando ao fim" (1988:51).

Essa perda do sentido histórico também tem sido associada a uma característica da mídia: cada vez mais vivemos em uma cultura de três (ou cinco!) minutos. Há uma sugestão no sentido de que os telespectadores vivem mudando de um canal para outro, incapazes de se concentrarem em qualquer assunto ou tema por mais de alguns minutos. Os conservadores culturais afirmam que já não vivem mais suas vidas com a consciência de que são filhos de seus pais, os quais, por sua vez, eram filhos de seus pais, e assim sucessivamente. Até mesmo no interior das gerações o fascínio pelo consumo imediato (aquisições através do crédito imediato, no lugar da poupança) significa que projetos para toda uma vida, a exemplo do casamento, tornam-se, em vez disso, uma sucessão de casamentos, "monogamia em série" ou casos passageiros. Lawson e Samson (1988), por exemplo, demonstram que tem havido na Grã-Bretanha um nítido aumento na disposição, sobretudo por parte das mulheres jovens, de manter relacionamentos sexuais fora do casamento. A duração média de um casamento, antes de se partir para um relacionamento fora dele, era de 14,6 anos para as mulheres casadas antes de 1960, 8,2 anos para as mulheres que se casaram na década de 1960 e de 4,2 anos para as mulheres que se casaram a partir de 1970 (Lawson e Samson, 1988:432). Houve um declínio semelhante, porém não tão pronunciado, no que se refere aos homens.

Lawson e Samson sugerem que dois fatores contribuíram para esta mudança: a volta de muitas mulheres a um emprego remunerado, embora intermitente, fora do lar, e a ampla influência do mito da auto-atualização ou o "mito do eu". Algum apoio para o significado do segundo fator pode ser encontrado na análise que Ehrenreich faz do abandono do compromisso, por parte dos homens americanos, em relação ao casamento e à responsabilidade (1983). Esta autora detalha uma série de transformações que geraram "um clima moral que endossava a irresponsabilidade, a auto-indulgência e um desligamento isolacionista das solicitações dos outros, atitudes consideradas como virtudes da classe média e até mesmo como sinais de saúde" (1983:169). Os componentes de classe média dessa revolta contra o compromisso matrimonial, que começou nos Estados Unidos nos anos cinqüenta, foram a fundação da revista *Playboy*, a geração Beat, a "descoberta" médica do estresse, a nova psicologia do crescimento e da auto-atualização, a crítica contracultural à masculinidade tradicional e o crescimento de um movimento dos homens.

Mais adiante voltarei ao turismo (após esta "pausa" um tanto longa) e demonstrarei como essas várias mudanças culturais e o desenvolvimento das classes prestadores de serviço e da classe média exerceram profundos efeitos sobre os centros de turismo, sobretudo o balneário inglês à beira-mar. Demonstrarei também como o pós-modernismo está introduzindo alguns conceitos novos em relação ao que significa ser um turista contemporâneo.

A pós-modernidade e o pós-turismo

Os balneários britânicos à beira-mar haviam declinado, quanto à popularidade, devido a inúmeros motivos. Vimos, em particular, que eles já não eram mais "extraordinários" e as características que outrora os distinguiram haviam se transformado em lugares-comuns. Algumas delas, tais como a areia e o mar, podiam ser encontradas em muitos lugares, sobretudo no estrangeiro; algumas, como as acomodações, já estavam disponíveis em muitas pequenas e grandes cidades fora da Grã-Bretanha; outras, como as proporcionadas pelo lazer, haviam se desenvolvido em quase todos os lugares. Muitos lugares geraram diferentes tipos de prestação de serviços especializados, que competem com os balneários existentes. Quase todos os lugares se tornaram centros de "espetáculo e de exibição" e, em conseqüência, os balneários, hoje, distinguem-se relativamente muito pouco dos outros lugares. Como aquilo que eles têm a oferecer tornou-se hoje algo um tanto negligenciado, os balneários passaram por outras dificuldades. No capítulo 6 abordo aspectos do atual fascínio pela "história e pela tradição" e mostro como isto também serve para favorecer certos tipos de pequenas e grandes cidades, mas, com muito menos freqüência, os balneários.

Agora estabelecerei a ligação entre algumas das colocações da discussão anterior e o que ocorre atualmente no turismo. Com efeito, o modo pelo qual todo tipo de lugar se tornou o centro do espetáculo e da exibição e a nostálgica atração exercida pela "tradição" podem ser vistos como elementos da pós-modernidade. É somente através da análise dessas amplas mudanças culturais que se poderão compreender apropriadamente mudanças específicas ocorridas com o turismo. Começarei fazendo alguns comentários sobre os gostos da classe prestadora de serviços e sobre o impacto destes sobre os balneários à beira-mar.

Tais gostos dizem respeito à prioridade da "cultura" em relação a uma determinada construção da "natureza" ou dos "desejos naturais". Bourdieu expressa isto muito bem: "A natureza contra a qual a cultura é, neste caso, construída, não passa daquilo que é 'popular', 'baixo', 'vulgar', 'comum'... uma 'promoção social', vivenciada como uma promoção ontológica, um processo de 'civilização'... um salto da natureza para a cultura, do animal para o humano" (1984:251).

O balneário típico poderia, assim, parecer a corporificação de uma determinada construção da natureza, como algo incivilizado, desprovido de gosto, animalesco, que deve ser contraposto à civilização da cultura. O interessante é que essa atitude pode ser detectada até mesmo entre os representantes socialistas da classe prestadora de serviços. George Orwell imaginou um projeto arquitetônico moderno para o "Kubla Khan", de Coleridge: um acampamento de férias, em que cavernas com ar-condicionado eram transformadas em uma série de grutas onde se serviria o chá, em estilo mouro, caucasiano e havaiano. O rio sagrado se transformaria em um lago artificial de águas quentes, onde as pessoas se banhariam e onde se ouviria o tempo todo uma banal música de fundo, "com a finalidade de impedir a ocorrência daquela coisa tão temida, isto é, o pensamento" (cit. em Hebdige, 1988:51). Do mesmo modo, Richard Hoggart situou uma de suas paródias da ficção romântica barata naquilo que ele denominou o Acampamento de Férias Aconchegante, onde havia uma "barbárie resplandecente", "um apodrecimento espiritual" e um "mundo feito de algodão-doce" (ver novamente Hebdige, 1988:52). Ter bom gosto implicaria desprezar tais lugares e apenas passar por eles, encará-los como um *voyeur* o faria (como um Orwell ou um Hoggart) e jamais permanecer neles. A única exceção permitida poderia ser a apropriação de certos elementos desses lugares, tais como os cartões-postais desenhados por McGill, em um pastiche pós-moderno. Os balneários incivilizados não devem ser levados a sério, mas talvez seja possível fingir que se faz parte deles.

Esses balneários tornaram-se cada vez mais conscientes de que não atraem aqueles elementos que, na Grã-Bretanha, acabaram sendo influenciados pelos gostos da classe prestadora de serviços e da classe média. Em Morecambe, por exemplo, deu-se um prolongado debate para saber se o balneário deveria continuar a acolher o concurso de Miss Grã-Bretanha. Determinada representação das mulheres como objetos sexuais "desprovidos de cultura" (as mulheres como "natureza") passou a ser vista cada vez mais como algo de mau gosto e pouco apropriado a um balneário que procura atrair outros setores que não a clientela tradicional. O concurso já não se realiza mais naquela cidade.

Ao mesmo tempo uma construção alternativa da natureza também faz parte do *habitus* da classe prestadora de serviços. Existe pronunciada ênfase cultural sobre certos aspectos do natural. Ao discutirmos Bourdieu, afirmou-se que os intelectuais subvertem a ordem burguesa através de uma luxúria minimalista, do funcionalismo e de uma estética ascética (1984:287). Esse padrão se reflete em uma gama extraordinária de símbolos e práticas culturais contemporâneas: comida natural, pão integral, vegetarianismo, *nouvelle cuisine*, ciência e medicina tradicionais, não ocidentais, parto natural, emprego da lã, renda e algodão no lugar de fibras artificiais, antiguidades no lugar de reproduções, casas e armazéns restaurados, natação, ciclismo, *jogging*, montanhismo, andar a esmo no lugar de um lazer organizado, planejado. A ambivalência da classe média em relação ao "natural" se acha bem retratada nos escritos de Ross sobre um compromisso com o parto natural e com o aprendizado de como dar à luz naturalmente (1989:13;

ver Campbell, 1989, sobre como a pesca foi afetada pelo mito naturalista do "desportista").

Uma reflexão recente sobre essa atração que o real ou o natural exercem sobre o campo do turismo se encontra na "Campanha pelas Férias de Verdade", realizada por um dos principais jornais da classe prestadora de serviços, o *Independent*. A campanha resultou em um guia de viagem, o *Independent Guide to Real Holidays Abroad. The Complete Directory for the Independent Traveller* (Barrett, 1989a). O autor afirma que fica cada vez mais difícil gozar de "férias de verdade". Isto se dá porque "o aumento cada vez maior do pacote de férias impôs, às viagens, os mesmos problemas que a produção em massa causou à cerveja, ao pão, ao sorvete e a muitas outras coisas" (1989a:1). É interessante notar que o guia afirma que as viagens realizadas por ônibus, durante as férias, certamente o exemplo paradigmático do olhar turístico coletivo, "dificilmente poderiam ser descritas como 'férias de verdade'" (Barrett, 1989a:2). As férias verdadeiras precisam ter duas características principais. Em primeiro lugar, elas implicam visitar um lugar bem distante daqueles que o grosso da população estará visitando. Os exemplos incluem as ilhas Maldivas, a Síria ou a Bolívia. As verdadeiras férias pressupõem, portanto, o olhar turístico romântico, que tem o efeito de incorporar quase tudo o que existe no mundo como parte da "periferia do prazer". Em segundo lugar, o turista autêntico recorrerá a pequenas agências e operadores para ir até os lugares escolhidos. O guia lamenta o fato de que, entre os britânicos, três quartos de todas as férias passadas no exterior são vendidas por cinco grandes companhias. Em vez disso, o guia favorece o desenvolvimento de companhias menores, que se especializaram em determinados segmentos do mercado do turismo ou, melhor dizendo, do "mercado do viajante". O guia refere-se ao desenvolvimento do agente de viagens *"delicatessen"*, isto é, aquelas agências especializadas que designam certos operadores para uma "clientela independente, exigente" (Barrett, 1989a:4).

As grandes companhias não demoraram em reconhecer a importância dessa orientação para as férias, que implica mais a viagem do que o turismo, mais o olhar romântico do que o olhar coletivo e que envolve mais os pequenos prestadores de serviços do que os operadores que trabalham com a produção e o consumo de massa. Por exemplo, a British Airways está implantando agências de viagens, denominadas "Four Corners", planejadas para se assemelharem a butiques sofisticadas e que colocarão à disposição dos turistas folhetos que normalmente não circulam em agências estabelecidas em ruas do centro (ver Barrett, 1989a:5). Do mesmo modo, Thomas Cook anunciou recentemente um grande e atraente folheto, relativo a "Viagens Acompanhadas" no mundo inteiro. O texto diz o seguinte:

Não se trata de uma excursão para o turista, mas de uma descoberta para o viajante... não é um pacote turístico... Thomas Cook trata você não apenas como um indivíduo, mas como um VIP... Thomas Cook lhe proporciona um serviço que é ao mesmo tempo pessoal e global... Esta é uma verdadeira viagem *à la carte* (*Thomas Cook Escorted Journeys*, jan. 1989-dez. 1989).

Acompanhando a descrição de cada uma das férias (experiência de viagem?) há uma lista de livros úteis sobre o país escolhido. Aqui devem-se notar inúmeras ênfases: mais na viagem do que no turismo, na escolha individual, em se evitar os pacotes turísticos, na necessidade de ser um viajante instruído, em uma operação global que possibilita cuidados e atenção individual — sem dúvida um tipo de experiência pós-moderna.

A preferência da classe prestadora de serviços pelo "real" ou pelo "natural" também pode ser vista na crescente atração de se visitar o campo e de protegê-lo. Claro que isso não é novo. Thomas, por exemplo, assinala que

Se a preocupação com a natureza e a vida rural é ou não caracteristicamente inglesa, o inglês citadino (*sic*) gostou, durante muito tempo, de pensar que ela o fosse e boa parte da literatura do país demonstrou um viés profundamente antiurbano (1973:14; ver Williams, 1973, bem como Wiener, 1981, sobre a antipatia em relação ao urbano, manifestada no século XIX).

Deve-se notar, é claro, que esta imagem do campo inglês, "visão bucólica de um passado ordenado, reconfortante, tranquilo e, acima de tudo, feito de deferências" é algo fundamentalmente construído, constituído por elementos que jamais existiram historicamente" (Thrift, 1989:26). O campo hoje assemelha-se menos à "velha aldeia inglesa" de outrora e ainda menos à descrição que Gray faz de Grasmere, no Distrito dos Lagos: "Este pequenino paraíso insuspeitado, onde tudo é paz, rusticidade e pobreza feliz".

No momento, porém, quando a vida rural está sendo fundamentalmente transformada, sobretudo devido às mudanças que ocorrem na agricultura moderna, a imagem do campo está se tornando um objeto cada vez mais atraente para o olhar do turista (ver Newby, 1982; Shoard, 1987). Um reflexo dessa atração cada vez maior é o enorme aumento do número de participantes em muitas organizações preocupadas em proteger o campo e em facilitar o acesso a ele. Por exemplo, entre 1971 e 1987 o número de associados do National Trust cresceu cerca de 505%, a Real Sociedade Para a Proteção das Aves acusou um aumento de 539% em seu quadro de sócios, a Real Sociedade Para a Conservação da Natureza teve um aumento de 281% em seu quadro de associados, os Amigos da Terra contam com 2.850% a mais de associados, etc. (ver Thrift, 1989:27). Houve também uma proliferação de novas revistas, que ajudam a construir uma imagem ainda mais incisiva da paisagem campestre em vias de desaparecimento. Pelo menos uma dúzia de "novas revistas tradicionalistas" foram editadas na década de 1980, incluindo *Country Homes and Interiors*, *Country Living* e *Country Homes* (Thrift, 1989:28).

Thrift afirma que é a classe prestadora de serviços que "parece ser o grupo social que mais leva a sério as tradições do campo e da herança histórica (1989.31). É esta classe que vem liderando o movimento de mudança para o campo. Thrift refere-se a "lugares repletos de paisagens campestres maquiladas, marcas daquela classe prestadora de serviços" (1989:34). Isso vem exercendo um certo efeito sobre o mercado das casas de campo, que vem prosperando enormemente nos últimos dez anos, sobretudo nos condados em volta de Londres. Levou também à construção de novas mansões em estilo vernacular ou rústico e que, habitualmente, são descritas como "povoados". Mais da metade das novas casas que começaram a ser construídas no início de 1988 situavam-se em áreas rurais ou semi-rurais (ver McGhie, 1988). Dada a previsão de que haverá de 5 a 6 milhões de acres de áreas agrícolas disponíveis na Grã-Bretanha, no final do século, é certo que esta tendência prosseguirá, na medida em que muitas outras pessoas, seguindo o exemplo da classe prestadora de serviços, procuram projetar "o povoado em suas mentes" (Pahl, 1965). Pode-se acrescentar que houve um movimento paralelo em muitas cidades, grandes e pequenas, direcionado para a conservação urbana, a fim de "tornar a cidade mais verde" (ver Nicholson-Lord, 1987; cap. 7, "O campo vem à cidade").

A classe prestadora de serviços apresenta maiores probabilidades de visitar o campo. Em 1986, por exemplo, um terço dos grupos socioeconômicos A e B (a classe prestadora de serviços, mais os capitalistas e o empresariado de nível médio) fez pelo menos cinco visitas ao campo. Foi uma proporção 50% mais elevada do que aquela que se referia aos trabalhadores manuais qualificados e o dobro da proporção dos trabalhadores semiqualificados ou sem qualificação. Um terço da classe prestadora de serviços não fez viagem alguma, porém essa cifra era bem mais baixa do que a dos outros grupos. A cifra que se referia aos trabalhadores semiqualificados e sem qualificação situava-se acima dos 60% (ver Thrift, 1989:35).

Diante disso, a atração pelo campo parece ter pouco que ver com a pós-modernidade e parece mesmo que é sua antítese (para uma discussão mais ampla, ver Baggulley et al., 1990: cap. 5; para uma revisão das pesquisas sobre recreação rural, ver Owens, 1984). Sugiro que existe, sim, um relacionamento, embora complexo, entre a pós-modernidade e a atual obsessão pelo campo.

A atração exercida pelo campo se deve em parte à desilusão com elementos do moderno, sobretudo com a tentativa de realizar reconstruções de cidades inteiras, no período do pós-guerra. Julga-se que o campo incorpora algumas ou todas das seguintes características: falta de planejamento e de regulamentação, arquitetura vernacular pitorescamente antiquada, alamedas sinuosas, sistema viário geralmente labiríntico, virtudes da tradição e ausência de intervenção social. Nem é preciso dizer que as áreas rurais, na Grã-Bretanha, foram submetidas a amplos processos modernizadores, incluindo a agricultura em larga escala (segundo se afirma, a mais racionalizada indústria da Grã-Bretanha), consideráveis tentativas no sentido de planejar o uso da terra e, sobretudo na década de 1980, extenso desenvolvimento do setor rural privado (ver Cloke, 1989).

No entanto, apenas certas regiões do campo são atraentes para o visitante em potencial, especialmente aquelas que apresentam consistência com o conceito de "paisagem". Cosgrove resume esse conceito na Inglaterra:

> A idéia da paisagem foi ativa no processo de solapar a apropriação coletiva da natureza, tendo em vista seu uso. Prendia-se a uma maneira individualista de olhar... Trata-se de um modo de ver que separa sujeito e objeto, conferindo ao olhar a autoridade de único observador. Quanto a isso, o conceito da paisagem ou nega a experiência coletiva... ou a mistifica, apelando para as qualidades transcendentais de determinada região. (1984:262)

Um traço característico dessa construção da paisagem rural foi dela eliminar o maquinário empregado em uma fazenda, os trabalhadores, os tratores, os postes telegráficos, as edificações de concreto (celeiros, paióis, etc.), terras devolutas, água poluída e, mais recentemente, pequenas usinas nucleares. Aquilo que as pessoas vêem é, portanto, algo extremamente seletivo e esse olhar é fundamental para a apropriação, por parte das pessoas. O campo está lá para ser contemplado e, idealmente, não se deve olhar outras pessoas, sejam elas trabalhadores ou turistas. Segundo Raymond Williams, "uma região de trabalhadores dificilmente é uma paisagem. A própria idéia da paisagem pressupõe separação e observação" (1973:120; ver Heiman, 1989, para uma análise sobre o vale do Hudson, que ilustra esta colocação em um contexto americano).

A classe prestadora de serviços está liderando o caminho, ao apoiar o olhar romântico sobre o campo. Trata-se, porém, de um olhar que se tornou mais complexo e lúdico, à medida que as imagens rurais tornaram-se fundamentais para a cultura popular predominante, sobretudo no que diz respeito à propaganda:

> De uma perspectiva pós-moderna a paisagem se assemelha menos a um palimpsesto, cujos significados 'reais' ou 'autênticos' podem, de certo modo, ser recuperados por meio de técnicas, teorias ou ideologias corretas, do que a um texto vacilante... cujo significado pode ser criado, ampliado, alterado, elaborado e, finalmente, obliterado pelo aperto de um botão. (Daniels e Cosgrove, 1988:8)

Existe uma abordagem alternativa ao campo e ao olhar *per se* e em cujo contexto o próprio termo "paisagem" não é apropriado (ver Cosgrove, 1984:267-8). O período entre as duas guerras presenciou tentativas, principalmente por parte da classe trabalhadora urbana do norte, de conquistar o acesso às áreas campestres não-cultivadas, para caminhar a pé, de bicicleta e por elas perambular. Foi fundamental para suas campanhas um elemento de luta de classes contra os proprietários das terras que, historicamente, sempre restringiram o acesso a elas. A mais famosa campanha a favor do acesso realizou-se em Kinder Scout, no Distrito de Peak, em 1932. De acordo com Cosgrove, as intenções de organizadores como Tom Stephenson "não eram a de *ver* a paisagem, mas a de vivenciá-la fisicamente — caminhar, escalar ou percorrê-la de bicicleta" (1984:268). Existem na atualidade, é claro, campanhas semelhantes a favor do acesso, algo que, nos dias de hoje, é constantemente rejeitado sob o pretexto de proteção ambiental. Shoard demonstra a fraqueza da argumentação, por apoiar os "prazeres privados" dos proprietários das terras (1987:306-7).

Em virtude de as apropriações contemporâneas do campo implicarem tratá-lo como um espetáculo, até mesmo como um "tema", pode-se encarar tal fato como uma atitude pós-moderna em relação ao campo, a ser contrastada por meio de uma abordagem que enfatize seu "uso". Em reação à primeira atitude, muitas pessoas que vivem em áreas rurais passaram a produzir determinados ambientes, por meio dos quais uma representação relativamente depurada da vida rural é construída e apresentada aos visitantes:

> Ao que parece, achamos mais fácil programar determinadas áreas para fins de preservação, considerando-as uma paisagem privilegiada para aqueles que contemplariam passivamente seu cenário, do que delegar autoridade quanto ao seu contorno àqueles que nelas vivem, trabalham e ali se recreiam ativamente... Essas paisagens preservadas tornaram-se, na verdade, um bem nacional, divulgado e vendido no exterior pela indústria do turismo. (Cosgrove, 1984:269)

A categoria de turista é relativamente privilegiada nas áreas rurais. Para ser capaz de reivindicar semelhante *status* normalmente é necessário ser branco, suficientemente rico para ter um carro e ser capaz de organizar e adquirir certos tipos de acomodação (leito de hotel, *trailer* ou *camping*). É igualmente necessário, se as pessoas estiverem fazendo uma excursão em grupo, usar determinados tipos de transporte, tais como ônibus ou trem, e não outros, tais como um comboio de carros, motocicletas ou um comboio *hippie* de viajantes (ver Rojek, 1988, em relação ao "comboio da poluição"). Torna-se também necessário adotar certos tipos de comportamento considerados apropriados e não outros (na Grã-Bretanha isto é conhecido como o "código do campo"; ver Countryside Comission, 1988).

No próximo capítulo serão examinadas inúmeras e diferentes tendências da arquitetura pós-moderna. Uma delas é a reconstrução parcialmente autêntica de edificações vernaculares do passado, como reação a elementos dos movimentos moderno e pós-moderno na arquitetura. Existe semelhante tendência nas recentes apropriações do campo, que se pode qualificar aproximadamente como "turismo verde" (ver Jones, A., 1987). O que algumas pessoas parecem querer cada vez mais é uma apropriação do campo que mais beneficiará do que prejudicará a região visitada. Pesquisa realizada no País de Gales sugere que aquilo que muitas pessoas apreciam é a possibilidade de visitar um campo "comum", relativamente bem preservado, mais do que atrações rurais específicas excetuando-se as reservas naturais (Jones, A., 1987:355). Uma função vital do turismo verde é assegurar para as futuras gerações a conservação das áreas e da vida selvagem que nelas se encontra. O desenvolvimento desse novo turismo nasce do repúdio a aspectos da vida moderna, sobretudo a formas de transporte, energia e produção industrial e agrícola. Particular hostilidade tem sido demonstrada ao plantio "modernizado" de extensas florestas de coníferas, principalmente pela Comissão Florestal e também por proprietários de terras. Estima-se que essas florestas exercem efeitos sociais e ambientais deletérios, tais como a perda da vida selvagem, incluindo as aves de rapina; a redução dos níveis de emprego, em comparação com aqueles que seriam criados pelo turismo; a eliminação das charnecas selvagens, descampadas, "românticas", que têm tamanho encanto. Com efeito, uma influência maior exercida pelos turistas provavelmente preservaria as regiões de charnecas, protegendo-as contra a plantação de um número cada vez maior de fileiras de coníferas (ver Shoard, 1987:223-5 para maiores detalhes).

Assim, algumas características importantes do turismo rural resultam de um maior desenvolvimento das políticas ambientais, nas últimas duas ou três décadas, e da resistência às tentativas generalizadas de "modernizar" determinadas áreas ou localidades. O próximo capítulo demonstra o quanto é significativa esta resistência antimoderna ao desenvolvimento, em contextos urbanos e rurais (ver Lowe e Goyder, 1983, sobre a importância da política ambiental na Grã-Bretanha).

Um elemento do pós-moderno, que foi mencionado rapidamente, é o divertimento. Uma versão interessante desta colocação em relação ao turismo se encontra em Feifer (1985). Essa autora discute o conceito do "pós-turismo" ou aquilo que se poderia denominar o "pós-turista (de massa)" e dá destaque a três características. A primeira é que o pós-turista não precisa deixar sua casa para *ver* muitos dos objetos típicos do olhar do turista, pois, graças à televisão e ao vídeo, todo tipo de lugar pode ser contemplado, comparado, contextualizado e novamente contemplado. É possível a alguém imaginar-se realmente "lá", ver de fato o pôr-do-sol, a cadeia de montanhas ou o mar cor de turquesa. A experiência típica do turista consiste, de todo modo, em ver *determinadas* cenas através de uma *moldura*, tal como a janela de um hotel, os vidros de um carro ou a janela de um ônibus. Agora, porém, isso pode ser vivenciado em nossa própria sala de estar, bastando apertar um botão, e essa operação pode ser repetidas, muitas vezes. Existe muito menos noção do autêntico, de um olhar único, e muito mais de uma infindável disponibilidade de olhares através de uma moldura, mediante o simples gesto de apertar um botão. A diferenciação do olhar do turista fica perdida, pois tais olhares são componentes irredutíveis da cultura popular pós-moderna.

Em segundo lugar, o pós-turista tem consciência da multiplicidade de escolhas e deleita-se com ela. De acordo com Feifer: "Agora ele [*sic*] quer contemplar algo sagrado, informativo, que o expanda, algo belo, que o estimule, que o faça sentir-se melhor, algo diferente, pois ele está entediado" (1985:269).

O pós-turista está liberto dos constrangimentos impostos pela "alta cultura", por um lado, e pela busca desenfreada do "princípio do prazer", de outro lado. Ele pode deslocar-se facilmente de um para outro e pode obter prazer dos contrastes existentes entre ambos. Quando uma réplica em miniatura da Torre Eiffel é adquirida, ela pode ser apreciada simultaneamente como uma peça *kitsch*, um exercício de formalismo geométrico e como um artefato socialmente revelador (ver Feifer, 1985:270). Não há necessidade de criar um fetiche a partir de uma interpretação correta, pois o pós-turista pode gostar de brincar com a idéia de que todas essas três possibilidades são uma só.

Em terceiro lugar, o mais importante de tudo é que o pós-turista sabe que ele é um turista, que o turismo é um jogo, ou melhor, uma série de jogos com mútiplos textos, e não uma experiência turística singular. O pós-turista sabe que terá de fazer fila repetidas vezes; que terá de enfrentar algumas dificuldades quanto à questão do câmbio de moedas; que o folheto distribuído pelas agências tem tudo que ver com a cultura *pop*; que os divertimentos locais, aparentemente autênticos, são tão socialmente idealizados quanto a barreira étnica; que aquela aldeia de pescadores, tão supostamente pitoresca e tradicional, não conseguiria sobreviver sem a renda obtida através do turismo. De acordo com Feifer, o pós-turista sabe que ele [*sic*] "não é um viajante no tempo, quando vai a algum lugar histórico; que sequer por um instante é o nobre selvagem, quando veraneia em uma praia tropical; que não é um observador invisível, quando visita habitações nativas. Resolutamente 'realista', ele não pode escapar à sua condição de intruso" (1985:271; ver Crick, 1985, para uma crítica interessante sobre a tese segundo a qual o antropólogo consegue ficar nos bastidores e superar a posição de intruso).

Um jogo interessante é o do turista tratado "como criança". Isso fica especialmente claro nas excursões guiadas, feitas em ônibus. Diz-se ao turista aonde ele deve ir, por quanto tempo, quando deve comer, durante quanto tempo poderá permanecer no banheiro, etc. Ao grupo (ou a classe) também se fazem perguntas vazias e boa parte do discurso consiste em estabelecer hostilidades imaginárias entre as pessoas que participam da excursão e que vêm de lugares diferentes. No entanto essas excursões parecem ser muito apreciadas e até mesmo por aqueles que compreendem que "estão brincando de ser turistas". Um dos jogos que têm de ser praticados é o de "ser uma criança".

Se o pós-turismo tem importância contemporânea, então ele exercerá efeitos importantes sobre as práticas turísticas existentes. Os prazeres do turismo derivam de processos complexos de produção e consumo. Enfatizei o caráter socialmente construído do olhar do turista, bem como o fato de que a produção e o consumo são socialmente organizados, de que o olhar deve ser direcionado para certos objetos e características extraordinárias, que distinguem o lugar/a paisagem. Existe normalmente algo em relação a suas propriedades físicas que o torna distinto, embora essas propriedades sejam freqüentemente manufaturadas e tenham de ser aprendidas. Entretanto, algumas vezes é simplesmente a associação literária ou histórica a respeito de um lugar que o torna extraordinário (por exemplo, o prédio em Dallas de onde supostamente partiu o tiro que matou o presidente Kennedy, ou o vicariato em Haworth, Yorkshire, onde viveram as irmãs Brontë).

O desenvolvimento do pós-turismo transforma esses processos, mediante os quais o olhar do turista é produzido e consumido. Mercer, por exemplo, nota que os prazeres populares "exigem um envolvimento entusiasmado e uma participação total em um evento, forma ou texto cultural" (1983:84). Particularmente importantes, em se tratando dos prazeres do turista, são aqueles que implicam a ruptura declarada dos tabus que operam sobre as várias formas de consumo, tais como comer e beber em excesso, gastar dinheiro descontroladamente, usar roupas escandalosas, estabelecer horários absolutamente diversos do habitual, etc. Conforme Thompson: "As pessoas são encorajadas a adotar essa *desorganização* das rotinas normais, 'aceitáveis', do consumo" (1983:129). No entanto a ênfase do pós-turismo na alegria, na variedade e na autoconsciência torna mais difícil encontrar prazeres simples em uma ruptura de regras tão suave e tão socialmente tolerada. O pós-turista, acima de tudo, tem consciência de si mesmo, é "ponderado" e distancia-se de seu papel. Em conseqüência, o prazer é antegozado e vivenciado de um modo diverso do passado. Numerosas mudanças estão, pois, ocorrendo.

A disponibilidade universal da mídia predominantemente visual, nas sociedades ocidentais adiantadas, resultou em uma grande mudança do nível daquilo que é "ordinário" e, em decorrência, daquilo que as pessoas consideram "extraordinário". Além disso, até o ponto em que é verdade que a mídia introduziu uma cultura de "três minutos", é provável que isso possa encorajar as pessoas a mudarem formas e locais de prazer. É quase certo que obterão relativamente menos satisfação ao continuar fazendo o que elas, ou mais particularmente suas famílias, sempre fizeram. Assim, as férias passam a ter menos que ver com o reforço das memórias e experiências coletivas e mais que ver com o prazer imediato. Em conseqüência, as pessoas vivem solicitando novas experiências inusitadas. Constituem exemplos os feriados organizados pelo conselho de Islington em Londres, partidas de futebol nos fins de semana, em Liverpool, visitas ao Museu da Lepra, em Bergen, viajar pela Ferrovia Japonesa da Morte em Burma, o quartel-general da Gestapo em Berlim e "*tours* tediosos" em Sidney. É uma questão interessante saber se é de fato possível fazer de qualquer sítio um local turístico pós-moderno. Mercer, entretanto, argumenta que experimentar o prazer de uma maneira como essa, mais distanciada e lúdica, torna todos os prazeres menos satisfatórios. Em particular, torna-se muito mais difícil gozar os prazeres "simples" tais como aqueles que, no passado, eram encontrados nos balneários à beira-mar.

Conclusão

Outra maneira de expressar os efeitos do pós-moderno é refletir sobre a dissolução do grupo e o impacto que isso exerce sobre os balneários à beira-mar, que se basearam em grupos e redes fortes. Em relação aos primeiros, o balneário apoiava-se em férias regulamentadas, tendo por base a família, e destinadas a pessoas que pertenciam basicamente à mesma classe social e provinham de regiões semelhantes. No entanto, com a dissolução pós-moderna da identidade social, muitas dessas formas de identificação grupal, no espaço e no tempo, desapareceram e isso reduziu a atratividade daqueles balneários que objetivavam estruturar a formação do prazer segundo determinados padrões, relacionados com a classe. Houve notável crescimento da variedade de unidades turísticas, muitas das quais não se baseiam em famílias.

A rede também se modificou. Esses balneários eram baseados em uma divisão específica do prazer e da dor. O prazer era associado ao fato de se estar distante do lugar onde se trabalhava, bem como da tediosa e monótona dor provocada pelo trabalho, sobretudo em se tratando da produção industrial. Agora, porém, essa divisão é muito menos nítida. Os prazeres podem ser gozados em muitos lugares e não se concentram em absoluto no litoral. Houve uma proliferação de objetos do olhar, incluindo a mídia. O que agora é turismo e o que é cultura tornou-se relativamente pouco claro. Os prazeres e a dor encontram-se em todos os lugares e não estão espacialmente concentrados em determinados sítios.

Os balneários terão de mudar profundamente para poder sobreviver. Anúncios recentes, feitos pelo setor de turismo da ilha de Man na televisão britânica, indicam um possível modo de reagir (ver Urry, 1988b). Um desses anúncios proclama: "Você ficará ansioso para voltar" e afirma que as férias à beira-mar nos farão recordar aquelas férias que tivemos um dia, na infância. O tempo supostamente se deteve na Ilha de Man e o anúncio joga com nossa nostalgia da infância, quando os prazeres eram vivenciados mais diretamente e eram menos contaminados por uma sofisticação aparentemente lúdica. Em outro texto afirmei que "os balneários não deveriam resistir à tendência à 'nostalgia'... Em vez de tentarem ser modernos e fracassarem, eles fariam melhor se aderissem conscientemente... Talvez, em breve, não haverá nada na Ilha de Man que se deseje voltar a ver" (Urry, 1988b; ver Cooper e Jackson, 1989, sobre as declinantes atrações da Ilha de Man).

O próximo capítulo abordará com maiores detalhes a questão da nostalgia e da história.

6
Um Olhar sobre a História

A indústria da tradição

Os locais turísticos podem ser classificados em termos de três dicotomias: se são objeto do olhar turístico romântico ou coletivo; se são históricos ou modernos; se são autênticos ou inautênticos. Caracterizar esses locais em tais termos não é, obviamente, algo tão simples e a terceira dicotomia — autêntico/inautêntico — suscita muitas dificuldades. No entanto, é útil resumir as diferenças entre esses locais, explorando tais dicotomias.

Por exemplo, o Distrito dos Lagos, no noroeste da Inglaterra, pode ser caracterizado como sendo predominantemente o objeto do olhar romântico, é histórico e aparentemente autêntico. Em contraste, o parque de lazer de Alton Towers, também no noroeste, é objeto do olhar coletivo, é sobretudo moderno e predominantemente inautêntico. Essas são caracterizações bastante simplificadas. Lugares como as Docas de Albert, em Liverpool, que passaram por uma reforma, o Centro de Tradições do Cais de Wigan, em Lancashire (ver foto 6.1) e os moinhos restaurados de Lowell, Massachusetts, a primeira cidade industrial dos Estados Unidos, são mais complexos. Eles constituem exemplos de sítios históricos industriais, o que gerou muitos debates. Embora sejam objetos do olhar coletivo, é mais controvertido afirmar que tais locais são realmente "históricos" e "autênticos". Existem também muitas controvérsias sobre as causas deste fascínio contemporâneo pela contemplação daquilo que é histórico ou daquilo que hoje é designado pelo termo tradição (ver Lowenthal, 1985, sobretudo o cap. 1, sobre a "nostalgia" como uma aflição física que data do final do século XVII).

Existem indicadores deste fenômeno na Grã-Bretanha, onde, ao que parece, novos museus abrem quase todas as semanas. Dos 1.750 museus que responderam a um questionário, em 1987, a metade foi inaugurada a partir de 1971. Existem hoje pelo menos 41 centros de tradição, incluindo a Garganta de Ironbridge, próximo de Telford, o Centro de Tradições do Cais de Wigan, o Mundo de Black Country, nas vizinhanças de Dudley, o Museu ao Ar Livre de Beamish, em Newcastle, e o Centro Viking de Jorvik, em York. Existem hoje na Grã-Bretanha 464 museus com acervo relativo a objetos industriais e 817 cujas coleções se referem à história rural. O diretor do Museu de Ciências, referindo-se a esse crescimento dos locais onde se celebra a tradição, afirmou: "Não se pode projetar para além de certos limites esta taxa de crescimento, antes que o país inteiro se torne um museu ao ar livre, no qual a gente entrará assim que descer do avião, no aeroporto de Heathrow" (cit. em Hewison, 1987:24).

Alguns lugares improváveis tornaram-se centros de atração turística, baseados na tradição. Bradford, que no passado enviava a Morecambe a maior parte de seus habitantes em férias, tornou-se grande atração turística e por seus próprios méritos. Planeja-se instalar no vale de Rhondda, no sul do País de Gales, um museu na mina de carvão de Lewis Merthyr e abrir o Parque das Tradições de Rhondda (ver Halsall, 1986). Quase todos os lugares e quase tudo do passado pode ser conservado. Em Lancashire os ambientalistas procuraram preservar o maior depósito de escória da Grã-Bretanha, que a Carbonífera Britânica queria remover. Existem hoje quinhentas mil edificações que fazem parte de uma lista oficial, na Grã-Bretanha, bem como mais de quinhentas áreas de conservação. O radialista Michael Wood escreve: "Agora que o presente parece tão repleto de infortúnios... a profusão e a franqueza de nossa nostalgia... sugerem não apenas uma sensação de perda... mas uma abdicação geral, uma deserção do presente" (1974:346). A setecentista doença da nostalgia parece ter-se tornado epidêmica.

Alguns museus e centros de tradição caracterizam-se, além do mais, por captarem grandes investimentos. Por exemplo, no período de janeiro a junho de 1988, foram destinados 127,2 milhões de libras a centros de tradição e a museus na Grã-Bretanha. Esse investimento foi direcionado para uma grande variedade de lugares e de atividades, tais como o Museu de Química, em Widnes, o restauro do Cais do Oeste, em Brighton, atrações vivas nas Docas de Chathan, o Museu da Enfermagem em Lambeth, a reconstrução da Coronation Street, nos estúdios Granada, em Manchester, uma nova atração temática em Poole, Devon, e uma antiga aldeia em Norfolk, East Anglia. Até a década de 1970 a maior parte dos

Foto 6.1 O Centro de Tradições do Cais de Wigan, Lancashire.

museus era de propriedade pública, normalmente dos conselhos locais. Ao mesmo tempo, os gastos do governo central são consideráveis. Ele despende mais de cem milhões de libras por ano com a conservação de edificações e boa parte dessa soma é gasta através de agências cada vez mais empresariais, a exemplo da English Heritage. Uma característica que chama a atenção é a privatização cada vez maior da indústria dos museus/tradições. Cinqüenta e seis por cento dos museus inaugurados recentemente pertencem ao setor privado (sobre essas questões ver Hewinson, 1987:1, cap. 4; White, 1987; Urry, 1988a; Thrift, 1989). Essas iniciativas privadas inspiraram particularmente novos modos de representar a história, como, por exemplo, fazer do passado uma mercadoria.

Um número enorme de pessoas visitam esses lugares. Em 1983-4 os museus e galerias da Grã-Bretanha receberam mais público do que os cinemas, e um número muito grande de pessoas compareceu mais às edificações tradicionais do que ao teatro (Myerscough, 1986:292). A proporção da classe prestadora de serviços que visitou museus e centros tradicionais, em qualquer ano, é cerca de três vezes maior do que a de trabalhadores manuais. Mais ou menos dois terços dos visitantes a esses lugares exercem ocupações em escritórios ou são funcionários (Myerscough, 1986:303-4). Setenta e cinco por cento dos visitantes de além-mar visitaram um museu/galeria durante sua permanência na Grã-Bretanha. Em contraste, apenas 40% compareceram a um teatro/concerto e menos de 20% assistiram a um filme em um cinema (Myerscough, 1986:311).

Há poucas dúvidas de que semelhantes fatos estejam ocorrendo em muitos países industriais (ver Lumley, 1988). Lowenthal, referindo-se aos Estados Unidos, afirma que "os atavios da história agora enfeitam o país inteiro" (1985:xv). O número de propriedades cadastradas pelo US National Register of Historic Places elevou-se de 1.200, em 1968, para 37 mil em 1985 (Frieden e Sagalyn, 1989:201). No entanto, vários críticos da tradição, tais como Hewison ou Wright, argumentam que essas ações são mais amplas na Grã-Bretanha do que em outros países, embora o teste empírico dessa hipótese esteja nitidamente revestido de dificuldades metodológicas (Hewison, 1987; Wright, 1985). A colocação seguinte merece, porém, consideração.

A partir do final do século XIX, houve com toda a certeza, na Grã-Bretanha, uma tradição de visitar/conservar o campo, conforme já se viu no capítulo anterior. Isso se reflete na apreciação de certos tipos de paisagem (incluindo as aldeias) e das majestosas casas de campo, situadas em cenários rurais atraentes. Em relação às primeiras, Raban se refere a uma recente disposição das pessoas a apresentar uma determinada impressão da Inglaterra aldeã: "Em qualquer outro lugar que não a África... as pessoas de uma tribo se mostraram tão dispostas a vestir os trajes 'tradicionais' e a contribuir para o divertimento de seus visitantes... A coisa tornou-se uma indústria nacional. Ano após ano a Inglaterra estava se tornando mais pitorescamente alegre e festiva" (1986:194-5).

Alguns desses eventos agora são organizados pela English Heritage sob a forma de "dramatizações com figurinos de época". Essa é a principal instituição que se ocupa da proteção dos locais históricos tradicionais. A tendência a visitar as aristocráticas casas de campo também continua sendo imensamente popular e, em 1986, 4,2 milhões de pessoas visitaram as casas que fazem parte da lista do National Trust (Thrift, 1989:29).

Houve também maior interesse em visitar o campo, que se prende a um interesse mais amplo em relação a equipamentos e maquinário usados na agricultura e em relação a padrões de vida que se desenvolveram no mundo agrícola. Já registramos que existem hoje mais de oitocentos museus com exposições sobre o universo rural. Elas têm sido descritas como "fazendas de faz-de-conta", com rodas de água, ferreiros, criadores de cavalos, etc. (ver Vidal, 1988). Há também muitos cafés e restaurantes nas áreas rurais que, na verdade, são pequeninos museus agrícolas, tais como o Tithe Barn em Garstang, Lancashire.

Houve um aumento ainda mais notável do interesse pelas vidas dos trabalhadores nas indústrias e nas minas. MacCannell chama a atenção para a ironia dessas mudanças: "O Homem Moderno [sic] está perdendo suas ligações com o mundo do trabalho, a vizinhança, a pequena cidade, a família, que outrora ele considerou 'seus', mas, ao mesmo tempo, está desenvolvendo um interesse pelas 'verdadeiras vidas' dos outros. (1976:91). Esse interesse se nota principalmente no norte da Inglaterra, onde se instalou boa parte da indústria pesada. Ao que parece, são essas indústrias que apresentam mais interesse para os visitantes, particularmente devido à qualidade, aparentemente heróica, de boa parte do trabalho, sobretudo aquele exercido nas minas de carvão e nas siderúrgicas. Isso, porém, não deve ser excessivamente enfatizado, pois as pessoas também parecem se interessar por aquelas tarefas domésticas extenuantes e nada heróicas desempenhadas pelas mulheres. Esse fascínio pelo trabalho alheio liga-se à derrubada pós-moderna das barreiras, sobretudo entre o palco e os bastidores em que se desenrolam as vidas das pessoas. Essa tendência também faz parte daquilo que examinarei mais tarde, isto é, uma cultura museológica pós-moderna, na qual quase tudo pode tornar-se objeto de curiosidade para os visitantes.

A desindustrialização notavelmente rápida da Grã-Bretanha, no final dos anos setenta e no início dos anos oitenta, exerceu dois efeitos importantes. Por um lado, criou um profundo senso de perda, não só de certos tipos de tecnologia (máquinas a vapor, altos-fornos, escavações nas minas), como também de uma vida social que havia se desenvolvido em torno dessas tecnologias. A rapidez dessa mudança foi mais intensa na Grã-Bretanha do que em outros países e, talvez, concentrou-se mais geograficamente, no norte da Inglaterra, sul do País de Gales e centro da Escócia. Por outro lado, boa parte da indústria havia se baseado historicamente em edificações vitorianas, construídas no centro das cidades, das quais muitas se tornaram disponíveis para usos alternativos. Tais edificações ou eram imensamente atraentes por si só (a exemplo da estação central, que hoje é o G-Mex Centre, em Manchester) ou poderiam ser restauradas em estilo tradicional, abrigando escritórios, museus ou restaurantes. Esse estilo normalmente é pitoresco, caracterizado por paredes que receberam jatos de areia, substituição de janelas e mobiliário atraente.

O processo de desindustrialização ocorreu na Grã-Bretanha em um momento em que muitas autoridades locais estavam adotando uma ação mais estratégica em relação ao desenvolvimento econômico e viram no turismo um modo de gerar empregos diretamente e por meio de uma divulgação mais geral de sua região. Um bom exemplo é Wigan e o fato é bem representado por uma brochura de publicidade intitulada *I've never been to Wigan but I know what it's like* ("Nunca estive em Wigan, mas sei como é") (Economic Development, Wigan, sem data). As cinco primeiras ilustrações, em branco e preto, se referem a casas construídas em encostas, minas e aos moradores mais antigos, caminhando por becos estreitos. Em seguida perguntam-nos se temos certeza se Wigan é realmente assim. As 12 fotos seguintes, todas coloridas, mostram a Wigan contemporânea, que possui inúmeros locais turísticos, o Cais de Wigan, um mercado colorido e animado, lojas elegantes, excelentes instalações esportivas, *pubs* e restaurantes atraentes e deliciosas alamedas que se estendem ao longo dos canais. Vender Wigan aos turistas faz parte do processo de vender Wigan a investidores em potencial, que se preocuparão particularmente com a disponibilidade de vários tipos de serviços para seus empregados.

No entanto, esse também foi um período em que a proporção de empresas menores começava a crescer pela primeira vez durante muitos anos (ver Lash e Urry, 1987: cap. 7). Também foi dada muita ênfase a pequenas firmas, como parte da política do governo central, e ao encorajamento proporcionado pelos programas de desenvolvimento econômico elaborados pelas autoridades locais. Desenvolver novas empresas na área do turismo, muitas das quais relativamente pequenas, tornou-se um lugar-comum na Grã-Bretanha, nos anos oitenta.

Dadas as tendências de globalização, que abordei no capítulo 3, diversos países passaram a especializar-se em diferentes setores do mercado turístico direcionado para os visitantes de além-mar: a Espanha no que se refere a pacotes de férias mais baratos, a Tailândia para férias "exóticas", a Suíça para a prática do esqui e do alpinismo, etc. A Grã-Bretanha acabou especializando-se em férias que enfatizam o histórico e o pitorescamente antiquado (os norte-americanos freqüentemente se referem à Grã-Bretanha como o "país do passado" ou o "velho país"). Essa ênfase se nota no modo como os visitantes de além-mar tendem a permanecer nas pequenas cidades no interior da Grã-Bretanha, raramente visitando o litoral ou o campo. Esses visitantes conhecem apenas alguns lugares dignos de visita e, com exceção de Londres, incluem normalmente Oxford, Cambridge, Stratford, York, Edimburgo e, cada vez mais, alguns dos locais de turismo industrial acima mencionados (ver Urry, 1988a). Essa localização, no interior da divisão global do turismo, reforçou ainda mais o particular vigor do fenômeno da tradição na Grã-Bretanha.

A preservação dos locais tradicionais tem sido particularmente notável na Grã-Bretanha, devido ao caráter extremamente pouco atraente da arquitetura moderna produzida no Reino Unido. Os edifícios modernos característicos do período do pós-guerra são blocos de escritórios que em nada chamam a atenção e conjuntos habitacionais de vários andares, muitos tendo o concreto como o mais visível material de construção. Esses edifícios são notavelmente pouco apreciados pela maioria da população, que rotula a arquitetura moderna de "americana". No entanto, o contraste com os elegantes e notáveis arranha-céus americanos, localizados em áreas privilegiadas, é particularmente notável. Além disso, a Grã-Bretanha dispunha de um grande estoque de casas e edifícios públicos, construídos antes de 1914, e dignos de serem conservados, uma vez que a moda do moderno começou a passar no início dos anos setenta. Um exemplo interessante pode ser visto na mudança de atitude em relação à conservação, sobretudo em relação às fachadas no estilo Regency em Cheltenham, hoje uma das primeiras cidades de pequeno porte a serem preservadas mediante muitos esforços, embora boa parte dela tivesse sido destinada à "reurbanização" (Cowen, 1990).

Assim, devido a inúmeros motivos, a tradição está exercendo um papel particularmente significativo no turismo britânico e, de certa forma, ela é mais fundamental para o olhar do turista do que em muitos outros países. Mas qual é o significado da tradição, sobretudo em relação a conceitos de história e de autenticidade (ver Uzzell, 1989, em relação à recente literatura profissional sobre a tradição)? Têm-se travado debates muito animados, na Grã-Bretanha, em torno da avaliação das causas e conseqüências da tradição.

Tal debate foi estimulado pelo livro de Hewison sobre a indústria da tradição, que tem como subtítulo *Britain in a Climate of Decline* (1987). Ele começa fazendo um comentário provocativo. Cada vez mais, em vez de fabricar mercadorias, a Grã-Bretanha fabrica a tradição. Isso se deu devido à percepção de que a Grã-Bretanha se encontra em uma espécie de declínio terminal. O desenvolvimento da tradição envolve não apenas a reafirmação de valores que eram antidemocráticos, mas também uma exaltação do declínio através de uma repressão à cultura do presente. Do que se necessita é uma cultura baseada na compreensão da história, e não um conjunto de fantasias em torno da tradição.

Hewison preocupa-se em analisar as condições mediante as quais se gera a nostalgia. Argumenta que isso se faz sentir com maior vigor em épocas de descontentamento, ansiedade ou decepção. No entanto, as épocas em relação às quais sentimos mais nostalgia foram períodos de consideráveis perturbações. Além disso, a memória nostálgica é muito diferente de uma evocação. Trata-se de uma construção socialmente organizada. A questão não reside em saber se devemos ou não preservar o passado, mas que tipo de passado escolhemos para preservar. Roy Strong escreveu com muita percepção, em 1978, que:

> Todos nós temos consciência dos problemas, dificuldades e mudanças que ocorrem na estrutura da sociedade, da dissolução dos antigos valores e padrões... A tradição representa uma espécie de segurança, um ponto de referência, talvez um refúgio, algo visível e tangível que... parece estável, que não mudou. Nossa tradição ambiental... é um elemento profundamente estabilizador e unificador, em nossa sociedade (cit. em Hewison, 1987:46-7).

(Incidentalmente, pode-se dizer que Marx e Nietzsche tiveram uma atitude crítica semelhante em relação à "nostalgia:" — ver Lowenthal, 1985:65). Hewison nota algo característico em relação a algumas tendências contemporâneas. Boa parte da nostalgia, nos dias de hoje, se refere ao passado industrial. A primeira grande batalha na Grã-Bretanha foi travada — e perdida — em 1962, em torno do elegante arco neoclássico, construído na entrada da estação de Euston. Isso deu origem a um levantamento dos monumentos industriais, por parte do Conselho de Arqueologia Britânica, e a uma grande conferência, realizada em 1969. Quatro anos mais tarde fundou-se a Associação da Arqueologia Industrial e, por volta de 1980, museus industriais estavam se desenvolvendo em quase todos os lugares, na metade setentrional da Grã-Bretanha. Hewison leva em grande conta os contrastes entre o desenvolvimento do museu industrial de Beamish e a devastação ocasionada pelo fechamento das metalúrgicas de Consett, a apenas 15 quilômetros de distância. A proteção do passado disfarça a destruição do presente. Existe uma distinção absoluta entre a história autêntica, contínua e, portanto, perigosa, e a tradição (passada, morta e segura). Esta última, em resumo, mascara as desigualdades sociais e espaciais, introduz um consumismo e uma comercialização superficiais e pode, em parte, destruir elementos ou artefatos que, supostamente, estão sendo conservados. Hewison argumenta que "se realmente estivermos interessados em nossa história, então talvez teremos de preservá-la dos conservacionistas" (1987:98). A tradição é uma história falsificada.

Existe obviamente muito valor em várias das apreciações de Hewison. Segundo parece, um autor chegou até mesmo a sugerir que a Grã-Bretanha "em breve nomeará um curador, no lugar de um primeiro-ministro" (cit. em Lowenthal, 1985:4). Do mesmo modo, Tom Wolfe propôs recentemente que toda a população da Grã-Bretanha trabalhe em uma Disneylândia nacional para turistas estrangeiros. A maioria dos edifícios seriam cópias em fibra de vidro, projetadas por Quinlan Terry e feitas em Taiwan (ver Stamp, 1987). Há, porém, sérias dificuldades suscitadas pelas argumentações de Hewison.

Essas críticas relativas à tradição apresentam notável semelhança com a tese em torno da denominada sociedade de massa. Com efeito, os cientistas sociais podem muito bem ser inclinados a uma espécie de nostalgia, isto é, podem sentir saudades de uma Idade do Ouro, quando a massa da população supostamente não se deixava lograr pelas novas formas culturais que tudo distorciam (ver Stauth e Turner, 1988 e, de modo mais geral, Bagguley et al., 1990: cap. 5). É claro que semelhante período jamais existiu.

Hewison ignora as bases populares, imensamente importantes, do movimento de conservação. Por exemplo, ele, como Patrick Wright, vê o National Trust como um gigantesco sistema de alívio, que permite às antigas classes superiores manterem suas aristocráticas mansões. Essa colocação ignora, porém, o amplo apoio dado à ação de conservação. Com efeito, Samuel assinala que o National Trust, com seu 1,5 milhão de sócios, é a maior organização de massas da Grã-Bretanha (1987a). Além disso, boa parte dos primeiros movimentos de conservação eram plebeus quanto ao caráter — por exemplo, preservação das ferrovias, arqueologia industrial, exposições de máquinas a vapor e coisas do tipo, ocorridas na década de 1960, muito antes que indicadores mais evidentes do declínio econômico se materializassem na Grã-Bretanha. Até mesmo Covent Garden, que se poderia julgar como um "*playground* da tradição, que acabou sendo tomado pelos *yuppies*", foi apenas transformado em um local turístico devido a uma grande campanha de preservação empreendida pelos moradores da região (ver Januszczak, 1987, que também não percebe o que ocorreu). Do mesmo modo, no País de Gales, a preservação de algumas minas de carvão abandonadas resultou de uma pressão exercida por grupos locais de mineiros e suas famílias, que procuraram manter aspectos de "sua" história. Com efeito, aqueles que visitam as minas de Big Pit, no sul do País de Gales, afirmam ficarem contentes com o fato de que elas não foram embelezadas para os turistas. A história oral também exerceu um papel na preservação não apenas dos artefatos, mas das memórias. De modo geral, Hewison e seus colegas de crítica deixam de ligar a pressão em favor da conservação ao desenvolvimento muito mais amplo da política ambiental nos anos oitenta. Na Grã-Bretanha, Marcus Binney é uma figura fundamental, conforme se percebe em seu livro *Our Vanishing Heritage* (1984; ver Stamp, 1987). Poder-se-ia também indagar se Hewison não estaria sugerindo que a maior parte das edificações industriais sem uso deveriam ter sido demolidas durante as duas últimas décadas.

Hewison estabelece a ligação da nostalgia por nosso passado industrial com o crescimento do pós-modernismo. Embora exista uma indubitável conexão entre eles, é necessário estabelecer algumas distinções. Isso pode ser visto em Chester, onde a expansão de um centro romano ("Diva") implicará a demolição de uma residência em estilo georgiano, tombada. Os preservacionistas locais querem salvar a casa e impedir o desenvolvimento daquilo que será um parque temático romano (com moedas romanas, comida romana, etc.; ver Stamp, 1987). Hewison ataca os dois lados. No entanto, sua crítica se volta principalmente contra os museus e os centros de tradição, que contratam freqüentemente historiadores acadêmicos para pesquisarem as origens do local (ver Rose, 1978, para uma história oficial dos Greg, que desenvolveram o Moinho de Quarry Bank, hoje um museu industrial em Cheshire). As objeções de Hewison poderiam ser direcionadas com maior proveito contra o parque temático de Camelot, o parque temático romano de Chester ou a possível construção do parque de Clegg Hall, nas proximidades de Rochdale, que implicará a aquisição compulsória de algumas das casas com terraços. Nos Estados Unidos existe uma distinção semelhante entre a representação acadêmica de Lowell como parte de um parque nacional e a construção da rua Principal na Disneylândia. Outra distinção que se pode estabelecer é a que se refere a "artesanato" e "ofício". O primeiro faz parte da indústria da tradição, a tal ponto de os artesãos tomarem parte nas exposições. No entanto, esse tipo de construção pode ser diferenciado dos vários "ofícios" e da reconstrução histórica dos métodos e técnicas autênticas empregadas, digamos, por aqueles que fazem arreios ou rodas para veículos (ver discussão em Vidal, 1988). A crítica de Hewison se aplica mais ao primeiro caso do que ao segundo. Um exemplo interessante nos é oferecido pelo Quarteirão da Ourivesaria, em Birmingham, e a tentativa de transformar uma região de "ofícios" em uma região de "artesanato".

Hewison pressupõe um modelo um tanto simples, segundo o qual certos significados, tais como a nostalgia do passado, são transferidos de maneira nada ambígua para o visitante. Não existe o sentido da complexidade, através do qual diferentes visitantes podem contemplar o mesmo conjunto de objetos e lê-los de modo muito diferente. Há, em última análise, algo de condescendente na visão de Hewison, de acordo com a qual esta apresentação da tradição não pode ser interpretada de diferentes maneiras, ou o fato de que, se a experiência pode ser agradável, ela não pode ser também educativa. Também não fica muito claro que os exemplos discutidos por Hewison não são ambíguos quanto ao seu significado.

O Centro do Cais de Wigan é, afinal de contas, acadêmico e educativo. Apresenta a história de intensas lutas populares; identifica os patrões como parcialmente culpados pelos desastres ocorridos nas minas; comemora a cultura popular, não-elitista; é organizado por um conselho que tem por objetivo glorificar o "trabalho heróico". Comparado com a compreensão que a maior parte das pessoas têm da história, o Centro certamente transmite algo dos processos sociais envolvidos, mesmo que seja difícil ver como se poderá fundamentar essa história no futuro. Com efeito, não é clara, de modo algum, qual é a compreensão da história que a maioria das pessoas têm. Na ausência de uma indústria da tradição, como é que o passado é normalmente apropriado? Certamente não o será através do estudo acadêmico da "história enquanto tal" (ver Lowenthal, 1985:411). Para muitas pessoas o passado, na melhor das hipóteses, será recuperado por meio da leitura de biografias e de romances históricos. Não é nada óbvio que o relato da indústria da tradição seja mais enganador do que tais leituras.

O que precisa ser enfatizado é que a história da tradição é distorcida devido ao predomínio da ênfase na visualização, no fato de se apresentar ao visitante um conjunto de artefatos, incluindo edificações (artefatos "reais" ou "manufaturados") e, em seguida, tentar visualizar o padrão de vida que se teria estruturado em torno deles. Isso é essencialmente história "artefatual", na qual toda uma variedade de experiências sociais são necessariamente ignoradas ou banalizadas, tais como a guerra, a exploração, a fome, a doença, a lei, etc. (ver Jordanova, 1989).

O julgamento de Lowenthal sobre a história parece correto: "Precisamos conceder aos antigos seu lugar... Seu lugar, porém, não se situa simplesmente em um país separado e estrangeiro. É assimilado em nós e é ressuscitado em um presente que sempre está em mudança" (1985:412).

Os três tópicos que se seguem exploram certos aspectos da tradição com mais detalhes: em relação com seu uso como parte de uma estratégia local, tendo em vista a regeneração econômica; em sua interconexão com tendências recentes do projeto e da arquitetura pós-moderna; e seu papel no desenvolvimento daquilo que denominarei o museu pós-moderno.

O turismo e as autoridades locais

Na discussão anterior sobre a indústria da tradição afirmou-se que, freqüentemente, existe considerável apoio local à conservação. Abordarei com maior amplitude o relacionamento entre as áreas locais e o desenvolvimento do turismo. Existem, nesse relacionamento, três elementos fundamentais. Em primeiro lugar, as pessoas da localidade que se preocupam em conservar características do ambiente que, de certo modo, parecem representar ou significar o local no qual elas vivem. Em segundo lugar, existe uma variedade de proprietários de setores privados e de proprietários em potencial de serviços relacionados com o turismo. Em terceiro lugar, deve-se levar em conta a administração local, que abrange não só as autoridades locais, como também os representantes locais/regionais de várias instituições em nível nacional, incluindo os escritórios de turismo.

Um exemplo interessante que ilustra essa complexidade dos elementos é o teatro dos Jardins de Inverno, em Morecambe, objeto de recente debate na imprensa nacional (ver Binney, 1988). O teatro em questão fechou no final dos anos setenta e restaurá-lo custará de 2 a 5 milhões de libras (a madeira apodrece a olhos vistos). Há uma concordância geral no sentido de que o teatro, construído em 1897, é esplêndido, sob o ponto de vista arquitetônico. O órgão oficial English Heritage o considera "notável" e John Earl, do Theatres Trust, caracterizou-o como o Albert Hall do norte. Ele poderá vir a ser conservado, embora não haja a menor garantia nesse sentido. Se for, haverá poucas dúvidas de que, entre outros usos, nele serão encenados antigos espetáculos de teatro musicado, bem como serão ali realizados concertos de música *pop*/clássica, transmitindo, portanto, recordações nostálgicas de uma era dourada, um tanto imprecisa, do divertimento anterior à chegada da televisão.

É claro que essa restauração estaria sujeita à crítica, como algo que constitui mais um exemplo da indústria da tradição. Deve-se notar, porém, que, se não houvesse um grande apoio local a favor da conservação, o teatro já poderia ter sido demolido. Existe um grupo de ação extremamente eficiente, convicto de que essa edificação semidestruída simboliza Morecambe e que, se permitissem sua demolição, isto significaria o fim da própria cidade. É certo que existe amplo apoio popular para se aumentar a quantidade de atrações de Morecambe e tornar a cidade mais digna do olhar do turista. Os turistas em potencial não podem contribuir para a preocupação com o ambiente, algo que só pode ser expresso pelos moradores de um determinado local. Embora, no momento, o teatro seja de propriedade particular, ficou claro que ele só poderá ser restaurado com muito apoio dos órgãos públicos, incluindo o English Heritage, a Comunidade Européia, o Conselho do Condado de Lancashire e o Conselho da Cidade de Lancaster. Este último com quase toda a certeza se empenhará em reunir os fundos necessários. O papel da administração local pode ser fundamental.

Este exemplo demonstra duas questões importantes relativas ao desenvolvimento do turismo contemporâneo: o impacto exercido pelos grupos locais de conservação, cujas ações, no sentido de preservar as tradições, freqüentemente intensificarão o turismo em determinada região, algumas vezes com conseqüências que não foram intencionais; e o papel fundamental das autoridades locais, no sentido de se proceder a uma organização.

Em relação à primeira dessas questões, é importante observar que a força dos grupos de conservação varia consideravelmente em relação a diferentes localidades. Por exemplo, em 1980, no Reino Unido, em 1.000 pessoas, 5,1 eram membros de "sociedades de amenidade". A taxa se elevava a vinte por mil, em Hampshire, e a mais de dez por mil na maioria dos condados em torno de Londres, em Devon, no norte de Yorkshire e em Cumbria (ver Lowe e Goyder, 1983:28-30 para maiores detalhes). Parte da ação desses grupos se exerce no sentido de impedir o desenvolvimento de novos projetos que causarão danos ao suposto "caráter" da localidade, sobretudo no sudeste, por meio de esquemas habitacionais, voltados para a construção de moradias de baixo custo. O papel das classes prestadoras de serviços e da classe média, em tais grupos, é fundamental e constitui o principal meio pelo qual aqueles que possuem bens posicionais, tais como uma bela casa em uma bela aldeia, procuram preservar suas vantagens. No entanto, os movimentos preservacionistas podem muitas vezes ter objetivos bastante amplos, não apenas que se refere a impedir o desenvolvimento, mas também para chamar a atenção para a restauração das edificações públicas existentes e, mais geralmente, para a "museificação" de uma aldeia ou de uma cidadezinha. Além do mais, mesmo que os objetivos do movimento nada tenham que ver com o turismo, o efeito, com toda a certeza, será aumentar a atração da localidade para os turistas.

Um exemplo desse fato, interessante e, ao mesmo tempo, negativo, pode ser visto na Nova Zelândia. Próximo à maior cidade da ilha do Sul, Christchurch, está o porto de Lyttleton. Como ele se localiza na cratera de um vulcão extinto, o porto dispõe de uma esplêndida baía natural e é enquadrado por um cenário magnífico. A pequena cidade de Lyttleton consiste sobretudo de edificações nada excepcionais, de poucos andares, mas com fachadas muito atraentes. Para os europeus, ela se parece com uma cidadezinha típica do período entre as duas grandes guerras. O que chama a atenção em Lyttleton é o fato de ela ser tão pouco desenvolvida, embora, potencialmente, seja um excelente local turístico. No presente ela não parece antiga, mas simplesmente velha. Nos termos de Hewison, não foi conservada, apenas preservada. Para que ela se torne objeto do olhar do turista, precisará contar com um movimento de conservação para garantir que as fachadas não serão demolidas; uma infusão de capital novo, para transformar algumas das edificações em lojas e cafés que acolham os turistas; e um plano estratégico, que permita às autoridades locais coordenar as atividades. No momento nada existe, a não ser um pequeno museu, muito mal sinalizado.

Um fator que ajudou a fortalecer os movimentos conservacionistas é a taxa, aparentemente baixa, de mobilidade geográfica dos membros da classe prestadora de serviços, pelo menos do contingente masculino (ver Savage, 1988). Em conseqüência, tais pessoas poderão desenvolver mais ligações com esses lugares do que em uma situação anterior. Pode-se, portanto, falar da "localização da classe prestadora de serviços" e isso exercerá um impacto através da formação de grupos de amenidades, no nível da conservação (ver Bagguley et al., 1989:151-2). À medida que tais grupos alcançarem sucesso, o lugar se tornará mais atraente para os turistas. Assim, a preservação de uma antiga aldeia ou de uma pequena cidade, por meio da ação coletiva da classe média, quase certamente aumentará o número de turistas e o resultante grau de congestão vivido pelos moradores. Uma localidade onde isto se faz notar particularmente é Cheltenham. Devido à pressão exercida pelos conservacionistas, no final da década de 1960, a anterior política de desenvolvimento foi abandonada em 1974. Desde então foi adotada uma política de conservação e houve uma reabilitação das edificações no estilo Regency, não só daquelas destinadas à moradia, como também das que se destinaram à instalação de escritórios de grande categoria (ver Cowen, 1990).

Antes de examinar as várias maneiras pelas quais as autoridades locais reagiram a tais pressões e, mais geralmente, como, em anos recentes, elas tentaram reconstruir os objetos do olhar do turista, chamarei a atenção para alguns dos motivos que levaram as autoridades locais a se envolver fundamentalmente com o desenvolvimento e a promoção do turismo.

Como muitas autoridades locais praticavam uma intervenção econômica durante um período de rápida desindustrialização, parecia que o turismo apresentava uma das únicas oportunidades para a geração de empregos. Com efeito, estimou-se que o custo de um posto de emprego novo no turismo é de quatro mil libras, em comparação com o de 32 mil libras na indústria manufatureira e de trezentas mil libras no setor da engenharia mecânica (ver Lumley, 1988:22). O diretor do Escritório de Turismo do Sudeste, por exemplo, conclui que:

> Sinto-me grandemente encorajado pelo fato de que os conselhos das cidades agora estão prestando ao turismo o reconhecimento que ele merece. Ele comparece com grande vigor nos planos estruturais da maior parte dos condados. É evidente que

isto é correto, já que é um dos poucos elementos de crescimento em nossa economia. (English Tourist Board, sem data:4)

Notou-se também que muitas dessas autoridades se viram às voltas com um determinado legado, o das edificações em decadência, tais como as Docas de Albert, em Liverpool, e/ou de terras devastadas, semelhantes às que hoje compreendem a região do Salford Quays, em Manchester, atualmente em processo de desenvolvimento. Converter essas propriedades decadentes em lugares que teriam um apelo para o turista, direta ou indiretamente, tem sido quase que a única alternativa possível.

Vimos anteriormente o quanto o mercado turístico tornou-se mais competitivo, em anos recentes, especialmente pelo fato de que todos os tipos de lugares estão competindo para atrair um pós-turista cada vez mais seletivo e exigente. À semelhança do que ocorre com muitas outras mercadorias, o mercado tornou-se mais diferenciado e determinados lugares se viram forçados a desenvolver estratégias coerentes. Elas incluem tomar conhecimento das disponibilidades locais e desenvolver um plano de ação e organizar um marketing apropriado ao nicho do mercado que foi identificado. Em alguns casos isso envolveu a ação das autoridades locais, que iniciaram uma indústria turística quase a partir do zero, a exemplo de Bradford, conforme se verá logo mais. Em algumas regiões do sudeste, isso levou ao desenvolvimento de uma estratégia "pós-turística", autoconsciente (ver Landry et al., 1989).

As autoridades locais também desempenham um papel importante, devido à estrutura da propriedade nas cidades turísticas. Muitas vezes ela é fragmentada e torna-se difícil conseguir que o capital local concorde em adotar ações apropriadas sob o ponto de vista da localidade como um todo. O conselho é freqüentemente o único agente que tem a capacidade de investir em novas infra-estruturas, tais como molhes e cais, centros de conferência, portos, ou proporcionar aquele tipo de recursos que têm de ser encontrados em centros como esses (divertimentos, museus, piscinas). Isso levou antigos balneários, tais como os da ilha de Thanet, ao desenvolvimento do "conservantismno municipal", uma combinação de iniciativas empresariais em pequena escala e de intervenção do conselho (ver Buck et al., 1989:188-9). Nos últimos anos, na Grã-Bretanha, muitos conselhos trabalhistas aderiram entusiasticamente a iniciativas locais direcionadas ao turismo, deixando de lado o conceito segundo o qual o turismo proporcionava apenas "empregos sem a menor importância" (ver mais uma vez Landry et al., 1989, para um exemplo desta colocação; Glasgow seria uma boa ilustração).

Finalmente, os conselhos locais têm se mostrado dispostos a se empenhar em promover o turismo, pois em um período de pressões por parte do governo central, esta é uma área em que existem fontes de financiamento para dar início a projetos que também poderão beneficiar os moradores locais. Isso certamente se aplica a algumas atividades, tais como piscinas, centros de lazer ou o restauro de propriedades em processo de decadência, embora se aplique menos a outras atividades, tais como a promoção de concertos mas com prejuízos, como, segundo tudo indica, fez o Conselho de Thanet (ver Buck et al., 1989). Além do mais, tais recursos são importantes, já que poderão atrair empregadores e empregados em potencial e mantê-los satisfeitos. É o que parece ter acontecido em Wigan, após a implantação do Centro do Cais de Wigan. O diretor do Escritório de Turismo do Noroeste afirma que

> o crescimento da indústria do turismo tem muito que ver com o crescimento de cada indústria ou negócio; a caracterização das regiões como lugares bons para se visitar significa que elas se tornaram lugares melhores para se viver e, portanto, lugares melhores para se trabalhar... uma qualidade melhor de vida beneficia os empregados. (cit. em Reynolds, 1988)

É problemático avaliar o impacto econômico exercido por quaisquer iniciativas tendo em vista o turismo. Isso resulta da dificuldade de se avaliar o assim denominado multiplicador. Se refletirmos sobre a questão da geração de rendas, o impacto da expansão do turismo não poderá ser avaliado simplesmente em termos de que parcela da renda se deve aos gastos dos "turistas" em hotéis, acampamentos, restaurantes, *pubs*, etc. Isso também depende de com que e onde os receptores dessa renda, tais como os fornecedores de um hotel ou os empregados do bar em um *pub*, a gastam e, por sua vez, onde os receptores das rendas dessas pessoas a gastam, e assim por diante. Existem outros problemas, quando se trata de avaliar esses multiplicadores para uma economia local: as ligações entre as firmas são particularmente complexas e em parte pouco claras, devido à multiplicidade de pequenas empresas envolvidas no processo; freqüentemente é difícil avaliar certas perdas da economia; não existe uma distinção clara e unânime sobre o que é exatamente um "turista" e, em conseqüência o que é um gasto de um turista; a definição de "economia local" é, de qualquer modo, algo controvertido, de tal maneira que quanto maior a unidade geográfica, maior o multiplicador *aparente*. Apesar de todas essas dificuldades, parece que o gasto empreendido pelo turista tem um multiplicador local bastante alto, em comparação com outros tipos de gasto que podem ocorrer localmente. A maior parte dos estudos demonstra que cerca de metade dos gastos realizados pelos turistas permanecerão na localidade, a julgar por seus efeitos diretos e indiretos (ver Williams e Shaw, 1988c:88). No entanto, essa renda continua sendo distribuída de modo muito desigual, já que as regiões que atraem o turismo se notabilizam pelo baixo nível dos salários, até mesmo entre aqueles que não são empregados na indústria do turismo (ver Taylor, 1988, sobre os efeitos de um turismo próspero em Blackpool).

As administrações locais, no Reino Unido, tomaram iniciativas no sentido de reconstruir e voltar a apresentar regiões inteiras como objetos do olhar do turista. Um resumo útil das agências envolvidas e os complexos conflitos e contradições que elas apresentam se encontra em Houston (1986); quanto aos Estados Unidos, ver Frieden e Sagalyn (1989).

Isso não quer dizer em absoluto que todas as autoridades locais se preocuparam em desenvolver suas regiões como centros turísticos. Provavelmente essa ação foi mais notável na região de Midlands, no norte da Inglaterra e no País de Gales, um pouco menos na Escócia, na Irlanda do Norte e na região sudeste. Além disso, a reorganização do governo local, nos meados da década de 1970, teve por efeito, em alguns casos, incorporar os balneários a outras áreas, o que se acredita ter causado a redução do apoio dado a iniciativas especificamente turísticas, pelo menos em relação a esses balneários. Os exemplos incluem o modo como Broadstairs, Margate, Ramsgate e um interior rural se tornaram sujeitos à autoridade local da ilha de Thanet (ver Buck et al., 1989) e o modo como Morecambe passou a fazer parte de Lancaster, cidade mais próspera, e de uma ampla área rural (Bagguley et al., 1990) ou como Rothesay tornou-se parte de Argyll e do Conselho do Distrito de Bute (Houston, 1986:19).

Numerosas entidades locais, sobretudo na Inglaterra, têm sido bem-sucedidas no campo do turismo. Um exemplo interessante no norte é Hebden Bridge, uma pequena cidade do oeste de Yorkshire (ver Waterhouse, R., 1989). Seu ponto mais baixo ocorreu em meados da década de 1960, quando metade da população local havia ido embora, ao longo de dez anos, após o fechamento de 33 confecções. Foi formulada uma estratégia para romper com o passado industrial, promover Hebden como um lugar a ser visitado e converter alguns dos visitantes em novos moradores. Houve planos para um grande esquema de desenvolvimento, porém ele foi abandonado em 1967. Em vez disso, pensou-se em uma estratégia voltada para a questão da tradição, estratégia influenciada por um antigo movimento ambiental que atuou na pequena cidade. Agora Hebden está em plena prosperidade e há uma enorme falta de habitações. Hoje o número de novos moradores é o dobro em relação ao dos antigos habitantes.

Alguns outros lugares que adotaram semelhante estratégia se beneficiaram da assistência de um esquema elaborado pelo Escritório Inglês de Turismo, com a finalidade de implantar Programas de Ação para o Desenvolvimento do Turismo (PADT)*. Trata-se de programas integrados, que duram de um a três anos e que envolvem pesquisa, desenvolvimento e marketing (ver Davies, 1987). O Escritó-

---

* No original: Tourism Development Action Programmes (TDAPs). (N. do E.)

rio Inglês de Turismo serve como catalisador, estabelecendo uma parceria entre as autoridades locais, o setor privado e, muitas vezes, com outras agências, tais como a Comissão de Treinamento. A ênfase é dada às iniciativas. Algumas das localidades que adotaram o programa são cidades como Bradford, Tyne e Wear, Lancaster, Gosport e Portsmouth, áreas rurais como Exmoor e Kielder Water e balneários à beira-mar como Bridlington e Torbay.

O PADT de Lancaster consiste em uma parceria entre as duas autoridades locais relevantes, o Conselho da Cidade de Lancaster e o Conselho do Condado de Lancashire, juntamente com os Empreendimentos de Lancashire Ltda., escritório empresarial que conta com fundos públicos, além do Escritório de Turismo do Noroeste. Os objetivos são desenvolver e implementar uma estratégia de marketing, aperfeiçoar as atrações oferecidas pelos monumentos históricos, desenvolver ligações com o litoral e o campo, aprofundar a experiência do visitante em relação a Lancaster e, expandir e melhorar as acomodações. Reconhece-se, sem a menor dúvida, que o fato de aumentar o potencial turístico de Lancaster tornará simultaneamente a localidade mais atraente para os investimentos internos. Nos procedimentos que orientam o programa está escrito o seguinte:

> Além de criar localmente novos empregos, o desenvolvimento do turismo em Lancaster ajudará a melhorar o ambiente local e a aperfeiçoar certos recursos que, de modo geral, auxiliarão a promoção industrial. A aparência da cidade e a amplitude de recursos que ela oferece são críticos para que novas companhias sejam atraídas a Lancaster (Grupo de Projetos Especiais, Conselho da Cidade de Lancaster, 1987, parágrafo 1.20).

É interessante notar que essas declarações têm por título *Lancaster — Cidade de Tradições*. Ao que parece, são necessárias três condições, caso Lancaster se disponha a se apresentar como uma cidade de tradições. Em primeiro lugar, deveria haver um determinado número de edificações atraentes, relativamente bem preservadas, que representem vários períodos históricos. No caso de Lancaster, temos exemplares da Idade Média (um castelo), do período georgiano (a alfândega e muitas residências) e do período vitoriano (velhos moinhos).

Em segundo lugar, essas edificações teriam de ser destinadas a atividades de alguma maneira consistentes com o olhar do turista. Um exemplo interessante é o Castelo de Lancaster, que possui um magnífico portão normando. A maior parte do castelo está fechada à visitação pública porque é usada como prisão. Embora os castelos muitas vezes historicamente tenham funcionado como prisões (o Castelo de Lancaster é famoso por suas masmorras), julga-se um tanto inapropriado que o olhar do turista se direcione para uma edificação que ainda se destina a essa finalidade. Em conseqüência, o castelo não correspondeu a seu potencial de sítio turístico e o PADT tem se preocupado em planejar como capitalizá-lo quando ele deixar de funcionar como prisão, no início da década de 1990. O castelo, então, estará disponível para usos mais "apropriados", tais como um hotel, um museu, um centro de compras.

A terceira condição para que Lancaster se torne uma cidade plausível, sob o ponto de vista histórico, é que suas edificações, em certo sentido, tenham sido significativas sob o ponto de vista da história, que elas representem ou signifiquem importantes acontecimentos ou processos históricos, que apresentem personalidades de relevo no passado. Assim, no relatório do PADT sobre Lancaster lê-se que

> é uma antiga localidade com raízes históricas, de origem romana e que conta com um importante passado medieval... Através do Ducado de Lancaster tem íntimas associações com a monarquia... As muitas atrações da cidade, baseadas em sua rica história e em suas belas edificações, juntamente com sua associação à realeza, combinam para que seja possível fazer a promoção e o marketing das tradições de Lancaster. (Grupo de Projetos Especiais, Conselho da Cidade de Lancaster, 1987, parágrafos 4.3 e 4.4).

Vale a pena refletir sobre o emprego do termo "história" na citação. Porque houve uma história "rica", as antigas edificações não parecem simplesmente velhas, mas historicamente importantes. Por sua vez, elas significam que o lugar é apropriadamente antigo e que, com efeito, tem suas raízes na história. Deve existir, portanto, um relacionamento coerente entre o ambiente que se construiu e a pressuposta atmosfera ou caráter do lugar em questão. No caso de Lancaster, o objeto do PADT é desenvolver e fazer o marketing de uma representação apropriada de suas tradições.

Uma considerável vantagem de um PADT é que ele tem todas as probabilidades de estimular uma ampla estratégia para a região a que se direciona e tornar mais plausível o fato de que existe alguma consistência na imagem que está sendo construída. Veremos no próximo capítulo como isso foi importante, nos recentes e bem-sucedidos esforços de promover o turismo em Bradford. O exemplo contrastante de Manchester ilustra o que pode acontecer quando não existe coordenação. Um grande programa de desenvolvimento está sendo posto em prática em Manchester, que muitos consideram o local turístico mais promissor da Grã-Bretanha. No entanto, com a supressão do Conselho do Condado da Grande Manchester não existe uma autoridade coordenadora. As atuais entidades a que compete, o desenvolvimento do turismo em Manchester são as seguintes: os conselhos de Salford, Trafford e Manchester, a Corporação para o Desenvolvimento dos Parques de Manchester Central e Trafford, o Escritório Inglês de Turismo, o Projeto e Pesquisa da Terra, que prestam consultoria, as empresas

Merlin Properties, Rosehaugh e a Companhia de Navegação do Canal de Manchester (Pearman, 1989).

Um modo mediante o qual inúmeras cidades foram bem-sucedidas em construir uma imagem turística relativamente coerente se dá através do denominado turismo cultural. Calcula-se que o ingresso de cerca de dois bilhões de libras, provenientes dos gastos realizados pelos turistas, no Reino Unido, pode ser atribuído especificamente às artes. Em Londres, por exemplo, 44% do comparecimento aos museus se deve a turistas, em comparação com 21% fora de Londres. Os turistas formam 40% dos espectadores dos teatros e concertos londrinos. A inacreditável cifra de 37% dos freqüentadores dos teatros do West End é de turistas vindos do exterior. Calcula-se que 25% dos gastos dos turistas são direcionados para as artes, embora, quanto a isso, tenhamos de enfrentar imensos problemas de definição (ver Myerscough, 1988: cap. 5, para maiores detalhes).

Além de Glasgow, que discutirei brevemente no capítulo 7, Liverpool é outra cidade que capitalizou com bastante sucesso sua particular herança cultural. O "Beatles Magic History Tour", realizado diariamente, é muitíssimo divulgado no folheto *Discover Merseyside 1988*. Ele se refere à "Terra dos Beatles", que inclui um *shopping center*, o John Lennon Memorial Club, a Beatles Shop, a estátua de Eleanor Rigby, esculpida por Tommy Steele, etc. São também incluídos detalhes da Convenção Anual dos Beatles. Outra vantagem cultural de Merseyside, que vem sendo cada vez mais divulgada em suas publicações sobre turismo, é o futebol, algo que, mais uma vez, ilustra como as fronteiras entre diferentes atividades estão se dissolvendo. É a desdiferenciação, a que já me referi. Liverpool descreve-se como "*A* Capital Mundial do Futebol" e oferece pacotes de fim de semana, bem organizados ("Um fim de semana na cidade do futebol"), nos quais os estádios de Goodison Park e Anfield constituem importantes objetos do olhar do turista.

Duas outras características da recente estratégia de divulgação do turismo, em Liverpool, apresentam relevância mais geral: o festival dos jardins e os projetos realizados na zona portuária. O festival dos jardins foi o primeiro a ser realizado na Grã-Bretanha, em 1984, seguido pelos de Stoke e de Glasgow. Hoje o local se encontra em decadência e, embora tivesse gozado de popularidade no momento em que se realizou, não teve muitos efeitos a longo prazo. Em outros lugares, porém, festivais como esse ajudaram a reforçar a imagem pastoral conservadora e a declaração segundo a qual a indústria manufatureira havia acabado de uma vez para sempre. Roberts sugere que os festivais representam uma tentativa de impor uma concepção predominantemente sulista ao norte: "A imagem do sul como uma região predominantemente verde é importada para o Norte como se fosse uma visão coletiva de um Reino Unido, Verde e Agradável" (1989).

O festival de Liverpool realizou-se na zona portuária. Nos últimos anos quase todas as pequenas e grandes cidades da Grã-Bretanha vêm apresentando esquemas semelhantes, escolhendo sempre a zona portuária, onde o apelo turístico constitui apenas um dos elementos. Em Londres, o Projeto das Docas tornou-se uma grande atração turística, embora ali não exista muita coisa além de casas, escritórios e água. O modelo desses projetos nas zonas portuárias foram os Estados Unidos, onde tudo teve início na zona portuária de Baltimore, que atrai 29 milhões de visitantes por ano. Outros exemplos incluem o Fanueil Hall Marketplace e um projeto associado, Harborwalk, em Boston, South Street Seaport, em Nova York, e Darling Harbour, em Sidney. Este último projeto foi implementado por uma empreiteira de Sidney, Merlin, que também atuou em Manchester e em Glasgow, no Sheriff's Court Fashion Centre (ver Wilsher, 1988). Na Grã-Bretanha os projetos que estão sendo desenvolvidos em zonas portuárias incluem as Docas de Albert (três milhões de visitantes por ano), Bristol (como parte de um PADT), o Canal de Birmingham (incluindo a National Indoor Arena), as Docas de Gloucester (além do National Waterways Museum) e o Cais de Salford, certa vez descrito como o local menos promissor para um empreendimento na Grã-Bretanha.

A inspiração para empreendimentos na Grã-Bretanha se deve à maneira surpreendente pela qual áreas não-centrais das cidades americanas foram transformadas, principalmente graças à iniciativa privada, mas com um grau bastante elevado de coordenação pública. As principais iniciativas americanas são o "mercado dos festivais", sobretudo os empreendimentos do empresário James Rouse, a exemplo do Fanueil Hall, em Boston; a preservação histórica, tal como ocorre em Lowell, Massachusetts; a implantação de novos espaços abertos ou praças, a exemplo de Harborplace, em Baltimore; projetos na zona portuária (Battery City Park, em Nova York); centros culturais, tais como o centro das artes do espetáculo, em Los Angeles; reformas de antigos hotéis (Willard Inter-Continental, em Washington DC); restauração de zonas residenciais inteiras (Beacon Hill, Boston); novos sistemas de transporte público, até mesmo em Los Angeles, a cidade dos automóveis por definição (ver Fondersmith, 1988; Frieden e Sagalyn, 1989:210-12).

Abordarei a seguir, com maiores detalhes, o projeto e a arquitetura desses vários empreendimentos. O turista descobrirá que certos tipos de lugares são agradáveis e interessantes de contemplar e isso tem que ver necessariamente com o projeto das edificações e seu relacionamento com fenômenos naturais. Sem um projeto correto, nenhuma iniciativa local atrairá os turistas. Veremos que boa parte da arquitetura desses empreendimentos é pós-moderna em diversos sentidos.

Projetando para o olhar

Diante da ênfase dada ao consumo do turista como algo visual e ao significado das edificações como objetos para os quais é direcionado o olhar, é essencial refletir sobre os padrões e formas cambiantes que tais edificações poderiam assumir. Além disso, é claro que é impossível refletir sobre o pós-modernismo sem levar em consideração tudo aquilo que já está construído, certamente a esfera que melhor demonstra esse paradigma cultural, na opinião de muita gente.

Argumentarei, em primeiro lugar, que existem inúmeras arquiteturas pós-modernas; em segundo, que o impacto dessas diferentes arquiteturas depende de estarmos pensando em edificações públicas ou particulares; em terceiro, que os arquitetos e as práticas arquitetônicas são de extrema importância na constituição do olhar do turista contemporâneo; em quarto, que as práticas turísticas têm de ser levadas muito mais a sério pelos comentaristas de projetos de construção; em quinto, que os turistas são socialmente diferenciados e, em conseqüência, contemplam seletivamente esses diferentes estilos arquitetônicos.

Pode-se abordar a primeira questão refletindo sobre o significado do *pós* no pós-moderno. Existem três sentidos: *após* o moderno; *retorno* ao pré-moderno; e *anti*moderno. Em seguida resumirei rapidamente o estilo arquitetônico associado a cada um deles (ver Harris e Lipman, 1986, para uma classificação alternativa).

Após o moderno é também aquilo que se poderia classificar como o "pós-modernismo consumista". A deixa nos é dada pela famosa citação de Venturi: "aprender com Las Vegas" (1972; Jencks, 1977; Frampton, 1988). O Caesar's Palace, em Las Vegas, ou a Disneylândia são ícones desta arquitetura, que comemora orgulhosamente a vulgaridade comercial (ver Harris e Lipman, 1986:844-5). A arte e a vida se fundem ou são copiadas através dos empréstimos desavergonhados e jocosos que se faz ao estilo ornamental. Elementos anteriores da alta cultura são produzidos em massa e já não significam mais o que quer que seja em particular. É uma arquitetura de superfícies e aparências, de jocosidade e pastiche. É maneirista, como se todos os estilos e convenções históricas da arquitetura estivessem lá para serem interminavelmente induzidos, justapostos e novamente induzidos. É, no entanto, necessário estabelecer uma distinção entre o consumismo literal de Las Vegas e a maneira pela qual alguns arquitetos pós-modernos pilharam esses estilos, com o intuito de construir uma certa arquitetura aurática, que apresenta interesse para os conhecedores, a exemplo do que ocorre com a galeria projetada por James Stirling, em Stuttgart. Na Grã-Bretanha, Ian Pollard é um dos pós-modernos mais conhecidos. Um projeto seu que chama particularmente a atenção é a Marco Polo House, sede da publicação *Observer*, em Battersea, com seus grandes pórticos, frontões triangulares e torres de cerâmica estriadas (ver Jenkins, 1987). Uma controvérsia esclarecedora ocorreu recentemente em relação a outros projetos seus, uma loja no estilo "sirva-se você mesmo", na região oeste de Londres, construída para a empresa Sainsbury (ver Pearman, 1988). Na entrada desta loja, Pollard, com um espírito lúdico, projetou um grande arco coríntio. A empresa, porém, antes mesmo de a loja abrir, achou que o projeto, com sua abundância de motivos egípcios e de ornamentação pós-moderna, era jocoso demais para um comprador sério. Um porta-voz da empresa condenou-o como "pastiche de um projeto", e o arco foi demolido antes de a loja ser inaugurada.

Após essa hecatombe a empresa Sainsbury está reavaliando seus projetos, já que, mais do que outras empresas do ramo, ela leva a sério a arquitetura de suas lojas. Ela, em geral, favorece dois estilos: certos tipos de modernismo, como, por exemplo, os planos de Norman Foster para um hipermercado em Eastleigh, ou o supermercado com vigas em balanço, projetado por Nick Grimshaw, em Camden Town (ver foto 6.2), ou então estilos vernaculares locais, tais como a loja da empresa Sainsbury em Lancaster, construída em torno da fachada dos velhos banhos públicos, ou sua loja em Wolverhampton, construída em torno de uma velha igreja, ou ainda sua nova loja de Grimsby, que fará parte de um centro tradicional de pesca. Os estilos vernaculares são mais comuns no norte e o modernismo, no sul. No entanto, a ampliação da National Gallery, que a empresa Sainsbury está patrocinando, está sendo projetada por Robert Venturi e, embora seja menos colorida do que se esperava, ainda assim é radicalmente pós-moderna, isto é, *após* o moderno (ver Pawley, 1987).

Boa parte do debate em torno do pós-modernismo tendeu a concentrar-se em edificações públicas significativas, tais como o projeto de Terry Farrell para a sede da TV-AM, o prédio da AT&T, projetado por Philip Johnson e a galeria de Stuttgart, projeto de James Stirling. Existe menos investigação relativa ao impacto provocado por este estilo sobre a arquitetura cotidiana de determinadas cidades. Trata-se de uma questão importante, pois, historicamente, a maior parte da arquitetura tem sido parcialmente eclética, recorrendo a antigas tradições, tais como o estilo gótico, favorecido pelos vitorianos, ou os motivos egípcios, que gozaram de popularidade no movimento do *art déco* (em relação a este último, ver Bagguley, 1990: cap. 5, e, de modo mais geral, Lowenthal, 1985:309-21). A exceção foi o movimento moderno e sua rejeição, talvez excepcional, a todos os maneirismos arquitetônicos anteriores. O interessante é que, mesmo durante o apogeu do modernismo (digamos entre 1930-70, na Grã-Bretanha), dois outros estilos eram comuns: os passeios públicos nos *shoppings*, com tijolos vermelhos,

Foto 6.2 Supermercado de Sainsbury, em Camdem Town. Projeto de Nick Grimshaw.

em estilo neogeorgiano, e conjuntos habitacionais nos subúrbios, em estilo neotudoriano, parcialmente construídos com madeira.

Foi realizada uma série de estudos úteis sobre o impacto exercido pelos diferentes estilos arquitetônicos sobre as diferentes forças sociais que os geraram (ver Freeman, 1986; para um estudo que lhe é relacionado, ver Larkham, 1986). Investigou-se a história arquitetônica de duas cidades: Aylesbury e Wembley. A arquitetura moderna dominou os centros de ambas as cidades no período do pós-guerra. Essa situação modificou-se em Aylesbury, no início da década de 1970, e em Wembley, na de 1980. Desde então a maior parte das edificações, no centro das cidades, têm sido pós-modernas. O tijolo tornou-se o material de construção predominante durante o período pós-moderno; concreto, tijolo e vidro, todos eles foram comuns durante o período moderno. A ruptura com o modernismo, que aconteceu primeiro em Aylesbury e depois em Wembley, parece ter resultado da natureza das práticas arquitetônicas adotadas:

> Em Aylesbury, firmas locais, talvez dotadas de uma rica tradição histórica e arquitetônica, foram as primeiras a adotar este estilo (o pós-moderno). A existência contínua de arquitetos e incentivadores locais pode, portanto, ter sido uma das razões pelas quais o predomínio do modernismo, com seus projetos monolíticos, terminou muito mais cedo em Aylesbury do que em Wembley. (Freeman, 1986:75)

Freeman, porém, trata como pós-moderno um amplo espectro de estilos diferentes. É aquilo que denominei anteriormente o "pós-modernismo consumista" e que continuarei a discutir como um "pós-modernismo nobre" e um "pós-modernismo vernacular".

O pós-modernismo nobre implica um *retorno* ao pré-moderno. Nele, o que se comemora é a forma clássica, a arquitetura de uma elite. Leon Krier resume sua atração: "As pessoas jamais protestaram contra a tradição da arquitetura clássica... A arquitetura atingiu sua mais alta forma possível nos princípios e ordens clássicas... que possuem aquelas mesmas capacidades inesgotáveis que governam a natureza e o próprio universo" (1984:87, 119).

Esse classicismo reconstruído nasce de indivíduos que, por se julgarem diferenciados, acreditam ser capazes de retornar à aura da edificação de alto nível. Aqui, a arquitetura é uma prática autodeterminante, uma disciplina autônoma capaz de reproduzir as três ordens clássicas. Isso se liga à crença de que semelhante classicismo é realmente o que as pessoas haveriam de querer, se suas escolhas não fossem distorcidas pelo modernismo. Na Grã-Bretanha, o Príncipe Charles demonstra em parte a posição de parecer alguém que fala em nome de pessoas que sabem que não gostam do modernismo e que, na verdade, apenas querem contemplar edificações clássicas ininterruptas. A posição de Roger Scruton é um tanto semelhante e, como veremos, menos ambígua que a do príncipe; ver Scruton, 1979). Conforme escreve Wright: "Embora Scruton, com toda a certeza, aborde a vida cotidiana, ele o faz de modo a congelá-la. O que resulta é uma definição estetizada e, na verdade, severamente 'clássica', do que é uma vida cotidiana *apropriada* (1985:30-1). Não por acaso, Krier foi encarregado pelo Príncipe Charles de projetar os planos de expansão de Dorchester em direção à região oeste, proposta que tem por efeito pôr em prática as teorias do príncipe. Uma característica interessante é a rejeição do conceito de zoneamento das atividades. Em Poundbury as lojas serão encontradas em arcadas localizadas nos andares térreos dos prédios de apartamentos, ou junto às residências.

O arquiteto britânico que se tornou mais conhecido por implementar a tradição clássica é Quinlan Terry, sobretudo através de uma série de elegantes residências particulares, que habitualmente se localizam em agradáveis lugares campestres. Mais recentemente ele foi responsável pelo amplo e controvertido projeto desenvolvido em Richmond, que consiste em 15 edificações separadas, construídas em estilos clássicos variados. As propriedades projetadas por Terry são caras, pois incluem muito trabalho artesanal nas partes externas, embora os interiores sejam padronizadamente modernos. Elas têm que ver com "um *retorno* elitista e austero ao estilo e um culto do único" e, no entanto, se comparadas com um conjunto de arranha-céus modernistas, "as edificações clássicas de Terry, dispendiosas e cheias de classe, podem, em sentido limitado... caracterizar um estilo 'popular' de arquitetura" (Wright, 1985:31). Com toda a certeza, em razão de essas edificações clássicas contemporâneas espelharem em particular o estilo georgiano, elas serão objetos imensamente populares para o olhar do turista. Se existe um estilo único de casas que os turistas que vão à Grã-Bretanha querem contemplar, esse estilo é o da clássica casa de campo (ver Hewison, 1987:cap. 3). Hoje existe até mesmo um manual que orienta as pessoas sobre como mobiliar e receber nessas casas georgianas, intitulado *The Official New Georgians Handbook* (Artley e Robinson, 1985).

Um número considerável de tais edificações está preservado em muitas cidades de pequeno e grande portes na Grã-Bretanha. Bath é quem oferece a mais surpreendente paisagem citadina em estilo georgiano e ali o estoque de casas constitui um bem posicional. Poder-se-ia afirmar que muitos de seus habitantes vivem em um museu e, ao mesmo tempo, estão rodeados por museus. A cidade é quase uma definição de bom gosto e de um cenário no qual parte do capital cultural detido por seus residentes se traduz pelo conhecimento que eles têm de suas condições habitacionais e dos meios necessários para melhorá-las, ao mesmo tempo que parecem conservá-las. O renascimento contemporâneo de Bath é um ícone tão importante do pós-moderno (o retorno ao sentido pré-moderno) quanto o mais recente parque temático ou um *shopping-center*.

Existe uma terceira variante da arquitetura pós-moderna. Não se trata simplesmente de algo que vem após o moderno ou que pressupõe um retorno ao pré-moderno — é *contra* o moderno. Tem muito em comum com o conceito de Frampton sobre o "regionalismo crítico" (1988) e à formulação de Foster sobre um "pós-modernismo crítico" (1985b). Este último define a crítica do modernismo como um conjunto de discursos eurocêntricos e falocêntricos (ver Hebdige, 1986-7:8-9). Argumenta-se que o modernismo, a exemplo, é claro, do classicismo pré-moderno, privilegia os centros metropolitanos em relação às pequenas e grandes cidades provincianas; o mundo desenvolvido em relação aos países em desenvolvimento; o litoral do Atlântico norte em relação ao litoral do Pacífico, as formas ocidentais de arte em relação àquelas do "oriente" e do "sul"; a arte produzida pelos homens em relação à arte produzida pelas mulheres, o profissional em relação às pessoas, etc. Existe uma variante do pós-moderno que implica o desafio desses discursos dominantes. Na arquitetura ela pode ser caracterizada como um pós-modernismo vernacular. Hebdige caracteriza bem os correlatos espaciais dessa mudança. Diz ele que "não existe tanto um rebaixamento das expectativas quanto uma mudança em direção a uma transformação total, em um tempo histórico... em direção à habitação construída aos poucos, constituída por um espaço finito... o espaço em que vivemos" (1986:7-12).

O espaço, no pós-modernismo vernacular, é localizado, específico, dependente do contexto e particularizado, em contraste com o espaço modernista, que é absoluto, generalizado, independente do contexto (ver Harvey, 1989). Leon Krier refere-se à necessidade de se criarem "localidades de dignidade humana" (1984:87). Na Grã-Bretanha um dos exemplos mais claros, em relação a esta questão, foi o movimento da "arquitetura comunitária" que o Príncipe Charles tanto tem promovido. O movimento teve início com o restauro de Black Road, em Macclesfield, um projeto de Rod Hackney. O princípio primordial deste movimento é que "o meio ambiente funcionará melhor se as pessoas que nele vivem, trabalham e se divertem estiverem ativamente envolvidas em sua criação e manutenção" (Wates e Krevitt, 1987:18). Isso pressupõe uma ênfase muito maior no projeto do que no produto final, na redução do poder da arquitetura em relação aos clientes, na canalização dos recursos para os moradores e comunidades locais. Pressupõe também restauração ou, quando se trata de novas edificações, assegurar que elas sejam apropriadas ao contexto histórico local (ver Hutchinson, 1989, para uma crítica a este movimento).

A localidade é fundamental para uma arquitetura como esta. Existem resistências importantes, nas sociedades contemporâneas, que tornaram a arquitetura vernacular local particularmente popular, pelo menos fora dos centros metropolitanos. Existe um desejo aparente, por parte das pessoas que vivem em determinados lugares, de conservar ou de implementar edificações, pelo menos em seus espaços públicos, que expressem aquela localidade particular na qual elas vivem. Essas edificações velhas parecem ter inúmeras características: solidez, já que sobreviveram às guerras, erosões, empreiteiros, planejamento urbano, etc.; autoridade, pois significam que a idade e a tradição são dignas de preservação; e artesanato, já que foram construídas recorrendo a técnicas e materiais pré-modernos subestimados (ver Lowenthal, 1985:52-63).

Devido à universalização do olhar do turista, todos os tipos de lugares (na verdade isto ocorre em quase todos os lugares) passaram a estruturar-se como objetos do olhar do turista; em outras palavras, não como centros de produção ou símbolos do poder, mas como lugares de prazer. Quando as pessoas visitam lugares fora das grandes capitais e de outros centros de grande porte, o que elas acham aprazíveis são aquelas edificações que parecem apropriadas ao lugar e que distinguem esse lugar de outros. Uma das mais veementes objeções ao modernismo foi a de que ele gerava a uniformidade, a descaracterização e, portanto, era pouco provável que desse origem a um grande número de edificações atraentes para aqueles turistas em potencial que querem contemplar algo diferenciado. As únicas exceções são encontradas nas grandes cidades, tais como o edifício do Lloyds, projetado por Richard Rogers, em Londres, ou outro projeto seu, de alta tecnologia, o Centro Pompidou, em Paris, que hoje atrai mais visitantes do que o Louvre. Fora das grandes cidades a universalização do olhar do turista fez com que a maior parte dos lugares exaltassem a diferença, por meio da redescoberta dos estilos vernaculares locais. Além do mais, esses estilos transmitem determinadas histórias. "De que época é este lugar?", indaga Lynch (1973). Em outras palavras, os lugares indicam determinadas épocas ou histórias e, nesse processo, o pós-modernismo vernacular é de importância fundamental. Wright se refere à "estetização abstrata e artificial do ordinário e do antigo", embora se possa notar que diferentes lugares significam tempos "antigos" muito diferentes (1985:230).

Não se deve esquecer que cada um desses lugares será encarado sob várias perspectivas. Haverá diferenças entre aquilo que os visitantes e os habitantes locais "enxergam" em um lugar e entre os pontos de vista dos antigos e novos moradores: "As pessoas vivem em mundos diferentes, embora compartilhem a mesma localidade: *não existe uma comunidade ou bairro únicos*. Aquilo que é agradavelmente antigo para uma pessoa é decadente e arruinado para outra" (Wright, 1985:237).

Até agora referi-me a vários tipos de arquitetura e como eles coincidem ou não com os prováveis olhares dos habitantes e dos visitantes; teci anteriormente alguns comentários sobre o provável papel do Estado. O que ainda não discuti são as respectivas influências dos arquitetos e empreiteiros na construção de diferentes locais turísticos, embora no estudo comparativo entre Aylesbury e Wembley o papel dos arquitetos ali estabelecidos fosse notado, no caso da primeira dessas cidades. Existem também evidências, nos Estados Unidos, de que tem ocorrido um aumento da contratação de arquitetos em cidades de pequeno e médio portes, onde uma classe média em expansão originou localidades que apresentam altos níveis de renda, sensibilidade ao meio ambiente e uma tomada de consciência em relação ao projeto arquitetônico (ver Knox, 1987; Blau, 1988). O mesmo parece ser verdadeiro em relação a muitas das cidades menores da Grã-Bretanha, tais como Bath, Chester, Lancaster ou York, que são ou estão se tornando importantes pontos turísticos (ver Bagguley et al., 1990; cap. 5).

Concluirei levantando algumas questões sobre os arquitetos, os empreiteiros e os objetos mutantes do olhar do turista. Em parte influenciado por alguns desses arquitetos estabelecidos localmente, desenvolveu-se um planejamento mais participativo e ativo, "que objetivava não só interromper certos esquemas de reurbanização, como também preservar e realçar o universo em que as pessoas viviam" (Knox, 1988:5). A eficácia variou enormemente, é claro, e, com muita freqüência, verificou-se que os esquemas elaborados para a conservação de uma região acabam gerando conseqüências bastante diferentes. A reurbanização de Covent Garden, como resultado de uma decisão de planejamento, influenciada por ativistas preocupados em conservar as edificações daquela região de Londres, acarretou o surgimento de um local turístico imensamente bem-sucedido, com a resultante congestão, preços inflacionados e pilhas de lixo nas ruas.

De acordo com Raphael Samuel, semelhante destino poderá recair sobre Spitalfiels, na região leste de Londres. Samuel observa que aquilo que está sendo planejado em Spitalfields é uma aliança dos conservacionistas e dos empreiteiros trabalhando juntos. Um dos efeitos do esquema proposto será transformar boa parte de Spitalfields em um local turístico, algo que, no momento, não é. A esse respeito Samuel escreve, com certo menosprezo:

> A conservação, ali, é um típico pastiche, no qual, a exemplo do que ocorre em uma peça de época, certas coisas são apreciadas por seu efeito, que se prende a determinados períodos históricos... Imagine a região de Spitalfields "georgeanizada", com sua imaculada alvenaria de tijolos, lintéis restaurados e interiores de bom gosto... Que significado pode ter a conservação... quando uma edificação fica congelada em um limbo histórico? (1987b)

Na década de 1980 organizou-se um ataque contra os sistemas de controle do planejamento que haviam sido implantados desde a guerra. A Circular 22/80, do Departamento do Meio Ambiente, fundamental, aliás, assegurava a superioridade do "patrocínio" empresarial em relação ao sistema democrático de controle do planejamento. Os projetos ficarão nas mãos dos empresários, a não ser em certas áreas, tais como os parques nacionais, regiões de notável beleza natural, áreas de conservação, etc. (ver Punter, 1986-7). O que acabou sendo implementado foi um sistema sobreposto. Punter resume o modo como isso satisfez os objetivos aparentemente conflitantes da política conservadora:

> Manter aqueles elementos escapistas do controle estético que protege os interesses e o valor das propriedades [podemos acrescentar os locais turísticos] daqueles que lhe dão apoio — os subúrbios que se aristocratizaram, em estilo georgiano, vitoriano e eduardiano, as aldeias do tipo cartão-postal, o campo que ainda não foi "estragado", tão procurado por aqueles que vêm de longe... Em termos realistas, o que resta do país deve ficar à mercê dos empresários e empreiteiros. (1986-7:10)

Essa política tenta superar as contradições das atitudes conservadoras em relação ao desenvolvimento. Um modo de conseguir isso seria compensar os fazendeiros, nas regiões rurais, por não prejudicarem áreas ou características de reconhecido significado ambiental (ver Cloke, 1989:44). O teste mais significante dessa política é a região das Docas, em Londres. Até agora parece existir ali uma extraordinária constelação de estilos arquitetônicos diversos e conflitantes, algo que se poderia denominar um zoológico arquitetônico (ver Wolmar, 1989). Houve também falta de consultas com as várias administrações regionais e comunidades, e a tentativa de implementar vários objetivos sociais fracassou. Sir Andrew Derbyshire, antigo presidente do Comitê de Planejamento das Docas de Londres, mostrou-se particularmente crítico em relação às consequências que isso traria para a arquitetura: "A partir do que se sucedeu na região das docas, aprendemos que a livre atuação das forças do mercado não irá produzir os melhores resultados em termos de qualidade. Os bons arquitetos foram derrotados" (cit. em Wolmar, 1989:5). Deve-se notar, porém, que a região das docas já se tornou um grande local turístico.

Nos anos oitenta, numerosos e bombásticos empreiteiros surgiram na maior parte dos países ocidentais. Alguns têm interesses internacionais, a exemplo de Donald Trump, de Nova York, com sua Trump Tower pós-moderna. Na Grã-Bretanha surgiram recentemente alguns empreiteiros cujos interesses são mais regionais e que estão tirando vantagem das facilidades cada vez maiores que lhes são proporcionadas. O mais conhecido deles é John Hall, responsável pela construção do enorme Metrocentre, situado em uma zona desregulamentada, Gateshead, no nordeste da Inglaterra (ver Hattersley, 1989). Hall se vê como um representante daquela região e recorreu à cultura local para legitimar suas atividades. Sua visão se baseia no papel fundamental da vida familiar e na necessidade de proporcionar às famílias um centro que integre o lazer e as lojas. Em um lugar como esse as pessoas gastarão de maneira prolífica. Sua iniciativa empresarial mais recente é Winyard Hall, um projeto misto de lazer e residencial, com dois campos de golfe, uma reserva natural, um hotel, residências caras, etc. Outro empresário do norte é John Broome, responsável por Alton Towers, aquilo que, na Grã-Bretanha, mais se aproxima da Disneylândia. Nos dois últimos anos ele vem se dedicando a Battersea, um complexo de lazer pós-moderno, com múltiplas finalidades, que deveria ser implementado na antiga Estação de Força e Luz de Battersea (ver Grove, 1988).

Não se deve presumir, porém, que esses empreendimentos serão bem-sucedidos financeiramente. Dois dos que foram mencionados, a região das Docas, em Londres, e Battersea, enfrentavam sérias dificuldades em 1989. Nos Estados Unidos houve um investimento excessivo em shopping centers no Texas e em hotéis em Atlanta. O investimento realizado em zonas portuárias de Virgínia é um fracasso financeiro. Harvey pergunta em tom provocador: "Quantos museus, centros culturais, centros de convenções e de exposições, hotéis, marinas, shopping centers e empreendimentos em zonas portuárias teremos condição de bancar?" (1988).

Demonstrei, portanto, como a universalização do olhar do turista está ceifando sua colheita pós-moderna em quase todas as aldeias, pequenas e grandes cidades da Grã-Bretanha e também de muitos outros países ocidentais. Agora deter-me-ei em certo tipo de edificação — o museu.

Os museus pós-modernos

Presenciamos um crescimento espetacular de inúmeros museus nos países ocidentais. Isso claramente faz parte de um processo mediante o qual o passado acabou sendo altamente valorizado, em comparação com o presente e o futuro. O passado também tornou-se particularmente valorizado no Reino Unido devido ao modo pelo qual o turismo internacional especializou-se na construção de peculiaridades fundamentadas na história. A atração exercida pelos museus aumenta à medida que as pessoas envelhecem. Assim, o fato de a população do Ocidente estar ficando "grisalha" contribui para o aumento e a diversidade dos museus.

Fiz colocações eloqüentes sobre o significado do olhar para as atividades turísticas. Isso não quer dizer que os demais sentidos são insignificantes, em se tratando da experiência do turista. Tentei, porém, deixar claro que é preciso existir algo muito marcado para ser contemplado. Caso contrário, uma determinada experiência não funcionará como uma experiência turística. Deve existir algo extraordinário em relação ao olhar.

Diante disso, esta tese parece ser relativamente direta, mas não o é, devido à natureza complexa da percepção visual. Nós não "vemos" as coisas literalmente. Sobretudo como turistas, vemos os objetos que são constituídos como signos. Eles representam algo mais. Quando olhamos como turistas, o que vemos são vários signos ou clichês turísticos. Alguns desses signos funcionam metaforicamente. Uma bela aldeia inglesa pode ser lida como algo que representa a continuidade e as tradições da Inglaterra, a partir da Idade Média até os dias de hoje. Em contraste, o emprego do termo "diversão" na propaganda das férias do Clube Mediterrâneo é uma metáfora de sexo. Outros signos, tais como os amantes de Paris, funcionam metonimicamente. O que acontece aqui é a substituição de alguma característica, efeito ou causa do fenômeno pelo próprio fenômeno. O ex-mineiro, agora empregado na antiga mina de carvão para mostrá-la aos turistas, é uma metonímia da mudança estrutural ocorrida na economia, que se baseava na indústria pesada e agora se baseia na prestação de serviços. A implantação de um museu industrial em um antigo moinho é um signo metonímico do desenvolvimento de uma sociedade pós-industrial.

É claro que houve museus abertos ao público desde o início do século XIX, a começar pelo Louvre em Paris, o Prado em Madri e o Altes Museum em Berlim. Desde a primeira edição dos *Guias Michelin* os museus foram fundamentais para a experiência turística. Horne descreve o turista contemporâneo como um peregrino moderno, que carrega os guias de turismo como se fossem textos devocionais (1984). O que importa, afirma ele, é o que se diz a respeito daquilo que as pessoas estão vendo. A fama do objeto transforma-se em seu significado. Existe, assim, uma agenda cerimonial, na qual se estabelece aquilo que deveríamos ver e, algumas vezes, até mesmo a ordem em que as coisas devem ser vistas.

Museus como esses basearam-se em uma noção muito especial do que é a aura. Horne resume a experiência turística típica, na qual o museu tem funcionado como uma metáfora para o poder do Estado, o aprendizado do acadêmico e o gênio do artista:

> Espera-se que turistas com pouco ou nenhum conhecimento da pintura prestem homenagem unicamente à fama, ao alto preço e à autenticidade desses objetos sagrados e remotos em suas molduras. Enquanto 'obras de arte', em relação às quais os turistas precisam manter distância, o valor dos quadros pode depender não de sua

natureza, mas de sua escassez autenticada. Mantém-se, portanto, o abismo entre a 'arte' e o próprio meio em que vive o turista. (1984:16)

Assim, os museus foram implantados a partir da premissa da aura de que se reveste o artefato histórico autêntico e sobretudo daqueles que são enormemente escassos, em razão do suposto gênio de seu criador. Segundo Horne, o que pode ser especialmente problemático em relação aos museus é que eles atribuem reverência a objetos simplesmente devido a sua aura de autenticidade (1984:249). O modo de contemplarmos o acervo de um museu mudou de três maneiras fundamentais. A noção de aura, que Horne descreve, foi minada através do desenvolvimento do museu pós-moderno. Isso implica modos de representação e de significação muito diferentes. Aquilo que "vemos" em um museu foi transformado.

Em primeiro lugar, houve uma notável ampliação dos objetos considerados dignos de serem preservados. Isso se deve à mudança de um conceito da história. Houve um declínio do vigor de uma determinada história nacional, que os museus nacionais passam a exemplificar. Em seu lugar, deu-se uma proliferação de histórias alternativas ou vernaculares — sociais, econômicas, populistas, feministas, étnicas, industriais, etc. Dá-se uma pluralização da história e ela passa até mesmo a ser abordada naquilo que tem de contemporâneo. Isso ocasionou, na Grã-Bretanha, um aumento de 150% no número de museus durante os últimos vinte anos (ver White, 1987). O British Tourist Authority calculou que pode ter ocorrido a implantação de até 12 mil museus na Grã-Bretanha (ver Baxter, 1989). Os museus se preocupam com as "representações" da história e o que ocorreu foi um notável aumento do âmbito das histórias dignas de serem representadas. Já chamei a atenção para alguns desses museus, sobretudo para o desenvolvimento dos museus industriais e rurais. Chega quase a parecer que, quanto mais negativa a experiência histórica anterior, mais autêntica e fascinante é a atração turística que daí resulta (ver Urry, 1988a:50). As pessoas já não estão apenas interessadas em contemplar grandes artefatos ou obras de arte pertencentes a períodos históricos muito distantes. Parecem estar cada vez mais atraídas por representações do "ordinário", de casas modestas e de formas mundanas de trabalho. Assoprar vidros, operar máquinas a vapor, trabalhar em oficinas, fazer velas, tecer algodão, fazer sal, fazer sapatos de forma artesanal, produzir manufaturas químicas, fazer rendas, cumprir tarefas domésticas, mineração — eis os artefatos, freqüentemente mundanos, associados a cada uma dessas atividades (ver West, 1988, em relação à Garganta de Ironbridge; Bennett, 1988, em relação a Beamish, e Hewison, 1987, sobre o Cais de Wigan). Tem havido enorme fascínio pelo popular e uma tendência a tratar com interesse quase igual todo tipo de objetos, seja a *Mona Lisa* ou a velha fôrma de fazer bolos de uma trabalhadora da indústria têxtil de Lancashire.

Pode-se resumir essa mudança afirmando que ela vai "da aura à nostalgia" e que reflete o antielitismo do pós-modernismo (ver Edgar, 1987). Deve-se notar igualmente que todos os tipos de fenômenos agora se encontram preservados em museus, incluindo imagens que se movem, o rádio, a televisão, a fotografia, o cinema, o meio ambiente e até mesmo os cenários das novelas de televisão (Lumley, 1988; ver Goodwin, 1989, sobre o cenário da novela *Coronation Street*, no Museu de Granada).

Houve também uma nítida modificação na natureza dos próprios museus. Já não se espera mais que os visitantes fiquem boquiabertos diante das exposições. Agora dá-se mais ênfase a seu grau de participação nelas. Os museus "vivos" substituem os museus "mortos", os museus ao ar livre substituem os museus fechados, o som substitui murmúrios impostos pelo silêncio e os visitantes não estão mais separados por divisórias de vidro daquilo que é exposto. A publicidade do Museu Tyne e Wear expressa muito bem esta nova tendência à participação:

> Em nosso museu a ênfase é dada à ação, à participação e ao divertimento. Dispensamos aquelas vitrines antiquadas que o visitante contemplava minuciosamente, em um silêncio interrompido apenas por murmúrios. Agora adotamos mostras projetadas por profissionais, modelos vivos com que se pode interagir, salas com cenários completos, de época, os quais é possível tocar, e efeitos sonoros para completar o quadro (cit. em White, 1987:10).

Hooper-Greenhill observa inúmeras mudanças de atitude que ocorreram nos museus da Grã-Bretanha e que os estão tornando muito mais conscientes do público e de como aproveitar melhor a experiência de visitar determinado museu (1988). Em Leicester, por exemplo, tem-se hoje a percepção de que os visitantes virão de diferentes grupos étnicos e de que os funcionários do museu precisam preocupar-se com os diversos modos segundo os quais esse público poderá interagir com as mostras e com os diferentes relatos da história que elas apresentam (Hooper-Greenhill, 1988:228-30).

Existem outras maneiras de acordo com as quais as mostras de um museu são hoje bem menos revestidas de uma certa aura. Agora é bastante comum que se revele como determinada exposição foi preparada para ser mostrada e, em certos casos, até mesmo como foi concebida para parecer "autêntica". Existem também inúmeros museus nos quais atores interpretam vários papéis históricos e interagem com os visitantes, até o ponto em que estes participam de vários quadros históricos. Em Beamish, por exemplo, há pessoas que desempenham vários papéis nas diferentes lojas, enquanto no Cais de Wigan os viajantes são encorajados a participar de uma aula simulada em uma escola. Em outros lugares ex-mineiros descrevem ao visitantes o trabalho nas minas e as pessoas operam máquinas que, na atualidade, já não produzem mais nada; simplesmente o que é demonstrado é seu funcionamento — "o funcionamento da indústria que não funciona mais" (White, 1987:11). Lumley resume tais mudanças, argumentando que elas envolvem a substituição do conceito segundo o qual o museu é uma coleção destinada a um uso acadêmico e introduzindo outro conceito, o de que ele é um meio de comunicação (1988:15).

Além disso, houve uma mudança no relacionamento daquilo que é considerado um museu e várias outras instituições sociais. Essas instituições se tornaram mais semelhantes a museus. Algumas lojas, por exemplo, hoje parecem museus, com suas mostras elaboradas de mercadorias de alta qualidade, que atraem as pessoas motivadas para contemplá-las. Em lugares como as Docas de Albert, em Liverpool, que abrigam a Tate Gallery do Norte, um museu marítimo e muitas lojas requintadas, é difícil perceber com clareza o que distingue as lojas enquanto tal, pois as pessoas parecem contemplar aquilo que elas contêm como "exposições". Stephen Bayley, do novo Museu do Design, nas Docas de Londres, observa o seguinte:

> O velho museu do século XIX assemelhava-se até certo ponto a uma loja... era um lugar ao qual se comparecia e se apreciavam valores e idéias. Acho que as compras estão se tornando uma das grandes experiências culturais do final do século XX... As duas coisas estão se fundindo. Assim, temos museus que estão se tornando mais comerciais e lojas que se tornam mais inteligentes e culturais (cit. em Hewison, 1987:139).

Sugeriu-se recentemente que o "turismo nas fábricas" deveria ser desenvolvido na Grã-Bretanha e que as fábricas deveriam ser encaradas como algo que se assemelha a um museu. Os ministros acreditam que haveria imenso interesse em visitar fábricas que produzem carros, aviões, comida enlatada, etc. (Jones, G., 1987). Certamente, quando as fábricas organizam "dias de visita", o resultado é bastante satisfatório. Recentemente a usina de reprocessamento nuclear de Sellafield, em Cumbria, tornou-se uma grande atração turística. O Escritório Inglês de Turismo calcula que até seis milhões de pessoas visitam a usina anualmente e essa cifra em breve se elevará a dez milhões. O que acontece é que a fábrica está ficando mais parecida com um museu. Do mesmo modo, na década de 1980, houve ampla "museificação" dos *pubs* ingleses, muitos dos quais se tornaram "falso imperial vitoriano" e passaram por um processo de "envelhecimento" (ver Norman, 1988). Pequenas coleções de objetos aparentemente autênticos hoje são encontradas em muitos *pubs* e restaurantes.

Ao mesmo tempo, os museus passaram a se assemelhar mais a empresas comerciais:

A capacidade empresarial e o faro do mundo das altas finanças estão se difundindo no universo dos museus... O ato de empacotar significa estabelecer uma identidade corporativa... Fazer compras não é apenas adquirir algo, mas se refere à experiência total, incluindo a ambientação da loja e o estilo dos funcionários (Pemberton, cit. em Lumley, 1988:20).

Isso cria determinadas dificuldades para os funcionários de um museu, que deveriam tentar estabelecer uma identidade para os museus diferente da identidade das empresas comerciais. O problema surgiu devido ao crescimento do turismo e das indústrias de lazer (ver Morton, 1988). Parques temáticos, shopping centers, centros onde se comemora a tradição forçaram os museus a competir, a se tornarem muito mais direcionados para o mercado, certamente obrigados a abrir lojas e cafés, mas também a montar exposições espetaculares, a exemplo do que ocorre com as excepcionais reconstruções históricas no novo Museu Canadense da Civilização. Os centros comemorativos da tradição, em novo estilo, tais como o Centro Viking de Jorvik, em York, ou a Rota dos Peregrinos, em Canterbury, competem com os museus existentes e desafiam conceitos bem estabelecidos de autenticidade. Em tais centros existe uma curiosa mescla de museu e teatro. Tudo é feito para parecer autêntico, até mesmo os odores, porém, na realidade, nada é autêntico. Tais centros são o produto de uma companhia estabelecida em York, intitulada Heritage Projects, cujo trabalho é talvez o mais desafiador para os museus existentes, os quais se verão forçados a se adaptarem ainda mais (Davenport, 1987).

A soberania do consumidor e as novas tendências do gosto popular estão conspirando para transformar o papel social do museu. Não é tanto uma questão de incorporar uma alta cultura, desprovida de ambigüidade, da qual está excluída a imensa maioria da população. Os museus tornaram-se mais acessíveis, sobretudo para as classes prestadoras de serviço e a classe média (ver Merriman, 1989, para uma pesquisa recente sobre o Reino Unido, e Heinich, 1988, sobre o Centro Pompidou). Em se tratando do lazer dessas classes, sugere Merriman (1989), a visitação aos museus, com suas associações a uma cultura anteriormente muito elevada, possibilita a aquisição de um certo capital cultural, aquisição que se tornou possível graças ao grau mediante o qual as pessoas hoje têm a capacidade de "ler" os museus. Esse fato ajudou os museus a se tornarem importantes para a definição do que é o bom gosto, sobretudo, conforme vimos anteriormente, em se tratando da "tradição" e de sua aparência. Uma versão disso é o "cenário campestre", cujos parâmetros são em parte definidos em termos dos museus rurais e da maneira "encantadora" pela qual os vários aposentos, pitorescamente antiquados, de uma residência são dispostos.

Foto 6.3 Museu das antigas celas da Gestapo, em Berlim.

Vale a pena perguntar se é possível, nos dias de hoje, construir um museu ou um centro de tradições preservando não importa qual conjunto de objetos. Certamente parece possível. Alguns museus aparentemente improváveis, mas que ainda assim foram bem-sucedidos, incluem os exemplos do Museu do Lápis em Keswick, um museu da Indústria Química em Widnes, um museu com celas de prisão da Gestapo em Berlim (ver foto 6.3), um museu de prisioneiros de guerra dos japoneses em Cingapura, um Museu Odontológico em Londres e um Museu do Calçado em Street. No entanto, esses museus parecem dar certo porque algumas ligações entre o passado e o presente são proporcionadas habitualmente pela instituição. Algumas vezes elas poderão ser proporcionadas pela indústria local, por pessoas ou acontecimentos famosos. Alguns museus e centros de tradição, porém, não funcionam, a exemplo do parque de tradições sobre o faroeste, localizado no vale de Rhondda, em Gales setentrional. Segundo tudo indica, os visitantes em potencial não consideraram adequada sua localização.

Fica assim claro que os museus não podem ser criados em torno de qualquer coisa e em qualquer lugar. No entanto, pode-se criar em algum lugar um museu em torno de qualquer tema. Muito mais museus surgirão nos próximos anos, embora seja cada vez mais duvidoso que possamos nos referir a eles como "museus". O próprio termo "museu" se origina de um período de grande arte e de uma cultura revestida de aura, muito antes que a "tradição" fosse inventada.

7
Turismo, Cultura e Desigualdade Social

Introdução

Demonstrei algumas das ligações entre as práticas turísticas e muitos outros fenômenos sociais. Elas são complexas, em parte devido à natureza diversificada do turismo e em parte porque outros fenômenos sociais envolvem cada vez mais elementos do olhar do turista. Existe, nas culturas pós-modernas, uma universalização do olhar do turista, a qual, na Grã-Bretanha, assume acima de tudo a forma de uma reestruturação da tradição e do vernacular em boa parte da paisagem urbana e rural.

Nenhuma das teorias abordadas no capítulo 1 são adequadas para apreender a "essência" do turismo, que é multifacetado e particularmente ligado a muitos outros elementos sociais e culturais nas sociedades contemporâneas. Não é apropriado pensar que é possível planejar uma "teoria do comportamento do turista". Em vez disso, o que se requer é uma gama de conceitos e argumentos que captem aquilo que é específico do turismo e comum às práticas sociais do turismo e a certas práticas não-turísticas. É o que tenta empreender o conceito do olhar do turista. Categorizei objetos do olhar em termos do romântico/coletivo, histórico/moderno e autêntico/inautêntico. Fundamental para tais objetos é um certo conceito de divergência, sobretudo o de que existem nítidos contrastes entre aquilo que as pessoas vêem e vivenciam rotineiramente e aquilo que é extraordinário. Este, algumas vezes, assume a forma de uma zona liminar. Os seguintes fatores são relevantes para que se possa entender a sociologia cambiante do olhar do turista: o tom social dos diferentes lugares; a globalização e universalização do olhar do turista; os processos de consumo dos serviços voltados para o turismo; os significados e os signos do turismo; a modernidade e a pós-modernidade; a história, a tradição e o vernacular; o pós-turismo e o desempenho. Diferentes olhares e, em conseqüência, diferentes práticas turísticas são autorizados em termos de uma variedade de discursos. Estes incluem a instrução, a exemplo do que ocorre no *Grand Tour*; o esclarecimento, conforme se dá em boa parte do turismo cultural e das viagens individuais; a saúde, no exemplo do turismo cujo objetivo é "restaurar" o indivíduo, para que ele volte a funcionar de maneira saudável; "a solidariedade grupal", que se encontra em muitas práticas turísticas dos japoneses; o desempenho, no caso do pós-turista.

Agora refletirei sobre o que se quer dizer com os aspectos visuais do olhar, com a idéia de ver e, por sua vez, ser visto, e agruparei os vários argumentos sobre as divisões sociais e o turismo, sobretudo no que se refere ao gênero e à etnicidade. Reexaminarei o caráter simulado da experiência cultural contemporânea, a assim chamada "hiper-realidade", a estruturação de temas e os conceitos de turismo cultural e educacional, o que nos remete para certos elementos do *Grand Tour* e que implica o fato de que outras transformações estão ocorrendo nos complexos relacionamentos entre o trabalho, o lazer e as férias.

Ver e ser visto

O turismo de massa é uma característica das sociedades modernas. Só pôde desenvolver-se quando várias mudanças econômicas, urbanas, infra-estruturais e de atitude transformaram as experiências sociais de grandes setores da população, nas sociedades européias, ao longo do século XIX. O modo como tais mudanças se exerceram na Grã-Bretanha foram ilustrados por uma análise das causas e conseqüências do crescimento de uma nova forma urbana, o balneário à beira-mar.

Houve, porém, um aspecto das mudanças ocorridas no século XIX que não descrevi com detalhes. Ele diz respeito ao surgimento de modos relativamente novos de percepção visual, que se tornaram parte da experiência moderna de se viver em novos centros urbanos e de visitá-los, sobretudo as grandes capitais. Agora demonstrarei a natureza desses novos modos de percepção visual, a ligação entre ele e o crescimento do olhar do turista e o aspecto fundamental exercido pela fotografia em tais processos. A imensa expansão da popularidade da fotografia, no final do século XIX, indica a importância dessas novas formas de percepção visual e seu papel na reestruturação do olhar do turista, que estava emergindo naquele período. Esse novo modo de experiência visual tem sido caracterizado com muita eloqüência por Berman, que enxerga na reconstrução de Paris, durante o Segundo Império, em meados do século XIX, a estruturação das condições para que se concretize a experiência moderna (ver Berman, 1983:seção 3). Esse novo modo é também um dos olhares turísticos mais adotados.

Para Berman, aquilo que é de fundamental importância para a capital francesa, naquele período, é a reconstrução do espaço urbano, que permitiu novas maneiras de ver e ser visto. Isso foi gerado pela ampla reconstrução de Paris por Haussmann, que implantou uma vasta rede de bulevares que atravessaram o coração da velha cidade medieval. A reconstrução de Paris deslocou 350 mil pessoas; por volta de 1870 um quinto das ruas do centro de Paris eram criação de Haussmann; no auge da reconstrução, um entre cinco de todos os trabalhadores da capital estavam empregados na construção (ver Clark, 1984:37).

Os bulevares foram fundamentais para essa reconstrução planejada. Assemelhavam-se a artérias, em um grande sistema circulatório e pelo menos em parte deveriam ser funcionais, tendo em vista rápidos deslocamentos de tropas. Eles, no entanto, também reestruturaram aquilo que poderia ser visto ou contemplado. O plano de Haussmann acarretou a construção de mercados, pontes, parques, a Ópera e outros espaços culturais, e muitos deles foram localizados no fim de vários bulevares. Esses bulevares acabaram estruturando o olhar dos parisienses e, mais tarde, dos visitantes. Pela primeira vez, em uma grande cidade, as pessoas conseguiam enxergar muito bem a distância, ver para onde iam e de onde tinham vindo. Foram projetadas grandes e extensas vistas, de tal modo que cada caminhada levava a um clímax dramático. Conforme Berman: "Todas essas qualidades ajudaram a tornar Paris um espetáculo único, sedutor, uma festa visual e sensual... após séculos de uma vida vivida como que em agrupamento de células isoladas, Paris tornava-se um espaço unificado, físico e humano" (1983:151). Algumas dessas vistas espetaculares passaram a simbolizar a entidade "Paris" (em oposição a determinados bairros).

Os bulevares agruparam um número enorme de pessoas e de modo relativamente novo. No nível da rua alinhavam-se inúmeros estabelecimentos comerciais, lojas e sobretudo cafés. Estes últimos passaram a ser conhecidos no mundo inteiro como emblemas da *vie parisienne*, sobretudo quando gerações de pintores, escritores e fotógrafos representaram os padrões da vida que havia neles e em torno deles, a começar pelos impressionistas, na década de 1860 (ver Berman, 1983, 151; Clark, 1984).

Berman refere-se particularmente ao modo pelo qual os bulevares e os cafés criaram um novo tipo de espaço, sobretudo aquele em que os amantes "gozavam de privacidade em público", eram íntimos sem estar fisicamente sós (1983:152). Os amantes, envolvidos pelo extraordinário movimento da Paris moderna, nas décadas de 1860 e 1870, podiam vivenciar seu envolvimento emocional com particular intensidade. Foi o tráfego das pessoas e dos cavalos que transformou a experiência social nessa moderna área urbana. A vida urbana era rica e repleta de possibilidades e, ao mesmo tempo, perigosa e assustadora. Conforme escreveu Baudelaire: "Eu cruzava o bulevar, com grande pressa, em meio a um caos que se movia e a morte galopava em minha direção, vinda de todos os lados" (Berman, 1983:159). Gozar de intimidade, no meio de semelhante caos e perigo, criava o cenário perfeitamente romântico dos tempos modernos e milhões de visitantes têm tentado vivenciar novamente essa qualidade única que distingue os bulevares e cafés de Paris.

Essa experiência romântica podia ser sentida de maneira especialmente intensa diante dos infindáveis desfiles de estrangeiros que subiam e desciam os bulevares. Era para esses estrangeiros que se dirigia o olhar e os estrangeiros, por sua vez, olhavam. Portanto, parte do olhar, na nova e moderna cidade de Paris, era da multidão de transeuntes, que, ao mesmo tempo, realçavam a visão que os amantes tinham de si mesmo e proporcionavam uma fonte de curiosidade fascinante e interminável.

> Eles podiam tecer véus de fantasia em torno da multidão de passantes: quem eram aquelas pessoas, de onde vinham, para onde iam, o que queriam, a quem amavam? Quanto mais viam os outros, quanto mais se mostravam para os outros, quanto mais participavam da extensa "família de olhares", mais rica se tornava a visão que tinham de si mesmos. (Berman, 1983:152)

É claro que a reconstrução de Paris, empreendida por Haussmann, não escapou de ser objeto de intensas críticas (ver Clark, 1984:41-50). Assinalou-se com veemência que o fato de demolir os antigos *quartiers* significava que boa parte da classe trabalhadora foi forçada a deixar o centro de Paris, sobretudo devido aos aluguéis excepcionalmente altos cobrados nos elegantes blocos de apartamentos que se alinhavam ao longo dos novos bulevares. A reconstrução levou, portanto, a uma rápida segregação residencial. Os sinais da privação e da esqualidez foram afastados do olhar dos parisienses mais ricos e, no final do século, dos visitantes. Em segundo lugar, afirmava-se que Paris tornava-se cada vez mais a cidade do vício, da vulgaridade e da exibição. A ostentação não significava luxo, o exibicionismo não era sinônimo de moda, o consumo não queria dizer comércio (ver Clark, 1984:46-7). Era uma cidade de incertezas, na qual havia um excesso de exterioridades e muito poucos limites. Era a cidade do *flâneur* ou daquele que vagabundeava pelas ruas. O anonimato da multidão proporcionava um refúgio para aqueles que, situados às margens da sociedade, podiam deslocar-se sem ser notados, observar sem ser observados, porém jamais interagiam realmente com aqueles a quem encontravam. O *flâneur* era o herói moderno, capaz de viajar, chegar, contemplar, prosseguir, ser anônimo, situar-se em uma zona liminar (ver Benjamin, 1973; Wolff, 1985).

O *flâneur* era invariavelmente do sexo masculino e isso tornava invisíveis as diferentes maneiras segundo as quais as mulheres eram mais confinadas à esfera doméstica e, ao mesmo tempo, começavam a colonizar outras esferas públicas emergentes, no final do século XIX, especialmente nas grandes lojas (ver Wolff, 1985). O *flâneur*, em seus passeios, era um precursor do turista do século XIX e sobretudo daquela atividade que, de certo modo, haveria de tornar-se emblemática do turista: o democratizado ato de fotografar, de ser visto e registrado, de ver os outros e registrá-los.

Sontag estabelece explicitamente esse laço entre o *flâneur* e a fotografia, a qual:

> ... afirma-se inicialmente como uma extensão do olhar do *flâneur* da classe média... O fotógrafo é uma versão armada do caminhante solitário que reconhece, aproxima-se furtivamente, ronda o inferno urbano do passeante voyeurístico que descobre a cidade como uma paisagem de extremos voluptuosos. Adepto das alegrias do espiar, conhecedor da empatia, o *flâneur* acha o mundo 'pitoresco'. (1979:55)

O *flâneur* da classe média era atraído pelo pior lado e pelos recantos sombrios da cidade, o fotógrafo do século XX é atraído por todos os lugares, por cada objeto, acontecimento e pessoa possíveis. Ao mesmo tempo o fotógrafo também é observado e fotografado. É, ao mesmo tempo, aquele que vê e é visto. Ser fotógrafo no século XX — e isso, dentro de amplos limites, faz parte da viagem e do turismo — também significa ser visto e fotografado.

Houve enorme proliferação das imagens fotográficas, desde a invenção da fotografia, em 1839. Ao longo deste um século e meio ocorreu uma ilimitada insaciabilidade do olho que fotografa, uma insaciabilidade que ensina novos modos de contemplar o mundo e novas formas de competência para fazê-lo. É fundamental, porém, compreender que a fotografia é uma maneira socialmente construída de ver e registrar. Como tal, possui inúmeras características essenciais (ver Sontag, 1979; Berger, 1972; Barthes, 1981; Albers e James, 1988).

1. Fotografar é apropriar-se, de certo modo, do objeto que está sendo fotografado. É uma relação de poder/conhecimento. Ter conhecimento visual de um objeto é, em parte, ter poder sobre ele, ainda que momentâneo. A fotografia doma o objeto do olhar e os exemplos mais notáveis se encontram nas culturas exóticas. Nos Estados Unidos as companhias ferroviárias muito fizeram para criar atrações "indígenas" para serem fotografadas, selecionando cuidadosamente aquelas tribos que tinham uma aparência particularmente "pitoresca e patriarcal" (ver Albers e James, 1988:151).

2. A fotografia *parece* ser um meio de transcrever a realidade. As imagens produzidas não parecem ser afirmações sobre o mundo, mas parcelas dele ou até mesmo fatias em miniatura da realidade. Assim, um fotógrafo parece fornecer a prova de que algo aconteceu de fato, de que alguém estava realmente presente ou de que a montanha se encontrava realmente a distância. Pensa-se que a câmera não mente.

3. No entanto, as fotografias são o resultado de uma significante prática ativa, na qual aqueles que fotografam selecionam, estruturam e moldam aquilo que vai ser registrado. Existe, em particular, uma tentativa de construir imagens idealizadas, que embelezam o objeto que está sendo fotografado. Sontag afirma: "A tendência estetizante da fotografia é tal que o meio que transmite a desolação acaba neutralizando-a" (1979:109).

4. O poder da fotografia deriva, assim, de sua capacidade de apresentar-se como uma miniaturização do real, sem revelar sua natureza construída ou seu conteúdo ideológico.

5. À medida que todos se transformam em fotógrafos, todos também se transformam em semióticos amadores. Aprendemos que uma casa campestre, com cobertura de palha, representa "a velha Inglaterra"; ou que as ondas se arrebentando nas pedras significa "a natureza selvagem e indômita"; ou, sobretudo, que uma pessoa com uma máquina dependurada no pescoço é, sem dúvida, um "turista".

6. A fotografia envolve a democratização de todas as formas de experiência humana, transformando tudo em imagens fotográficas e possibilitando que qualquer pessoa as fotografe. A fotografia faz, pois, parte do processo de modernização. Cada coisa ou pessoa fotografada torna-se o equivalente da outra, interessante ou desinteressante. Barthes nota que a fotografia começou com fotos das pessoas notáveis e acabou tornando notável tudo aquilo que é fotografado (1981:34 e ver Sontag, 1979:111). A fotografia é uma maneira promíscua de ver que não pode ser limitada a uma elite, a exemplo da arte. Sontag refere-se ao "zelo da fotografia em desmascarar a alta cultura do

passado... a corte consciente que ela faz à vulgaridade... sua capacidade de reconciliar as ambições da vanguarda com as recompensas da comercialização... o modo como ela transforma a arte em documento cultural" (1979:131).
7. A fotografia dá uma forma à viagem. É o motivo para se parar, tirar uma foto — clique! — e prosseguir. A fotografia implica obrigações. As pessoas sentem que não podem deixar de ver determinadas cenas, pois, caso contrário, as oportunidades de fotografá-las serão perdidas. As agências de turismo passam muito tempo indicando onde as fotos devem ser tiradas. Com efeito, boa parte do turismo torna-se uma busca do fotogênico. A viagem é uma estratégia para a acumulação de fotografias. Isso parece ter um grande apelo, sobretudo para aquelas culturas que cultivam uma ética muito forte do trabalho. Os japoneses, os americanos e os alemães parece "terem" de tirar fotos. É uma espécie de lazer equivalente àquelas obrigações distorcedoras de uma cultura que se apóia fortemente no trabalho (ver Sontag, 1979).
8. Há uma espécie de círculo hermenêutico envolvido em boa parte do turismo. Aquilo que se procura durante as férias é um conjunto de imagens fotográficas, como as que se vêem nos folhetos das excursões, distribuídos pelas agências de turismo, ou em programas de televisão. Quando o turista está viajando, ele se põe a buscar essas imagens e as captura para si. No final, os viajantes demonstram que estiveram realmente em determinado lugar, exibindo sua versão das imagens que haviam visto originalmente, antes da viagem.

A fotografia, portanto, está intimamente ligada ao olhar do turista. As imagens fotográficas organizam nossas expectativas ou nossos devaneios sobre os lugares que poderíamos contemplar. Quando estamos viajando, registramos imagens daquilo que contemplamos. Escolhemos parcialmente para onde ir, a fim de capturar imagens em um filme. A obtenção de imagens fotográficas organiza em parte nossas experiências enquanto turistas. Nossas recordações dos lugares onde estivemos são estruturadas em grande medida através das imagens fotográficas e o texto, sobretudo verbal, que tecemos em torno dessas imagens quando as mostramos para os outros. Assim, o olhar do turista envolve irredutivelmente a rápida circulação das imagens fotográficas.

Divisões sociais e o olhar do turista

Em boa parte da discussão anterior enfatizei a importância das divisões sociais de classe na estruturação de como o desenvolvimento do turismo ocorreu de diferentes maneiras e em diferentes lugares. Por exemplo, o respectivo tom social de diferentes balneários e os padrões da posse da terra; a importância da conexão aristocrática na construção do fato de certos lugares estarem na moda; o crescimento do hábito de tirar férias, por parte das famílias de classe média, e o desenvolvimento do bangalô como uma forma especializada de construção à beira-mar; a importância do "olhar romântico" e seu papel na construção da natureza como um bem posicional absolutamente fundamental; o caráter do olhar "coletivo" e o papel exercido por outros que se assemelham a nós quando se trata de constituir a atração de determinados lugares; o aumento do capital cultural das classes prestadoras de serviços e seu impacto sobre a intensificação do apelo exercido pelas tradições rurais e industriais e pela pós-modernidade.

Agora ampliarei a discussão e examinarei alguns modos pelos quais as gerações, o gênero e a etnicidade se interconectam com a classe. Estas interconexões são importantes na formação das preferências que diferentes grupos sociais desenvolvem em relação aos lugares a serem visitados e na estruturação dos efeitos que essas visitas exercem sobre as populações que acolhem tais grupos. Existem aqui duas questões de grande importância: a composição social dos turistas com que se viaja e a composição social daqueles que vivem nos lugares visitados. Elas são importantes devido ao modo como a maior parte das práticas turísticas envolvem um movimento em e através de vários tipos de espaço público, tais como praias, lojas, restaurantes, hotéis, passeios, aeroportos, piscinas e praças. Nesses espaços as pessoas olham e são olhadas por outras pessoas, fotografam e são fotografadas. Desenvolvem-se preferências complexas em relação à gama de pessoas apropriadas que os diferentes grupos sociais esperam olhar em diferentes lugares e, por sua vez, diferentes expectativas são mantidas por diferentes grupos sociais em relação a quem são as pessoas apropriadas para olhá-los. Parte daquilo que está envolvido no turismo é a aquisição de uma determinada experiência social e isso depende de uma composição, passível de ser especificada, das pessoas com quem essa experiência está sendo compartilhada de uma ou de outra maneira.

No entanto, essas preferências não podem ser reduzidas unicamente a questões de classes sociais. Elaborou-se no capítulo 3 um tipo diferente de colocação em relação ao desenvolvimento do turismo sexual em certas sociedades do sudeste asiático. Lá, a combinação de relações de gênero e de subordinação étnica havia conspirado para construir mulheres asiáticas muito jovens como objetos de um olhar turístico/sexual para visitantes masculinos de outras sociedades que, em um certo sentido, são etnicamente dominantes. Os padrões turísticos daí resultantes não podem oor analisados separadamente das relações de gênero e de subordinação racial.

A importância das desigualdades de gênero pode ser vista de outra maneira. Na maior parte das sociedades os homens têm gozado de um padrão de vida mais alto do que as mulheres. Na Grã-Bretanha isso resultou de um tratamento privilegiado na distribuição da comida, do aquecimento e de outros recursos materiais, no interior da família e da capacidade de sair de casa e passar muitos momentos de lazer na "república masculina" do *pub*, onde se gastava pelo menos 15% da renda familiar (ver Hart, 1989, para uma análise muito perceptiva da implicação desse fato para a política). Na medida em que os padrões contemporâneos do lazer são mais "privatizados" e compartilhados, isto pode envolver a redução de uma desigualdade, não só em relação à renda familiar, como também ao tempo dedicado ao lazer.

Esta questão se relaciona de modo importante com o desenvolvimento das férias. Até o século XIX o acesso à viagem era em grande parte reservado aos homens. Isso mudou, porém, com o desenvolvimento das "viajantes vitorianas", algumas das quais visitavam países que, naquela época, eram considerados "incivilizados" e "desconhecidos" (ver Enloe, 1989: cap. 2). Outras mulheres aproveitavam-se das excursões organizadas por Cook. Escreveu certa mulher: "Nós nos aventuraríamos a qualquer lugar, tendo um guia e um guardião como o sr. Cook" (cit. em Enloe, 1989:29). A partir de então, o acesso às férias não foi distribuído com tamanha desigualdade quanto o acesso a algumas outras formas de lazer, sobretudo o tempo de lazer gasto em um *pub* ou em um bar. As férias dos membros das classes trabalhadoras nos balneários ingleses de beira-mar normalmente eram gozadas por casais. Além do mais, o fato de que essas férias ocorreram em primeiro lugar na industrial Lancashire foi, em parte, o resultado dos altos níveis de presença da mão-de-obra feminina na indústria têxtil de algodão, principalmente na tecelagem. Isso significava que os ganhos de uma família eram mais elevados do que em outras áreas e as mulheres opinavam mais sobre sua distribuição. Existe, portanto, uma noção de que o desenvolvimento das férias baseadas em um casal tem sido um mecanismo importante para reduzir algumas das desigualdades óbvias do acesso ao lazer entre os sexos e é algo que, em parte, tem resultado das atividades econômicas das mulheres.

As antigas formas de turismo de massa baseavam-se no casal heterossexual. Ao longo do século XIX a unidade que partia de férias cada vez mais foi sendo formada pelo casal mais seus filhos. Entre as duas grandes guerras, as férias da família haviam se centralizado bastante nos filhos. Isso recebeu um impulso significativo graças ao desenvolvimento do acampamento de férias, na década de 1930, no qual as atividades baseadas nas crianças eram fundamentais. O desenvolvimento desses acampamentos beneficiou as mulheres, pois significava que uma parte considerável de cuidados com as crianças era realizada por trabalhadores assalariados. O crescimento recente do *self-service* caminhou na direção oposta. Apenas uma minoria das férias, na Grã-Bretanha, são passadas em locais que dispõem de atendimento por parte de pessoal contratado.

É importante notar como as férias podiam ser descritas como preponderantemente heterossexuais, envolvendo casais com ou sem filhos ou casais em potencial. No material produzido pelos operadores de turismo existem três imagens predominantes, no que se refere à divulgação. São elas as "férias da família", isto é, um casal com dois ou três filhos saudáveis, em idade escolar; as "férias românticas", isto é, um casal heterossexual a sós, contemplando o pôr-do-sol (com efeito, o pôr-do-sol é um significante do romance); e as "férias divertidas", isto é, grupos do mesmo sexo, cada um deles procurando outros parceiros sexuais para se "divertir". Existem também, conforme notamos, as "férias sexuais" para homens. É um fato muito conhecido que grupos sociais que não se encaixam em nenhuma dessas categorias são mal-servidos pela indústria do turismo. Já foram feitas muitas críticas em relação ao quanto são difíceis as férias para pessoas sós, casais sem filhos, casais ou grupos homossexuais e deficientes físicos.

Outra categoria social se encontra parcialmente excluída das férias convencionais: os negros britânicos. O material de divulgação produzido pelas companhias mostra que os turistas são brancos. Simplesmente não existem fisionomias negras entre os que partem de férias. Se não existem rostos não-brancos nas fotografias, presume-se que eles são os "nativos exóticos" a serem contemplados. O mesmo processo parece ocorrer naquelas regiões da Grã-Bretanha que atraem grande número de turistas estrangeiros. Se negros ou asiáticos forem vistos nelas, presume-se que são visitantes de além-mar ou que talvez trabalhem na prestação de serviços, mas não se imaginará que são residentes britânicos que estão gozando suas férias. O campo, sobretudo, é construído como se fosse "branco".

Uma questão interessante é o grau em que os membros das minorias étnicas tiram férias de tipo ocidental. É claro que as rendas relativamente baixas farão com que a taxa daqueles que não tiram férias seja mais alta do que a média do Reino Unido, que é de 30%, em quaisquer anos. É, porém, notável que certos aspectos das férias ocidentais, nas quais se viaja simplesmente devido ao sol, aos hotéis ou à paisagem, formam uma prática cultural que deve parecer um tanto idiossincrática, pelo menos para aqueles que imigraram recentemente para a Grã-

Bretanha. A obsessão dos brancos em bronzear a pele, e, portanto, aumentar as possibilidades de ter um câncer de pele, deve deixar negros e asiáticos perplexos. Muitos imigrantes recentes pelo menos considerariam que as viagens devem ter um objetivo mais sério do que esse. Empenham-se em procurar trabalho, juntar-se ao resto da família ou visitar parentes.

Vários desenvolvimentos no campo do turismo, discutidos neste livro, também apresentam a possibilidade de excluir muitos grupos étnicos. Existem, por um lado, os templos do consumismo, os novos shopping centers, que discutirei mais tarde. Para que haja uma ampla participação, eles requerem uma renda considerável. Requerem também um forte engajamento nos valores de um consumismo baseado no crédito. Isso, com certeza, fará com que muitos cidadãos da Ásia se sintam incrivelmente apartados. Por outro lado, existe a indústria da tradição, discutida no capítulo anterior. Já se falou que essa indústria é povoada, em sua grande maioria, por rostos brancos. Por exemplo, no novo Museu Marítimo instalado nas Docas de Albert, em Liverpool, e que recebeu um prêmio recentemente, existe um vasto setor relativo à história dos sindicatos nas docas, mas nele nada se vê sobre os complexos padrões de subordinação étnica que fizeram de Liverpool uma das cidades mais racistas da Grã-Bretanha. Além disso, a primeira atração em torno da tradição que retrata a cultura negra na Grã-Bretanha está sendo planejada para ser implantada em Birkenhead, nos arredores de Liverpool. O surpreendente é que ali se reconstituirá a vida a bordo de uma embarcação construída na localidade para os Confederados da Guerra de Secessão dos Estados Unidos — que apoiavam a escravidão. Pode-se também imaginar se parte da atração exercida pela tradição, para muitos visitantes brancos, não é precisamente o fato de que ela é vista como predominantemente branca, enquanto muitas cidades maiores são vistas, com grande desaprovação, aliás, como centros que se tornaram "multiculturais".

Os grupos étnicos não deixam de ter sua importância na indústria turística britânica e, sob certos aspectos, exercem um papel fundamental. Possivelmente serão empregados naquelas empresas preocupadas em prestar serviços aos visitantes, sobretudo nas grandes cidades, sendo Liverpool a exceção. Quase 10% dos trabalhadores do Paquistão e de Bangladesh e 20% dos trabalhadores de países do Mediterrâneo, do Oriente Médio e da América Latina são empregados na indústria hoteleira e de restaurantes (Bagguley, 1987). Em algumas regiões da Grã-Bretanha existe uma notável concentração. Nos hotéis do centro de Londres, por exemplo, 45% dos empregados pertencem a grupos étnicos "negros". Isso se deve em parte ao fato de que, em geral, a maioria desses empregos são mal-remunerados, as condições de trabalho são precárias e os níveis de sindicalização são baixos. Os trabalhadores brancos tenderão a evitar esses empregos. Eles se concentram em outros setores da economia, onde a desvantagem racial estrutural discrimina os "negros". A concentração do emprego também ocorre porque os empresários, na indústria hoteleira e de restaurantes, recrutavam seus empregados no exterior, a exemplo do Grand Metropolitan. Essas empresas providenciavam o transporte e as permissões de trabalho para os trabalhadores que imigravam. Embora isso hoje não aconteça com tanta clareza, ainda existem cerca de 115 mil cidadãos britânicos de origem estrangeira empregados na indústria hoteleira e de restaurantes (Bagguley, 1987:35).

Em anos recentes, certos grupos étnicos passaram a ser imaginados como parte da "atração" de certos lugares. Isso é mais comum no caso dos asiáticos do que no dos grupos afro-caribenhos. Em Manchester o fato se deu com o conjunto de restaurantes de qualidade localizados em uma pequena área e resultou da internacionalização do gosto culinário dos britânicos no período do pós-guerra, embora isso seja menos pronunciado do que nos Estados Unidos (ver Frieden e Sagalyn, 1989:199-201), bem como de uma reinterpretação cultural da diferença racial. Por volta de 1980 os planejadores urbanos estavam engajados em uma nova visão de "Chinatown", reconstruída e conservada como um novo objeto de desejo do olhar do turista (ver Anderson, 1988, sobre um processo semelhante ocorrido em Vancouver).

Bradford é um exemplo mais característico, já que não dispunha de indústria turística até 1980. Foi o melhor exemplo de uma cidade industrial povoada por fábricas escuras e satânicas. A implantação de uma iniciativa no campo do turismo foi empreendida com muita consciência quando se entendeu que Bradford possuía inúmeros ingredientes passíveis de atrair o turista que partia em férias por poucos dias. Tais atrações, além da abundância de acomodação em hotéis, eram a proximidade de atrações de renome internacional, tais como Haworth e a região das várzeas e pântanos; um patrimônio histórico substancialmente intacto, constituído por edificações, estradas de ferro e canais, remanescentes da época em que Bradford gozava do *status* de "Worstedópolis"; sua localização no próspero condado de Yorkshire; a existência de uma grande e vigorosa comunidade asiática, que deu origem a numerosíssimas empresas de pequeno porte.

O conselho da cidade, além do mais, se deu conta de que transformar Bradford em Meca do turismo era algo que poderia chamar a atenção e valeria a pena. O conselho recebeu considerável publicidade gratuita no início dos anos oitenta, ao tomar iniciativas voltadas ao turismo (essa publicidade se cifrava em torno de pelo menos 250 mil libras). Um dos componentes dessa campanha, nos últimos tempos, foi divulgar a comunidade asiática como uma grande atração para os visitantes. Editou-se um folheto intitulado "Sabores da Ásia". Nele são incluídos cinqüenta restaurantes "asiáticos", a maior loja asiática da Europa, vários *tours* a lugares onde se vende curry, uma dezena de lojas onde se vendem saris, bem como uma breve história das várias religiões asiáticas e os padrões de imigração em Bradford. Cogita-se no momento a implantação de um museu e de um festival, a fim de completar a experiência asiática do visitante que procura a localidade (ver Davies, 1987).

Torna-se necessária uma análise mais ampla desta questão, a fim de que se possa examinar os efeitos sociais, para aqueles de origem asiática, quando são idealizados como objetos exóticos, e para perceber se isso distorce padrões de desenvolvimento econômico e político. É preciso igualmente analisar quais são os efeitos, sobre a população branca, quando ela passa a encarar aquelas pessoas de origem asiática não tanto como ameaçadoras ou exóticas, mas como curiosamente diferentes e detentoras de uma cultura rica e em parte atraente. Tais debates estão se travando no contexto de numerosas culturas, consideradas exoticamente diferentes. Eles surgem não apenas no caso daquelas idealizações étnicas, excepcionalmente inautênticas, mas também quando tais representações são razoavelmente acadêmicas.

Temas e centros de compra

Se um grupo étnico que vive em determinada região é algumas vezes idealizado e apresentado como uma atração para o visitante, outro modo de expressar esse fato é afirmar que a diferença étnica, o "exótico", pode algumas vezes funcionar como um "tema". Discutirei agora o caráter temático da vida urbana e rural, levando em consideração alguns aspectos de parques temáticos recentes, antes de voltar para o caráter temático do comércio varejista contemporâneo, registrando especialmente as características dos grandes centros de compra, presentes em todos os lugares.

Existe uma tendência cada vez mais difundida de dividir a Grã-Bretanha espacialmente. Foi inventada uma série de nomes de novos lugares para o turista. No norte da Inglaterra existe a "última Região Vinícola do Verão", a "Região das Fazendas de Emmerdale", "A Região de James Herriot", a "Região de Robin Hood", a "Região de Catherine Cookson", a "Região dos Brontë", e assim por diante. O espaço é dividido em termos de signos que significam determinados temas, mas não temas que se relacionem necessariamente com a verdadeira história ou com processos geográficos. Semelhante processo pode ser observado no Canadá, onde o tema "marítimo" vem sendo claramente desenvolvido desde a década de 1920 como resultado do fato de que a administração provincial e o capital privado procuram incrementar o turismo na Nova Escócia. McKay descreve essa iniciativa como "uma peculiar retórica pequeno-burguesa, que engloba lagostas em conserva, pescadores grisalhos, ancoradouros e escunas... uma mitologia da Idade do Ouro, em uma região que se tornou economicamente dependente do turismo" (1988:30). Sobretudo a região de Peggy's Cove transformou-se, ao longo dos anos, em um simulacro cada vez maior, uma cópia de uma aldeia de pescadores próspera e tranqüila, que jamais existiu.

Ainda mais estranho é o caso dos Granada Studios, abertos recentemente em Manchester. Parte de suas mostras consiste em uma reprodução, em tamanho natural, de alguns cenários da telenovela *Coronation Street*, incluindo a famosa estalagem intitulada Rover's Return (ver foto 7.1). Ela goza de muita popularidade entre os visitantes, que demonstram grande entusiasmo em fotografá-la. No entanto, conforme notou um comentarista: "Quando revelamos as fotos do cenário que representa Rover's Return, consumimos uma representação de uma representação de uma representação" (Goodwin, 1989). O cenário faz parte da "Experiência de Coronation Street", na qual se cria uma história fictícia para Rover's Return, que se inicia em 1902.

Outras atrações temáticas, desenvolvidas recentemente na Grã-Bretanha, incluem o Centro Jorvik em York, o Mundo de Aventuras de Chessington, o Parque Temático de Camelot em Lancashire, a Aventura Americana no Distrito de Peak, a Região das Fronteiras em Morecambe, a História de Oxford, a experiência das cruzadas em Winchester ("a história revivida"), um parque temático sobre a época Tudor planejado para Avebury e a Rota dos Peregrinos em Canterbury. Esta última é descrita no material de divulgação como "uma peregrinação ao passado". No entanto, o sentido da história é excepcionalmente distorcido. Faulks resume um aspecto esquisito dessa proposta: "Um homem, em um programa de televisão destinado às crianças, é modelo para um manequim que é acessório de uma cena não-existente, em um poema religioso medieval e cujo texto não se ouve" (Faulks, 1988).

Outro exemplo característico se encontra em Llandrindod Wells, no País de Gales. Uma vez ao ano a maior parte da população veste trajes eduardianos, mas sugeriu-se recentemente que a população poderia vestir-se assim *durante todo o ano*. Dessa forma, a cidade inteira e sua população se transformariam em uma cidade temática permanente, eduardiana. Visby, uma ilha sueca no Báltico, já vive uma "semana medieval", quando todo mundo se veste com trajes medievais.

Foto 7.1 Coronation Street.

Isso, nos termos de Debord, é uma "sociedade do espetáculo" (1983) ou aquilo que Eco descreve como "viagens à hiper-realidade" (1986). Nessas regiões temáticas, os objetos observados precisam parecer reais e absolutamente autênticos. Os responsáveis por Jorvik ou pela história de Oxford tentaram tornar a experiência autêntica, mediante o emprego de odores, bem como de uma simulação visual e auditiva. Em um certo sentido as cenas são mais reais do que o original. Em outras palavras, são hiper-reais ou pelo menos a superfície, do modo como é apreendida através dos sentidos, é mais real. Lowenthal nota que "o fato de nos habituarmos às cópias tende a convencer-nos de que as antiguidades deveriam parecer completas e 'novas' (1985:293). Assim, as representações se aproximam mais de nossas expectativas em relação à realidade, dos signos que carregamos e que esperam ser desencadeados: "A Disneylândia nos diz que a natureza falsificada corresponde muito mais a nossas exigências e devaneios... A Disneylândia afirma que a tecnologia pode nos proporcionar mais realidade do que a natureza" (Eco, 1986:44).

Atualmente isso está sendo levado ao extremo na Nova Zelândia. Uma atração turística popular no século XIX era um conjunto de terraços brancos e rosados que se elevavam acima do lago Rotomahana. Foram destruídos por erupções vulcânicas em 1886, embora as fotos do local sejam muito apreciadas desde então. São uma atração muito conhecida, embora não existam há mais de um século. Agora, porém, há planos no sentido de recriar a atração física, fazendo correr água geotermal sobre terraços construídos artificialmente, em uma localização diferente, porém próxima de equipamentos turísticos existentes na região. Esse conjunto, que poderia ser denominado terraços temáticos, parecerá mais autêntico do que o original, que só é conhecido graças a imagens fotográficas centenárias.

Esta capacidade tecnológica de criar novos temas que parecem mais reais do que o original espalhou-se a partir das atrações turísticas, começando pela Disneylândia e abrangendo os shopping centers. Alguns dos shopping centers americanos constituem hoje extraordinárias atrações turísticas e representam um grau excepcional de desdiferenciação cultural, conforme foi discutido no capítulo 5. Examine a foto 7.2 e pense no seguinte material de publicidade relativo ao shopping center de West Edmonton:

> Imagine que está visitando a Disneylândia, a praia de Malibu, a Bourbon Street, o Zoológico de San Diego, a Rodeo Drive, em Beverly Hills, e a Grande Barreira de Corais da Austrália... em um único fim de semana e sob o mesmo teto... Anunciado como o maior complexo de compras de sua espécie, o shopping se estende por uma área de 445 mil m^2 e abriga 828 lojas, 110 restaurantes, 19 teatros... um parque aquático com um domo de vidro de mais de 19 andares de altura... Contemple o

lago interior do shopping, com quatro submarinos, dos quais poderá avistar tubarões, polvos, a vida tropical marinha e uma réplica da Grande Barreira de Coral... As suítes do Hotel Terra da Fantasia apresentam vários temas: em um andar estão as suítes da Roma clássica, em outro, as suítes árabes das Mil e Uma Noites, em outros, as suítes polinésias... (Travel Alberta, s.d.)

O shopping tem sido imensamente bem-sucedido. Em 1987 atraiu mais de nove milhões de turistas, o que fez dele a atração turística mais popular dos Estados Unidos desde o Mundo de Walt Disney e a Disneylândia. Ele representa uma rejeição simbólica à geografia do mundo, tal como ela é entendida normalmente e na qual existem centros distantes, localizando-se Edmonton na periferia. O que está sendo introduzido é uma nova noção coletiva de lugar, baseada na superação da barreira geográfica da distância e do lugar. As reais relações espaciais do globo são, assim, substituídas por relações espaciais imaginárias (Shields, 1989:153).

Isso só tem sido possível devido à difusão dos signos turísticos, especialmente a rapida circulação das imagens fotográficas. É este intercâmbio de signos que torna possível a construção de um pastiche de tema, cada um dos quais parece mais real do que o original, sobretudo devido ao modo como os centros de compra, em geral, enfatizam a novidade e a limpeza: "É um mundo no qual galeões espanhóis navegam pela rua Principal, ultrapassam a loja Marks and Spencer e ancoram em 'New Orleans', onde tudo é tranqüilo e felizes compradores se misturam com golfinhos sorridentes" (Shields, 1989:154).

O que mais se aproxima desse fenômeno na Europa é o Metrocentre em Gateshead. O interessante é que ele se localiza em um lugar normalmente considerado periférico em relação à vida britânica e européia. O Metrocentre foi construído em um terreno baldio que faz parte de uma zona de empreendimentos. Ergueu-o John Hall, um empresário local, e hoje é propriedade, por improvável que possa parecer, de autoridades eclesiásticas. Contém cinco quilômetros de centros de compras, que contêm trezentas lojas, quarenta restaurantes, um cinema com dez telas, um boliche, um enorme reino da fantasia que oferece recintos de feiras e diversões, uma creche e três áreas temáticas. Os temas são a "Aldeia Antiga", com uma roda d'água falsa e patos de plásticos, boiando no laguinho da aldeia; um "Fórum Romano", com áreas nas quais se pode reclinar no estilo romano; uma "Aldeia Mediterrânea", com restaurantes italianos, gregos e libaneses que se sucedem ao longo de uma antiga e tortuosa rua mediterrânea (ver foto 7.3). As compras constituem apenas parte da atração do local, voltado igualmente para o lazer e o turismo. Basta andar alguns minutos para que possamos consumir uma gama de temas turísticos, olharmos e sermos olhados como se estivéssemos "de férias" e para que possamos experimentar uma enorme quantidade de servi-

Foto 7.2 Centro de Compras de West Edmonton.

Foto 7.3 Aldeia Mediterrânea no Metrocentre, Gateshead.

Foto 7.4 South Street Seaport, Nova York (é um shopping center projetado basicamente com o objetivo de parecer "histórico").

Foto 7.5 Trump Tower, Nova York.

ços direcionados para o divertimento (sobre os centros de compras, em geral, ver Shields, 1989).

Os centros de compra representam uma pertença a uma comunidade de consumidores. Participar de uma "corte de bens e mercadorias" é afirmar a própria existência e ser reconhecido como cidadão na sociedade contemporânea, isto é, como um consumidor. No entanto, a filosofia recente do marketing para a década de 1980 tem sido a de desenvolver espetáculos de "diversidade e de segmentação do mercado", embora isso fique menos claro no caso dos enormes centros de compra de classe média, tais como o Metrocentre. O desenvolvimento dessa diferenciação em determinados centros se deve ao fato de que "a exibição da diferença aumentará hoje a 'atração' turística de um centro, para todas as pessoas que venham de todos os lugares" (Morris, 1988:205). "Todas as pessoas", no caso, significa todos aqueles que se situam no mesmo segmento do mercado. A Trump Tower, em Nova York, é a última palavra dos centros de compra freqüentados pela classe média alta e branca (ver foto 7.5).

Esse tipo de iniciativa também representa a natureza mutante do espaço público nas sociedades contemporâneas. Um papel fundamental, cada vez maior, está sendo exercido por espaços de consumo, de propriedade privada e privadamente controlados. Eles envolvem altos níveis de vigilância na medida em que são esperados certos tipos de comportamento, de aparência e de boas maneiras, como, por exemplo, não sentar no chão. A entrada e os corredores dos shopping centers são "policiados" e categorias indesejáveis da população, tais como os sem-teto e as minorias étnicas, podem ser excluídas. O Metrocentre vangloria-se de ser o lugar mais seguro da Grã-Bretanha para se fazer compras. Existem algumas analogias entre a prisão panótica de Bentham e a vigilância visual e eletrônica que se encontra nesses shoppings. Eles também são conhecidos por sua limpeza, por tudo ali ser novo e neles não há lugar para o lixo, o velho, o gasto, o usado. Os shoppings precisam exibir a novidade, precisam estar sempre na moda e é por isso que têm de ser renovados regularmente (ver Fiske, 1989:39-42).

Sugere-se que os shoppings atraem um contingente de "pós-compradores", pessoas que fingem ser consumidoras, recorrendo a uma zombaria complexa e consciente de si mesma. Os usuários não deveriam ser vistos simplesmente como vítimas do consumismo, como "viciados em cartões de crédito", mas também como pessoas capazes de afirmar sua independência em relação aos empresários que implantam os shopping centers. Isso se alcança através da *flânerie*, quando se continua a passear, olhar e ser olhado: "Andar a esmo, situar-se na multidão constituem uma certa ambientação urbana, uma contínua reafirmação dos direitos e liberdades do lugar onde as mercadorias são adquiridas, a *comunitas* do carnaval" (Shields, 1989:161).

Em um estudo realizado na Austrália, Pressdee demonstrou que, apesar dos mecanismos de controle existentes nesses centros de compras, 80% dos jovens desempregados os freqüentavam pelo menos uma vez por semana e que mais ou menos 100% das jovens desempregadas os freqüentavam regularmente (1986). O hábito de fazer compras tarde da noite, às quintas-feiras, constituía uma ocasião especial, quando o centro de compras era invadido por uma multidão de jovens, que tinham poucas intenções de adquirir o que quer que fosse. No lugar das mercadorias, os jovens consumiam imagens e o espaço. Fiske refere-se a:

> ... uma espécie de consumo sensual que não criava lucros. O prazer positivo de andar de um lado para outro, exibindo-se, de ofender os 'verdadeiros' consumidores e os agentes da lei e da ordem, de reafirmar sua diferença na catedral do consumismo e o diferente uso que se faz dele tornou-se uma prática cultural oposicionista. (1989:17)

Fiske também assinala a importância fundamental das lojas como espaços públicos ou pelo menos semipúblicos, que atraem particularmente as mulheres (1989; ver também Morris, 1988). Já chamei a atenção para a importância do desenvolvimento, no século XIX, dos centros de compras. Eles eram ao mesmo tempo locais respeitáveis e seguros para mulheres desacompanhadas. Zola descreveu a loja de departamentos como "um templo às mulheres, fazendo com que uma legião de balconistas acendessem incenso diante delas" (cit. em Pevsner, 1970:269). O centro de compras é um tanto semelhante e, com efeito, as compras constituem uma esfera de atividade social na qual se concedem poderes às mulheres. Ele aglutina o público e o doméstico e implica atividades nas quais as mulheres têm a permissão de demonstrar sua competência.

Deve-se notar, finalmente, a maior implantação de locais temáticos, que se tornaram particularmente populares nas últimas duas décadas. Refiro-me às feiras mundiais, que se tornaram uma enorme atração turística. Por exemplo, mais de 22 milhões de pessoas freqüentaram a Exposição de 1986 em Vancouver (ver Ley e Olds, 1988, para uma análise mais ampla). O desenvolvimento e a popularidade dessas feiras representam a intrusão cada vez maior do lazer, do turismo e da estética na paisagem urbana. Elas proporcionam exemplos mais abrangentes da desdiferenciação do lazer, do turismo, das compras, da cultura, da educação, da alimentação, etc.

A maior parte da Exposição de 1988, em Brisbane, foi organizada em torno de diferentes mostras nacionais. Havia mais de cinqüenta ambientes temáticos, baseados em diferentes estereótipos nacionais, tais como o *pub* inglês, as realizações americanas na esfera do esporte, as cervejarias alemãs e as danças exóticas das ilhas dos Mares do Sul. Esses temas tinham por objetivo demonstrar o orgulho nacional em atividades nacionais que, segundo se supunha, eram específicas de determinado país. Em geral, esse orgulho era demonstrado ou por meio de certos aspectos das tradições e do patrimônio histórico do país ou por meio do alto nível de tecnologia por ele alcançado. A exposição que, em geral, foi considerada a mais interessante de todas (medida pelo comprimento das filas que se formaram na entrada) foi a dos japoneses, que combinava ambos os aspectos, como, por exemplo, representações, apoiadas em alta tecnologia, de animais que dançavam, venerados tradicionalmente.

A exemplo do que ocorreu com a Exposição de Vancouver, nenhum conjunto hegemônico de mensagens foi transmitido por essa feira. Com efeito, trata-se de fenômenos tão obviamente pós-modernos que seria difícil alcançar esse objetivo. Tais feiras constituem uma microversão do turismo internacional. Em vez de viajarem pelo mundo afora a fim de vivenciar e contemplar esses diferentes signos, os turistas, de maneira muito conveniente, são trazidos para um único lugar, só que em escala bem maior que a do centro de compras de West Edmonton. Harvey se expressa de maneira mais geral: "Agora é possível vivenciar a geografia do mundo de maneira vicária, como um simulacro" (1989:300). Isso pode ser visto a partir dos divertimentos proporcionados pelas feiras mundiais. Em Vancouver houve 43 mil espetáculos gratuitos, de que participaram oitenta mil artistas, cifra inacreditável, aliás (Ley e Olds, 1988:203). Embora houvesse ali alta cultura, incluindo uma apresentação do La Scala para uma platéia de quarenta mil pessoas, a maior parte dos divertimentos era constituída por espetáculos folclóricos ou populares que, no todo, eram um pastiche cultural, um tanto à semelhança da disponibilidade da culinária do mundo inteiro nas grandes cidades americanas (ver Harvey, 1989:300). A maioria dos espetáculos eram de um país específico e consistiam naquela espécie de divertimento étnico proporcionado aos turistas em cada país que eles visitam. A diferença era que os visitantes tinham apenas de ir de uma tenda ou mostra para outra, para contemplar outro evento cultural, característico de mais uma nação.

Assim, o que as pessoas fazem em feiras como estas é perambular, ser um *flâneur*, e elas se deslocam através dos signos de diferentes culturas. Portanto, sejam elas habitantes locais ou visitantes de outras cidades que não aquela que hospeda a feira, estarão agindo como turistas, contemplando os signos de várias culturas. Em uma única tarde as pessoas podem fazer aquilo que levariam uma vida inteira para concretizar: contemplar e coletar os signos de dezenas de culturas diferentes — as edificações, os artefatos culturais, as refeições, os divertimentos étnicos ao vivo.

Muitas das mostras pretendem ser educativas e, com efeito, grupos de crianças em idade escolar constituem uma grande categoria de visitantes. Esse é um traço a mais da desdiferenciação das esferas culturais, anteriormente observada. A educação e o divertimento estão se fundindo e é um processo muito incentivado pelo papel fundamental, cada vez maior, exercido pela mídia visual nessas duas esferas. Com efeito, alguns dos últimos parques temáticos têm que ver com o fornecimento daquilo que se poderia denominar "edutimento" (educação + divertimento). Passarei a examinar os relacionamentos que se estabelecem entre o turismo, a educação e a cultura.

Educação e divertimento

Apontou-se, no capítulo 1, que o desenvolvimento do turismo de massa constituiu um aspecto da separação entre o trabalho e o lazer, que caracterizou o desenvolvimento social no século XIX, à medida que o trabalho e o lazer acabaram sendo caracterizados por uma racionalização cada vez maior. A emergência do turismo de massa, no final do século, foi mais um aspecto dessa separação. O turismo foi sistematizado e organizado. Ele era a antítese do trabalho, da instrução e do aprendizado.

A principal exceção a esses padrões foi o *Grand Tour*, de que participavam sobretudo os filhos dos ricos. Esse tipo de "turismo" não era uma atividade de lazer de que alguém participa longe do trabalho, pois aqueles que a ela se entregavam não trabalhavam. Também não implicava a ausência de conhecimentos e de instrução, que constituíam elementos importantes do *tour*.

Desenvolverei minha argumentação, sugerindo que o turismo contemporâneo vem assumindo em parte as características do *Grand Tour*. Isso pode ser visto graças ao modo pelo qual uma proporção substancial da população goza de períodos de lazer cada vez mais prolongados, distantes do trabalho remunerado. Muitas vezes isso é descrito como um tempo mais extenso de "lazer". Trata-se, porém, de um termo que se presta a equívocos, já que, sobretudo para as mulheres, o "lazer" implica "trabalho". No entanto, para muitas pessoas, existe mais tempo disponível, fora do trabalho remunerado, devido ao aumento de férias pagas para os trabalhadores, a uma proporção cada vez maior de aposentados, ao alto número de pessoas desempregadas ou subempregadas e à proporção, que cada vez cresce mais, de pessoas que exercem um trabalho em turno parcial, particularmente as mulheres. O trabalho e sua ausência são mais variáveis e flexíveis, em comparação com o passado, especialmente no caso das mulheres. As férias, portanto, não precisam oferecer um contraste tão dramático com o trabalho remunerado, a exemplo do que acontecia anteriormente. Não basta que elas pressuponham duas semanas de "divertimento à beira-mar".

As férias já não contrastam tão profundamente com a educação e a instrução, como no passado. De modo muito variado, boa parte do turismo está se interconectando mais intimamente com a instrução. Já chamei a atenção para a popularidade cada vez maior dos museus, o fascínio pelas vidas dos trabalhadores na indústria, em particular, e a popularidade alcançada pelas recriações históricas hiper-reais. Acrescente-se a isso o desejo cada vez maior de aprender um novo esporte durante as férias, tal como o esqui, os esportes aquáticos, a asa-delta; o desenvolvimento do turismo voltado para as artes e a cultura; a atração cada vez maior exercida por locais industriais, tais como a usina de reprocessamento nuclear de Sellafield, que agora conta com 150 mil visitantes por ano e o substancial aumento das férias educativas, nas escolas, universidades e hotéis. Trusthouse Forte oferece hoje um amplo espectro de férias educativas em vários hotéis. Entre os muitos temas que podem ser estudados incluem-se arte e antiguidades, o jogo de *bridge*, a técnica da aquarela, o manejo do arco e flecha, a caça ao pombo, peixes-voadores, o golfe e passeios a cavalo.

Uma localidade turística interessante, sintomática dessas novas tendências, é a Fábrica de Quarry Bank, situada em Styal, Cheshire. Essa fábrica onde se fiava o algodão, movida pela força da água, foi construída por Samuel Greg em 1784. Em volta dela erguiam-se as edificações onde trabalhava uma comunidade inteira, duas capelas, uma escola, uma loja, as residências dos operários e um centro de aprendizado, os quais permaneceram fisicamente bem preservados. O museu foi fundado em 1976. É descrito como "um museu do sistema fabril", cujo objetivo é reviver o papel exercido pela mão-de-obra, pela família Greg e pelas circunstâncias que deram início à revolução industrial na indústria têxtil. O museu abriga inúmeras mostras relativas às atividades têxteis e à força hidráulica. Os demonstradores, alguns dos quais vestidos com roupas apropriadas, mostram aos visitantes como fiar algodão em uma máquina de fusos múltiplos, como tecer à mão, como operava uma máquina de cardar, bem como as rotinas domésticas ligadas à ação de cozinhar, limpar e lavar a roupa das crianças empregadas na fábrica.

Boa parte de pesquisas realizadas por historiadores profissionais foi levada a efeito com o objetivo de montar as exposições e reunir um grande número de documentos de apoio, dados ou vendidos aos visitantes. Os engenheiros também exerceram um papel fundamental no desenvolvimento do museu, pois puseram novamente em funcionamento as máquinas freqüentemente estragadas.

Metade dos visitantes do local é composta de grupos de alunos do primeiro e segundo graus e, assim, os funcionários do museu estão diretamente envolvidos com a educação. A fábrica produziu vasto material de apoio para esses visitantes, inclusive um "Pacote de Recursos e Documentos". Cerca de cem guias são encarregados de explicar aspectos do funcionamento da fábrica. Existem também inúmeras outras atividades educacionais empreendidas pelo museu. Os cursos oferecidos incluem tecelagem, fiação, confecção de colchas de retalho e de acolchoados, rendas e bordados, têxteis experimentais, moda e roupas, estamparia, tingimento e impressão, além de tricô.

Ao mesmo tempo a fábrica faz enormes esforços para atrair "o público que não visita museus", intensificando aqueles elementos das mostras que podem contribuir para maior divertimento. Isso é alcançado em parte pela recorrência a pessoas que demonstram muitos dos processos adotados na fábrica e por uma interação com os visitantes, sob a forma de jogos teatrais. O museu também organiza vários eventos especiais: almoços dominicais dedicados às mães, um projeto de fabricação de tendas, as comemorações do dia de são Jorge, trens-fantasmas, confecção de artesanato de Natal, etc. No entanto, o museu corre o risco de ser visto como excessivamente comercial e de ser realmente supercomercial. A comercialização da fábrica reflete as tendências que se observam nos museus pós-modernos, discutidas no capítulo 6.

A fábrica teve de se ver às voltas com a questão da autenticidade. Embora a construção seja autêntica e não tenha passado por um processo particular de limpeza, o maquinário, é claro, não data do século XVIII. Algumas peças estão no museu desde o século XIX ou o início deste século, embora muitas outras, incluindo a imensa roda d'água, tenham vindo de outras fábricas, frequentemente em processo de decadência. O trabalho desenvolvido em relação ao maquinário recorreu a técnicas "tradicionais", que tiveram de ser especialmente aprendidas. A fábrica não tenta tornar explícito aquilo que é autêntico, embora não se trate de um exercício intencional, já que aquilo que se julga autêntico depende de um determinado período que está sendo levado em consideração. É claro que outras fábricas "autênticas", até hoje existentes, contêm máquinas de vários períodos. O que a Fábrica de Quarry Bank mostra, em última análise, é que não existe uma simples reconstrução "autêntica" da história, mas que toda reconstrução implica várias espécies de acomodação e de reinterpretação.

Finalmente, a fábrica não apresenta uma visão excessivamente romantizada da vida da classe trabalhadora. Existem muitas provas das más condições sanitárias e da esqualidez de grande parte do trabalho industrial. No entanto, a literatura sobre as fábricas também chama considerável atenção para os depoimentos dos contemporâneos, os quais sugeriram que as condições de trabalho em comunidades rurais fabris, tal como Styal, eram consideravelmente melhores do que nos grandes centros industriais, a exemplo da vizinha Manchester e de Salford. Assim, parece ter havido baixos níveis de insatisfação nas fábricas, embora isso também possa ser relacionado com formas de vigilância e controle empregados localmente. O curador também sugeriu que os visitantes não voltariam necessariamente para novas visitas se fosse apresentado um relato deprimente sobre a vida na fábrica. No entanto, ao contrário de alguns outros museus industriais, a Fábrica de Quarry Bank não é um santuário da tecnologia. O maquinário têxtil possivelmente será considerado pelos visitantes barulhento, perigoso e sujo.

O modo mais surpreendente mediante o qual o desenvolvimento do turismo está transformando o ambiente urbano se encontra naqueles lugares onde um turismo cultural, recentemente implantado, se firmou. O melhor exemplo desse fato, na Grã-Bretanha, é a transformação de Glasgow e sua afirmação como um dos centros do turismo cultural. Ela foi designada a "Capital Européia da Cultura em 1990". A recuperação de Glasgow foi, em grande parte, conduzida pela arte. A Festa de Maio e a abertura ao público da coleção Burrell estão ajudando a mudar a imagem da cidade, que de centro industrial estagnado passou a ser uma área dinâmica, em crescimento [atraente para os turistas]" (cit. em McKellar, 1988:14).

Dois terços dos visitantes são de opinião de que existe uma ampla variedade de museus e galerias de arte interessantes para se visitar na cidade. Pelo menos um terço deles acha que são tantas as atividades culturais que gostariam de poder permanecer mais tempo na cidade. Menos de um quinto consideram Glasgow um lugar árido e deprimente, o que foi o caso, no passado (Myerscough, 1988:88-9). De forma misteriosa, porém dramática, Glasgow tornou-se o tipo do lugar que as pessoas agora querem visitar, ver e ser vistas. Tornou-se um dos objetos preferidos do olhar de muitos turistas.

Essa transformação de Glasgow como um objeto do olhar é o resultado da reestruturação econômica, da mudança social, da intervenção política e de uma reavaliação cultural. Parte dessa transformação fez com que o turismo passasse a ter um significado social e econômico fundamental nas sociedades ocidentais, à medida que se aproxima o século XXI. Se Glasgow pôde ser refeita como atração turística, torna-se possível imaginar se existem, de fato, muitos limites para o olhar do turista ou do pós-turista. Se esses limites existirem de fato, quais serão seus efeitos sobre sociedades cujas edificações, conceitos da história, símbolos culturais, padrões sociais e processos políticos poderão ser em parte refeitos como objetos do olhar?

Já está claro que a trajetória de alguns países é determinada significativamente pelo turismo, a exemplo da Espanha, da Áustria, da Grécia, das Antilhas e de Bali. O que acontece no momento é que, à medida que o turismo se transforma em uma grande indústria, de alcance mundial, muitos ou a maioria dos países serão invadidos por uma onda turística. É uma onda que não se confina a determinados lugares, mas na qual quase todos os espaços, histórias e atividades sociais podem ser material e simbolicamente refeitas para o olhar que não cessa de devorar, um olhar que, em 1989, era responsável em parte pela derrocada de algumas fronteiras entre os países do Leste e do Oeste, a exemplo dos cidadãos de países da Europa Oriental, que exigiram o direito de viajar e contemplar os países da Europa Ocidental. Retornando a Foucault, as sociedades contemporâneas se desenvolvem menos na base da vigilância e da normatização dos indivíduos e mais na base da democratização do olhar do turista e da espetacularização dos lugares.

Bibliografia

ABERCROMBIE, N. e URRY, J. *Capital, Labour and the Middle Classes*. London, Allen & Unwin, 1983.

ABERCROMBIE, N., WARDE, A., SOOTHILL, K., URRY, J. e WALBY, S. *Contemporary British Society*. Cambridge, Polity, 1988.

ADLER, J. "Origins of sightseeing". *Annals of Tourism Research*, 16:7-29, 1989.

AGLIETTA, M. *A Theory of Capitalist Regulation: the US Experience*. London, Verso, 1987.

ALBERS, P. e JAMES, W. "Travel photography: a methodological approach". *Annals of Tourism Research*, 15:134-58, 1988.

ANDERSON, K. "Cultural hegemony and the race-definition process in Chinatown, Vancouver: 1880-1980". *Environment and Planning D: Society and Space*, 6:127-49, 1988.

ARTLEY, A. e ROBINSON, J. *The Official New Georgians Handbook*. London, Ebury Press, 1985.

ASHWORTH, P. "Nottingham-by-Sea". *The Guardian*, 21 jun. 1986.

ATKINSON, J. "Manpower strategies for flexible organisations". *Personnel Management*, 28-31 ago. 1984.

BAGGULEY, P. *Flexibility, Restructuring and Gender. Changing Employment in Britain's Hotels*. Lancaster Regionalism Group Working Paper, n. 24, 1987.

———. "Gender and flexibility in hotel and catering". *Services Industries Journal*, 10, 1990.

BAGGULEY, P., MARK-LAWSON, J., SHAPIRO, D., URRY, J., WALBY., S., WARDE, A. "Restructuring Lancaster". In Cooke, P. (org.). *Localities*. London, Unwin Hyman, 1989, pp. 129-65.

——. *Restructuring, Place, Class and Gender*. London, Sage, 1990.

BALL, R. "Seasonality: a problem for workers in the tourism labour market". *Service Industries Journal*, 8:501-13, 1988.

BARRETT, F. *The Independent Guide to Real Holidays Abroad*. London, The Independent, 1989a.

——. "Why the tour operators may face their last supper". *The Independent*, 7 nov. 1989b.

BARTHES, R. *Mythologies*. London, Jonathan Cape, 1972.

——. "The Eifell Tower". In *The Eiffel Tower and Other Mythologies*. New York, Hill & Wang, 1979, p. 3-17.

——. *Camera Lucida*. New York, Hill & Wang, 1981.

BAUDRILLARD, J. "The ecstacy of communication". in H. Foster (org.). *Postmodern Culture*. London, Pluto, 1985, pp. 126-34.

——. *America*. London, Verso, 1988.

BAXTER, L. "Nostalgia's booming future". *The Daily Telegraph*, 21 jul. 1989.

BECKERMAN, W. *In Defence of Economic Growth*. London, Jonathan Cape, 1974.

BELL, D. *The Cultural Contradictions of Capitalism*. London, Heinemann, 1976.

BENJAMIN. W. "The work of art in the age of mechanical reproduction". In *Illuminations*. London, Fontana, 1973, p. 219-54.

BENNETT, T. "A thousand and one troubles: Blackpool Pleasure Beach". In *Formations of Pleasure*. London, Routledge, 1983, p. 138-55.

——. "Hegemony, ideology, pleasure: Blackpool". In T. Bennett, C. Mercer e J. Woollacott (org.). *Popular Culture and Social Relations*. Milton Keynes, Open University Press, 1986, p. 135-55.

——. "Museus and 'the people'". In R. Lumley (org.). *The Museum Time-Machine*. London, Routledge, 1988, p. 63-86.

BERGER, J. *Ways of Escape*. Harmondsworth, Penguin, 1972.

BERMAN, M. *All that is Solid Melts into Air*. London, Verso, 1983.

BINNEY, M. *Our Vanishing Heritage*. London, Arlington Books, 1984.

——. "Will Morecambe be wise?". *The Sunday Telegraph*, 30 out. 1988.

BLAU, J. "Where architects work: a change analysis 1970-80". In P. Kno (org.). *The Design Professions and the Built Environment*. London, Croom Helm, 1988, p. 127-46.

BODGENER, J. "Bright spot on the landscape". *Financial Times*, 8 dez. 1988.

BOORSTIN, D. *The Image: A Guide to Pseudo-Events in America*. New York, Harper, 1964.

BOURDIEU, P. *Distinction*. London, Routledge & Kegan Paul, 1984.

BRUCE, M. "New technology and the future of tourism". *Tourism Management*, jun.:115-20, 1987.

BRUNNER, E. *Holiday Making and the Holiday Trades*. Oxford, Oxford University Press, 1945.

BTA/ETB. *Hotel Development in the UK*. Mimeo, 1985.

BTA/ETB Research Services. *Overseas Visitor Survey*. London, BTA/ETB Research Services, 1988a.

BTA/ETB. *Tourism Investment Report, Jan.-June 1988*. London, BTA/ETB, 1988b.

BUCK, M. "The role of travel agent and tour operator". In B. Goodall e G. Ashworth. *Marketing in the Tourism Industry*. London, Croom Helm, 1988, p. 67-74.

BUCK, N., GORDON, I., PICKVANCE, C. e TAYLOR-GOOBY, P. "The Isle of Thanet: restructuring and municipal conservantism". In P. Cooke (org.). *Localities*. London, Unwin Hyman, 1989, p. 166-97.

BURKART, A. J. e MEDLIK, S. *Tourism, Past, Present, and Future*. London, Heinemann, 1974.

BURTON, R. "Yorkshire tea and fat rascals". *The Guardian*, 25 mar. 1989.

CABINET OFFICE (Enterprise Unit). *Pleasure, Leisure and Jobs. The Business of Tourism*. London, HMSO, 1983.

CALLAN, R. "Small country hotels and hotel award schemes as a measurement of service quality". *Services Industries Journal*, 9:223-46, 1989.

CAMPBELL, C. *The Romantic Ethic and the Spirit of Modern Consumerism*. Oxford, Basil Blackwell, 1987.

CAMPBELL, M. "Fishing lore. The construction of the 'Sportsman'". *Annals of Tourism Research*, 16:76-88, 1989.

CARLZON, J. *Moments of Truth*. Cambridge, MA, Balinger, 1987.

CHIVERS, T. "The proletarianisation of a service worker". *Sociological Review*, 21:633-56, 1973.

CLARK, P. *The English Alehouse: a Social History, 1200-1830*. London, Longman, 1983.

CLARK, T. J. *The Painting of Modern Life*. London, Thames & Hudson, 1984.

CLARKE, J. e Critcher, C. *The Devil Makes Work*. London, Macmillan, 1985.

CLOKE, P. "Land-use planning in rural Britain". In P. Cloke (org.). *Rural Land-Use Planning in Developed Nations*. London, Unwin Hyman, 1989, p. 18-46.

COHEN, E. "Towards a sociology of international tourism". *Social Research*, 39:164-82, 1972.

────── "A phenomenology of tourist types". *Sociology*, 1:179-201, 1979.

──────. "Traditions in the qualitative sociology of tourism". *Annals of Tourism Research*, Special Issue, 15:29-46, 1988.

COLSON, F. *The Week*. Cambridge, Cambridge University Press, 1926.

COOPER, C. e JACKSON, S. "Destination life cycle. The Isle of Man study". *Annals of Tourism Research*, 16:377-98, 1989.

COSGROVE, D. *Social Formation and Symbolic Landscape*. London, Croom Helm, 1984.

COSGROVE, I. e JACKSON, R. *The Geography of Recreation and Tourism*. London, Hutchinson, 1972.

COUNTRYSIDE COMISSION. *Out in the Country*. Cheltenham, Countryside Comission, 1988.

COWEN, H. "Regency icons: Marketing Cheltenham's built environment". In M. Harloe, C. Pickvance e J. Urry (org.). *Place, Politics and Policy. Do Localities Matter?* London, Unwin Hyman, 1990, p. 128-45.

CRICK, M. "'Tracing' the anthropological self". *Social Analysis*, 17:71-92, 1985.

―――. "Sun, sex, sights, savings and servility". *Criticism, Heresy and Interpretation*, 1:37-76, 1988.

CULLER, J. "Semiotics of Tourism". *American Journal of Semiotics*, 1:127-40, 1981.

CUNNINGHAM, H. *Leisure in the Industrial Revolution*. London, Croom Helm, 1980.

DANIELS, S. e COSGROVE, D. "Introduction: iconography and landscape". In D. Cosgrove e S. Daniels (org.). *The Iconography of Landscape*. Cambridge, Cambridge University Press, 1988, p. 1-10.

DAVENPORT, P. "A fine future behind us". *The Times*, 3 nov. 1987.

DAVIES, L. "If you've got it, flaunt it". *Employment Gazette*, abr.:167-71, 1987.

DEANE, P. e COLE, W. A. *British Economic Growth, 1688-1959*. Cambridge, Cambridge University Press, 1962.

DEBORD G. *Society of the Spectacle*. Detroit, IL, Black & Red, 1983.

DENISON-EDSON, P. W. "Some aspects of a historical geography of Morecambe". BA dissertation, University of Cambridge, 1967.

DENT, K. "Travel as education: the English landed classes in the eighteenth century". *Educational Studies*, 1:171-80, 1975.

DEPT. OF EMPLOYMENT. *Manpower Studies n. 10: Hotels*. London, HMSO, 1971.

―――. "Historical supplement". *Employment Gazette*, fev. 1987.

―――. *Overseas Travel and Tourism — September 1988*. Agência de notícias do Employment Dept. 1988.

DEPT. OF TRANSPORT. *National Travel Survey: 1985/6 Report - Part 1. An Analysis of Personal Travel*. London, HMSO, 1988.

DOGAN, H. "Forms of adjustment. Sociocultural impacts of tourism". *Annals of Tourism Research*, 16:216-36, 1989.

DOUGLAS, M. *Natural Symbols: Exploration in Cosmology*. London, Barrie and Jenkins, 1973.

ECO, U. *Travels in Hyper-Reality*. London, Picador, 1986.

ECONOMIC DEVELOPMENT. *"I've Never Been to Wigan, but I Know What It's Like"*. Wigan, Economic Development, s.d.

EDGAR, D. "The new nostalgia". *Marxism Today*, mar.:30-5, 1987.

EHRENREICH, B. *The Hearts of Men*. London, Pluto, 1983.

————. *Fear of Falling*. New York, Pantheon, 1989.

ELLIS A. e HEATH, A. "Positional competition, or an offer you can't refuse". In A. Ellis e K. Kumar, 1983, p. 1-22.

ELLIS, A. e KUMAR, K. (org.). *Dilemas of Liberal Democracies*. London, Tavistock, 1983.

ENGLISH TOURIST BOARD. *Tourism Enterprise by Local Authorities*. London, English Tourist Board, s.d.

ENLOE, C. *Bananas, Beaches and Bases*. London, Pandora, 1989.

ETAC (Education and Training Advisory Council). *Hotel and Catering Skills - Now and in the Future: Part II, Jobs and Skills*. Wembley, Hotel and Catering Industry Training Board, 1983.

FARRANT, S. "London by the sea: resort development on the south coast of England, 1880-1939". *Journal of Contemporary History*, 22:137-62, 1987.

FAULKS, S. "Disney comes to Chaucerland". *The Independent*, 11 jun. 1988.

FEATHERSTONE, M. "Consumer culture, symbolic power and universalism". In G. Stauth e S. Zubaida (org.). *Mass Culture, Popular Culture, and Social Life in the Middle East*. Frankfurt, Campus, 1987, p. 17-46.

FEIFER, M. *Going Places*. London, Macmillan, 1985.

FISKE, J. *Reading the Popular*. Boston, Unwin Hyman, 1989.

FONDERSMITH, J. "Downton 2040: making cities fun". *The Futurist*, mar./abr.:9-17, 1988.

FOSTER, H. "Postmodernism: a preface". 1985a. In H. Foster (org.), p. ix-xvi, 1985b.

————. (org.). *Postmodern Culture*. London, Pluto, 1985b.

FOUCAULT, M. *The Birth of the Clinic*. London, Tavistock, 1976.

FRAMPTON, K. "Place-form and cultural identity". In J. Thackara (org.). *Design after Postmodernism*. London, Thames & Hudson, 1988, p. 51-66.

FREEMAN, M. *Town-Centre Redevelopment: Architectural Styles and the Roles of Developers and Architects*. University of Birmingham Dept of Geography, Occasional Publication n. 20, 1986.

FRIEDEN, B. e SAGALYN, L. *Downton, Inc. How America Rebuilds Cities*. Cambridge, MA, MIT Press, 1989.

GABRIEL, Y. *Working Lives in Catering*. London, Routledge, 1988.

GESHUNY, J. "The future of service employment". In O. Giarini (org.). *The Emerging Service Economy*. Oxford, Oxford University Press, 1987, p. 105-24.

GIDDENS, A. *The Constitution of Society*. Cambridge, Polity, 1984.

GLANCEY, J. "Hello campers". *Landscape*, jul./ago.:54-5, 1988.

GOFFEE, R. e SCASE, R. "Class entrepreneurship and the service sector: towards a conceptual clarification". *Service Industries Journal*, 3:146-60, 1983.

GOLDTHORPE, J. "On the service class: its formation and future". In A. Giddens e G. Mackenzie (org.). *Social Class and the Division of Labour.* Cambridge, Cambridge University Press, 1986, p. 162-85.

GOODALL, B. "Changing patterns and structures of European tourism". In B. Goodall e G. Ashworth (org.). *Marketing in the Tourism Industry*. London, Croom Helm, 1988, pp. 18-38.

GOODWIN, A. "Nothing like the real thing". *New Statesman and Society*, 12 ago. 1989.

GOTTLIEB, A. "Americans' vacations". *Annals of Tourism Research*, 9:165-87, 1982.

GRASS, J. "Morecambe: The People's Pleasure. The Development of a Holiday Resort." 1880-1902. MA Dissertation, University of Lancaster, 1972.

GRATTON, C. e TAYLOR, P. *Leisure Industries. An Overview*. London, Comedia, 1987.

GRAVES, R. *Majorca Observed*. London, Cassell, 1965.

GREENE, M. *Marketing Hotels into the 90s*. London, Heinemann, 1982.

GROVE, V. "One man's dream of a stately pleasure dome". *The Sunday Times*, 12 jun. 1988.

GUERRIER, Y. e LOCKWOOD, A. "Core and peripheral employees in hotel operations". *Personnel Review*, 18:9-15, 1989.

HALL, S. "Brave new world". *Marxism Today*, out.:24-9, 1988.

HALSALL, M. "Through the valley of shadow". *The Guardian*, 27 set. 1986.

HARRIS, H. e LIPMAN, A. "Viewpoint: A culture and despair: reflections on 'post-modern' architecture". *Sociological Review*, 34:837-54, 1986.

HARRISON, B. *Drink and the Victorians*. London, Faber & Faber, 1971.

HART, J. "A package for Christmas". *Signature*, nov./dez.:18-9, 1988.

HART, N. "Gender and the rise and fall of class politics". *New Left Review*, 175:19-47, 1989.

HARVEY, D. "Flexible accumulation through urbanism: reflections on 'postmodernism' in the American city". *Antipode*, 19:260-86, 1987.

―――. "Voodoo cities". *New Statesman and Society*, 30 set. 1988, p. 33-5.

―――. *The Condition of Postmodernity*. Oxford, Blackwell, 1989.

HATTERSLEY, R. "A canny lad". *The Listener*, 19 jan. 1989.

HEBDIGE, D. "A report from the Western Front". *Block*, 12:4-26, 1986-7.

―――. *Hiding in the Light*. London, Routledge, 1988.

HEIMAN, M. "Production confronts consumption: landscape perception and social conflict". *Society and Space*, 7:165-78, 1989.

HEINICH, N. "The Pompidou Centre and its public: the limits of a utopian site". In R. Lumley (org.). *The Museum Time-Machine*. London, Routledge, 1988, p. 199-212.

HENNESSY, S., Greenwood, J., Shaw, G. e Williams, A. *The Role of Tourism in Local Economies: a Pilot Study of Looe, Cornwall*. Tourism in Cornwall Project, Dept of Geography, University of Exeter.

HERN, A. *The Seaside Holiday*. London, Cresset Press, 1967.

HEWISON, R. *The Heritage Industry*. London, Methuen, 1987.

HIRSCH, F. *Social Limits to Growth*. London, Routledge & Kegan Paul, 1978.

HIRSCHHORN, L. *Beyond Mechanization*. Cambridge, MA, MIT Press, 1984.

HOCHSCHILD, A. *The Managed Heart, Comercialization of Human Feeling*. Berkeley, University of California Press, 1983.

HOOPER-GREENHILL, E. "Counting visitors or visitors who count". In R. Lumley (org.). *The Museum Time-Machine*. London, Routledge, 1988, p. 213-32.

HORNE, D. *The Great Museum*. London, Pluto, 1984.

HOUSTON, L. *Strategy and Opportunities for Tourism Development*. Glasgow, Planning Exchange, 1986.

HOWELL, S. *The Seaside*. London, Collier Macmillan, 1974.

HUTCHEON, L. "The politics of postmodernism: parody and history". *Cultural Critique*, 5:179-297, 1986-7.

HUTCHINSON, M. *The Prince of Wales: Right or Wrong?* London, Faber & Faber, 1989.

IMF. *Balance of Payments Statistics*, 37, Part 2, Washington, IMF, 1986.

JAKLE, J. *The Tourist*. Lincoln, University of Nebraska Press, 1985.

JAMES, N. "Emotional labour: skill and work in the social regulation of feelings". *Sociological Review*, 37:15-42, 1985.

JAMESON, F. "Postmodernism and consumer culture". In H. Foster (org.). *Postmodern Culture*. London, Pluto, 1985, p. 111-25.

JAMIESON, B. "Bass checks into the Penthouse Suite". *The Sunday Telegraph*, 27 ago. 1989.

JANUSZCZAK, W. "Romancing the grime". *The Guardian*, 2 set. 1987.

JEFFREY, D. e HUBBARD, N. "Foreing tourism, the hotel industry and regional economic performance". *Regional Studies*, 22:319-30, 1988.

JENCKS, C. *The Language of Post-Modern Architecture*. New York, Academy, 1977.

JENKINS, S. "Art makes a return to architecture". *The Sunday Times*, 15 nov. 1987.

JOHNSON J. e POOLEY, C. (org.). *The Structure of Nineteenth Century Cities*. London, Croom Helm, 1982.

JOHNSON K. e MIGNOT, K. "Marketing trade unionism to service industries: an historical analysis of the hotel industry". *Service Industries Journal*, 2:5-23, 1982.

JONES, A. "Green tourism". *Tourism Management*, dez.:354-6, 1987.

JONES, G. "Factories seen as attractions for tourists". *Daily Telegraph*, 28 dez. 1987.

JORDONOVA, L. "Objects of knowledge: a historical perspective on museums". In P. Vergo. *The New Museology*. London, Reaktion, 1989, p. 21-40.

DE KADT, E. *Tourism: Passport to Development*. Oxford, Oxford University Press, 1979.

KEY NOTE REPORT. *Tourism in the UK*. London, Key Note Publications, 1986.

―――. *Tourism in the UK*. London, Key Note Publications, 1987.

KING, A. *The Bungalow*. London, Routledge, 1984.

KNOX P. "The social production of the built environment". *Progress in Human Geography*, 11:354-77, 1987.

―――. "The design professions and the built environment in a postmodern epoch". In P. Knox (org.). *The Design Professions and the Built Environment*. London, Croom Helm, p. 1-11, 1988.

KRIER, L. "Berlin-Tagel" e "Building and architecture". *Architectural Design*, 54:87, 119, 1984.

KROKER, A. e COOK, D. *The Postmodern Scene*. New York, St Martin's, 1986.

LANCASHIRE COUNTY COUNCIL. *A Strategy for Tourism in Lancashire*. Vol. 4. Review and Assessment. Preston, Lanchashire County Council, 1987.

LANDRY, C., MONTGOMERY, J., WORPOLE, K., GRATTON, C. e MURRAY, R. *The Last Resort*. London, Comedia Consultancy/SEEDS (South East Economic Development Strategy), 1989.

LARKHAM, P. *The Agents of Urban Change*. University of Birmingham Dept of Geography, Occasional Publication n. 21, 1986.

LASCH, C. *The Culture of Narcisism*. London, Sphere, 1980.

LASH, S. *Sociology of Postmodernism*. London, Routledge, 1990.

LASH, S. e URRY, J. *The End of Organized Capitalism*. Cambridge, Polity, 1987.

LAWSON, A. e SAMSON, C. "Age, gender and adultery". *British Journal of Sociology*, 39:409-40, 1988.

LEA, J. *Tourism and Development in the Third World*. London, Routledge, 1988.

LEADBETTEER, C. "Power to the person". *Marxism Today*, out.:14-19, 1988.

LEE, J. *Press Notice*. Employment Dept., 30 nov. 1988.

LEIDNER, R. "Scripting service work: case studies of fast food and insurance sales". *Society for the Study of Social Problems*. Chicago, ago., 1987.

LETT, J. "Lucid and liminoid aspects of charter yacht tourism in the Caribbean". *Annals of Tourism Research*, 20:35-56, 1983.

LEVITT, T. "Marketing intangible products and product intangibles". *The Cornell HRA Quarterly*, ago.:37-44, 1981.

LEWIS, B. e OUTRAM, M. "Customer satisfaction with package holidays". In B. Moores (org.). *Are They Being Served?* Oxford, Philip Allan, 1986, p. 201-13.

LEY, D. e OLDS, K. "Landscape as spectacle: world's fairs and the culture of heroic consumption". *Environment and Planning D: Society and Space*, 6:191-212, 1988.

LICKORISH, L. J. e KERSHAW, A. G. "Tourism between 1840 and 1940". In A. J. Burkart e S. Medlik (org.). *The Management of Tourism*. London, Heinemann, 1975, p. 11-26.

LITTELJOHN, D. "The role of hotel consortia in Great Britain". *Service Industries Journal*, 2:79-91, 1982.

LOWE, P. e GOYDER, J. *Environmental Groups in Politics*. London, Allen & Unwin, 1983.

LOWENTHAL, D. *The Past is a Foreign Country*. Cambridge, Cambridge University Press, 1985.

LUMLEY, R. (org.). *The Museum Time-Machine*. London, Routledge, 1988.

LUNN, T. "How to swing unused talent into action". *The Sunday Times*, 20 ago. 1989.

LYNCH, K. *What Time is this Place?* Cambridge, MA, MIT Press, 1973.

MacCANNELL, D. "Staged authenticity: arrangements of social space in tourist settings". *American Sociological Review*, 79:589-603, 1973.

———. *The Tourist: A New Theory of the Leisure Class*. London, Macmilllan, 1976.

———. "Introduction to the 1989 edition". In *The Tourist*. London, Macmillan, 1989, p. ix-xx.

MARS, G. e NICOD, M. *The World of Waiters*. London, Allen & Unwin, 1984.

MARSHALL, G. "The workplace culture of a licensed restaurant". *Theory, Culture and Society*, 3:33-48, 1986.

MARTIN, B. *A Sociology of Contemporary Popular Culture*. Oxford, Blackwell, 1982.

MARTIN, B. e MASON, S. "Current trends in leisure". *Leisure Studies*, 6:93-7, 1987.

McKAY, I. "Twilight at Peggy's Cove: towards a genealogy of 'maritimicity' in Nova Scotia". *Borderlines*, verão:29-7, 1988.

McKELLAR, S. "The enterprise of culture". *Local Work*, jun.:14-17, 1988.

McGHIE, C. "Lure of the village piles on pressure". *The Sunday Times*, 15 maio 1988.

McRAE, H. "The clouds gather over the sea and sun package". *The Guardian*, 12 ago. 1989.

MENNELL, S. *All Manners of Food*. Oxford, Blackwell, 1985.

MERCER, C. "A poverty of desire: pleasure and popular politics". In T. Bennett (org.). *Formations of Pleasure*. London, Routledge & Kegan Paul, 1983, p. 84-101.

MERRIMAN, N. "Museum visiting as a cultural phenomenon". In P. Vergo. *The New Museology*. London, Reaktion, 1989, p. 149-71.

METCALF, H. "Careers and training in tourism and leisure". *Employment Gazette*, fev.:84-93, 1988.

MEYROWITZ, J. *No Sense of Place. The Impact of Eletronic Media on Social Behaviour*. New York, Oxford University Press, 1985.

MILLS, C. A. "'Life on the upslope': the postmodern landscape of gentrification". *Environment and Plannning D: Society and Space*, 6:169-89, 1988.

MILLS, S. "Tourism and leisure - setting the scene". *Tourism Today*, 6:18 21, 1989.

MILNER, M. "Where the squeeze is not only on holidaymakers". *The Guardian*, 20 ago. 1987.

MISHAN, E. *The Costs of Economic Growth*. Harmondsworth, Penguin, 1969.

MITCHINSON, A. "New Society database. Holidays". *New Society*, 22 abr. 1988.

MITFORD, N. "The tourist". *Encounter*, 13 (out.):3-7, 1959.

MITTER, S. *Comon Fate, Comon Road*. London, Pluto, 1986.

MORRIS, M. "Things to do with shopping centres". In S. Sheridan (org.). *Grafts*. London, Verso, 1988, p. 193-225.

MORTON, A. "Tomorrow's yesterdays: science museums and the future". In. R. Lumley (org.). *The Museum Time-Machine*, London, Routledge, 1988, p. 128-43.

MYERSCOUGH, J. "The recent history of the use of leisure time". In I. Appleton (org.). *Leisure Research and Policy*. Edinburgh, Scottish Academic Press, 1974, p. 3-16.

———. *Facts About the Arts*. 1986 Edition. London, Policy Studies Institute, 1986.

———. *The Economic Importance of the Arts in Britain*. London, Policy Studies Institute, 1988.

NEDO (National Economic Development Office). *Changing Working Patterns*. London, NEDO, 1986.

NEWBY, H. *Green and Pleasant Land*. Harmondsworth, Penguin, 1982.

NEWBY, P. "Literature and the fashioning of tourist taste". In D. Pocock (org.). *Humanistic Geography and Literature*. London, Croom Helm, 1981, p. 130-41.

NICHOLSON-LORD, D. *The Greening of the Cities*. London, Routledge, 1987.

NORMAN, P. "Faking the present". *The Guardian*, 10-11 dez. 1988.

OWENS, P. "Rural leisure and recreation research". *Progress in Human Geography*, 8:157-88, 1984.

PAHL, R. *Urbs in Rure. The Metropolitan Fringe in Hertfordshire*. London, LSE Geography Dept, 1965.

PARRY, K. *Resorts of the Lancashire Coast*. Newton Abbot, David & Charles, 1983.

PAWLEY, M. "The man who learned". *Intercity*, nov./dez. 1987.

PEARCE, P. *The Social Psychology of Tourist Behaviour*. Oxford, Pergamon, 1982.

PEARCE, P. e MOSCARDO, G. "The concept of authenticity in tourist experiences". *Australian and New Zealand Journal of Sociology*, 22:121-32, 1986.

PEARMAN, H. "Setting store by its designs". *The Sunday Times*, 3 ago. 1988.

———. "Manchester gets a mix'n'match revival". *The Sunday Times*, 16 abr. 1989.

PERCY, S. e LAMB, H. "The squalor behind the bright fast food lights". *The Guardian*, 22 ago. 1987.

PERKIN, H. "The 'social tone' of Victorian seaside resorts in the north-west". *Northern History*, II:180-94, 1976.

PEVSNER, N. *A History of Building Types*. London, Thames & Hudson, 1970.

PFEIL, F. "Makin' flippy-floppy: postmodernism and the baby-boom PMC". In M. Davis, F. Pfeil e M. Spinker (org.). *The Year Left. An American Socialist Yearbook 1985*. London, Verso, 1985, p. 263-195.

PHELPS-BROWN, E. H. *A Century of Pay*. London, Macmillan, 1968.

PICKVANCE, C. "Council economic intervention and political conflict in a declining resort: the Isle of Thanet". In M. Harloe, C. Pickvance e J. Urry (org.). *Place, Politics, Policy. Do Localities Matter?* London, Unwin Hyman, 1990, p. 165-86.

PILE, S. "You'll have no fun rushing the sun". *The Observer*, 16 maio 1987.

PIMLOTT, J. *The Englishman's Holiday*. London, Faber & Faber, 1947.

PINE, R. *Management of Technological Change in the Catering Industry*. Aldershot, Avebury, 1987.

PIORE, M. e SABEL, C. *The Second Industrial Divide*. New York, Basic Books, 1984.

POLLARD, S. *The Genesis of Modern Management*. London, Edward Arnold, 1965.

POLLERT, A. "The 'flexible firm': fixation or fact". *Work, Employment and Society*, 2:281-316, 1988.

POON, A. "Competitive strategies for a 'new tourism'". In. C. Cooper (org.). *Progress in Tourism, Recreation and Hospitality Management*. vol. 1:91-102, London, Belhaven Press, 1989.

PRESSDEE, M. "Agony or ecstacy: broken transitions and new social state of working-class youth in Australia". Occasional papers, South Australia College of Adult Education, Magill, S. Australia, 1986.

PUNTER, J. "The contradictions of aesthetic control under the Conservatives". *Planning Practice and Research*, 1:8-13, 1986-7.

QUICK, R. C. *The History of Morecambe and Heysham*. Morecambe, Morecambe Times, 1962.

RABAN, J. *Coasting*. London, Picador, 1986.

REYNOLDS, B. *The 100 Best Companies to Work for in the UK*. London, Fontana/Collins, 1989.

REYNOLDS, H. "'Leisure revolution' prime engines of regional recovery". *The Daily Telegraph*, 2 dez. 1988.

RICHARDS, J. e MacKENZIE, J. *The Railway Station*. Oxford, Oxford University Press, 1986.

RICHTER, C. "Tourism services". In O. Giarini (org.). *The Emerging Service Economy*. Oxford, Pergamon, 1987, p. 213-44.

ROBERTS, J. "Green mantle". *The Guardian*, 17-8 jun. 1989.

ROBINSON, H. *A Geography of Tourism*. Plymouth, Macdonald & Evans, 1976.

ROCCA, T. "Bardot scorns 'Black tide of filth' in St Tropez". *The Guardian*, 10 ago. 1989.

ROJEK, C. "The convoy of pollution". *Leisure Studies*, 7:21-31, 1988.

———. *Ways of Escape*. London, Macmillan, 1990.

ROSE, M. *The Gregs of Styal*. Cheshire, Quarry Bank Mill Development Trust, 1978.

ROSS, A. *No Respect*. London, Routledge, 1989.

RYAN, C. "Trends past and present in the package holiday industry". *Service Industries Journal*, 9:61-78, 1989.

SAMUEL, R. "History that's over". *The Guardian*, 9 out. 1987a.

———. "A plaque on all your houses". *The Guardian*, 17 out. 1987b.

SASSER, W. e ARBEIT, S. "Selling jobs in the service sector". *Business Horizons*, 19:61-5, 1976.

SAVAGE, M. "The missing link? The relationship between spatial mobility and social mobility". *British Journal of Sociology*, 39:554-77, 1988.

SAVAGE, M., DICKENS, P. e FIELDING, T. "Some social and political implications of the contemporary fragmentation of the 'service class'". *International Journal of Urban and Regional Research*, 3:455-76, 1989.

SCOTT, A. *The Good Beach Guide*. London, Ebury Press, 1988.

SCRUTON, R. *The Aesthetics of Architecture*. Princeton, NJ, Princeton University Press, 1979.

SHAMOON, S. "Shares for sale in Euro Disneyland", *The Observer*, 5 mar. 1989.

SHAW, G., Greenwood, J. e Williams, A. "The United Kingdom: market responses and public policy". In A.Williams e G. Shaw (org.). *Tourism and Economic Development*. London, Belhaven Press, 1988.

SHIELDS, R. "Social spatialization and the built environment: the West Edmonton Mall". *Environment and Planning D: Society and Space*, 7:147-64, 1989.

———. *Places on the Margin*. London, Routledge, 1990.

SHOARD, M. *The Land is Our Land*. London, Paladin, 1987.

SLATERRY, P. e ROPER, A. *The UK Hotel Groups Directory: 1986-7*. London, Cassell, 1986.

SLATERRY, P., ROPER, A. e BOER, A. "Hotel consortia: their activities, structure and growth". *Service Industries Journal*, 2:192-9, 1985.

SMITH, A. "Miscellaneous services". In A. Smith (org.). *Commercial Service Industries*. Aldershot, Gower, 1986, p. 1-54.

SMITH, D. "A fine old stew in the kitchens". *The Guardian*, 12 nov. 1988.

SMITH, V. "Introduction". In *Hosts and Guests*. Oxford, Blackwell, 1978, p. 1-14.

SONTAG, S. *On Photography*. Harmondsworth, Penguin, 1979.

SPECIAL PROJECTS GROUP, Lancaster City Council (1987). *Lancaster - Heritage City. Position Statement*. Lancaster, Lancaster City Council.

STALLINBRASS, C. "Seaside resorts and the hotel accommodation industry". *Progress in Planning*, 13;103-74, 1980.

STAMP, G. "A right old Roman carry-on". *The Daily Telegraph*, 28 dez. 1987.

STAUTH, G. e TURNER, B. "Nostalgia, postmodernism and the critique of mass culture". *Theory, Culture and Society*, 2/3:509-26, 1988.

SWET (Society of West End Theatres). *Britain at its Best: Overseas Tourism and the West End Theatre*. London, SWET, 1982.

TAYLOR, I. "Down beside the seaside". *Marxism Today*, out.:43, 1988.

THOMAS, K. *Man and the Natural World: Changing Attitudes in England, 1500-1800*. London, Allen Lane, 1973.

THOMPSON, E. P. "Time, work-discipline, and industrial capitalism". *Past and Present*, 38:56-97, 1967.

THOMPSON, G. "Holidays", Unidade 11 de *Popular Culture and Everyday Life (2)*. Milton Keynes: Open University Press, 1981.

―――. "Carnival and the calculable: consumption and play at Blackpool". In T. Bennett (org.). *Formations of Pleasure*. London, Routledge, 1983, p. 124-36.

THRIFT, N. "Images of social change". In C. Hamnett, L. McDowell e P. Sarre (org.). *The Changing Social Structure*. London, Sage, 1989, p. 12-42.

THUROT, J. e THUROT, G. "The ideology of class and tourism". *Annals of Tourism Research*, 10:173-89, 1983.

TOWNER, J. "The Grand Tour, a key phase in the history of tourism". *Annals of Tourism Research*, 12:297-33, 1985.

―――. "Approaches to tourism history". *Annals of Tourism History*, 15:47-62, 1988.

TRAVEL ALBERTA. *West Edmonton Mall*. Edmonton, Alberta Tourism. (s.d.).

TURNER, C. e MANNING, P. "Placing authenticity - on being a tourist: a reply to Pearce and Manning". *Australian and New Zealand Journal of Sociology*, 24:136-8, 1988.

TURNER, L. e ASH, J. *The Golden Hordes*. London, Constable, 1975.

TURNER, V. "The center out there: pilgrim's goal". *History of Religion*, 12:191-230, 1973.

―――. *The Ritual Process*. Harmondsworth, Penguin, 1974.

TURNER, V. e TURNER, E. *Image and Pilgrimage in Christian Culture*. New York, Columbia University Press, 1978.

URRY, J. "Some social and spatial aspects of services". *Environment and Planning D: Society and Space*, 5:5-26, 1987.

―――. "Cultural change and contemporary holiday-making". *Theory, Culture and Society*, 5:35-55, 1988a.

———. "Wish you were here". *Landscape*, jul./ago.:64-5, 1988b.
———. "The consumption of 'tourism'". *Sociology*, 24:23-35, 1990.
UZZELL, D. *Heritage Interpretation. Vol. 2*. London, Belhaven Press, 1989.
VALENZUELA, M. "Spain: the phenomenon of mass tourism". In. A. Williams e G. Shaw (org.). *Tourism and Economic Development*. London, Belhaven Press, 1988, p. 39-57.
VENTURI, R. *Learning from Las Vegas*. Cambridge, MA, MIT Press, 1972.
VIDAL, J. "No room here for Mickey Mouse". *The Guardian*, 19 mar. 1988.
VULLIAMY, E. "Squalid renaissance". *The Guardian*, 16 abr. 1988.
WALBY, S. *Flexibility and the Changing Sexual Division of Labour*. Lancaster Regionalism Group Working Paper n. 36, 1987.
WALTER, J. "Social limits to tourism". *Leisure Studies*, 1:295-304, 1982.
WALTON, J. *The Blackpool Landlady*. Manchester, Manchester University Press, 1978.
———. "Railways and resort development in Victorian England: the case of Silloth". *Northern History*, 15:191-209, 1979.
———. "The demand for working class seaside holidays in Victorian England". *Economic History Review*, 34:249-65, 1981.
———. *The English Seaside Resort: A Social History, 1750-1914*. Leicester, Leicester University Press, 1983.
WALTON, J. e POOLE, R. "The Lancashire wakes in the nineteenth century". In R.Storch (org.). *Popular Culture and Customs in the Nineteenth Century*. London, Croom Helm, 1982, p. 100-24.
WALVIN, J. *Beside the Seaside*. London, Allen Lane, 1978.
WARD, M. e HARDY, D. *Goodnight Campers! The History of British Holiday Camp*. London, Mansell, 1986.
WARDE, A. "Explaining gentrification and theories of consumption". Dept. of Sociology, Lancaster University. Mimeo, 1988.
WATERHOUSE. "Wish you were here". *The Listener*, 12 jan. 1989a.
———. *Theory and Practice of Travel*. London, Hodder & Stoughton, 1989b.
WATERHOUSE, R. "Town abandons trousers for sake of tourism". *Financial Times*, 8 jul. 1989.
WATERS, S. "Trends in international tourism". *Development Digest*, 5:57-61, 1967.
WATES, N. e KREVITT, C. *Community Architecture*. Harmondsworth, Penguin, 1987.
WELSH, E. "Are locals selling out for a bowl of gruel?" *The Sunday Times*, 11 dez. 1988.
WELSH, E. "Unmasking the special agents". *The Sunday Times*, 26 fev. 1989.
WEST, B. "The making of the English working past: a critical view of the Ironbridge Gorge museum". In. R. Lumley (org.). *The Museum Time-Machine*. London, Routledge, 1988, p. 36-62.

WHITAKER, R. "Welcome to the Costa del Kebab". *The Independent,* 27 fev. 1988.

WHITE, D. "The born-again museum". *New Society,* 1 maio 1987, 10-14.

WHYTE, W. F. *Human Relations in the Restaurant Industry.* New York, McGraw-Hill, 1948.

WICKERS, D. "Splashing out". *The Guardian,* 20 jun. 1987.

WICKERS, D. e CHARLTON, G. "Oh, we do like to be by the seaside". *The Sunday Times,* 5 jun. 1988.

WIENER, M. *English Culture and the Decline of the Industrial Spirit.* Cambridge, Cambridge University Press, 1981.

WILLIAMS, A. e SHAW, G. "Tourism and development: introduction". In A. Wiliams e G. Shaw (org.). *Tourism and Economic Development.* London, Belhaven Press, 1988a, p. 1-11.

WILLIAMS, A. e SHAW, G. (org.) "Western European tourism in perspective". In A. Wiliams e G. Shaw (org.). *Tourism and Economic Development.* London, Belhaven Press, 1988b, p. 12-38.

―――. "Tourism: candyfloss industry or job creator". *Town Planning Review,* 59:81-103, 1988c.

WILLIAMS, A., SHAW G., GREEENWOOD, J. e HENNESSY, S. *Tourism and Economic Development: a Review of Experiences in Western Europe.* Tourism in Cornwall Project, Dept of Geography, University of Exeter, 1986.

WILLIAMS, I. "Profits take a holiday". *The Sunday Times,* 30 jun. 1988.

WILLIAMS, R. *The Country and the City.* London, Paladin, 1973.

WILSHER, P. "How they put sparkle back into cities". *The Sunday Times,* 15 mai. 1988.

WILSON, A. "The view from the road: nature tourism in the postwar years". *Borderlines,* 12:10-14, 1988.

WOLFF, J. "The invisible flâneuse: women and the literature of modernity". *Theory, Culture and Society,* 2:37-48, 1985.

WOLMAR, C. "The new East Enders". *The Guardian,* 8-9 abr. 1989.

WOOD, M. "Nostalgia or never: can't go home again". *New Society,* 7 nov.:343-6, 1974.

WOUTERS, C. "The sociology of emotions and flight attendants: Hochschild's *Managed Heart*", *Theory, Culture and Society,* 6:95-124, 1989.

WRIGHT, P. *On Living in an Old Country.* London, Verso, 1985.

Younger, G. *Tourism: Blessing or Blight?* Harmondsworth, Penguin, 1973.

Índice

ACAMPAMENTOS DE FÉRIAS DE BUTLIN   46, 59, 60, 61, 82
ACAMPAMENTOS DE FÉRIAS DE PONTIN   56, 60
ALTES MUSEUM [Berlim]   174
AMIGOS DA TERRA   134
ANTILHAS   68, 207
ARÁBIA SAUDITA   86
ARBEIT, S.   98
ASH, J.   23, 24, 62, 71
ASHWORTH, P.   42
ASSOCIAÇÃO DA ARQUEOLOGIA INDUSTRIAL   150
ATKINSON, J.   111, 113, 114
ATO FERROVIÁRIO DE GLADSTONE [1844]   39
ÁUSTRIA   72, 88, 207
AYLESBURY   167, 171
AYTON, Richard   39
BAGGULEY, P.   21, 56, 64, 78, 80, 81, 83, 96, 97, 105, 107, 108, 109, 110, 111, 112, 113, 151, 156, 159, 165, 171, 191, 192
BALI   24, 208

BALNEÁRIOS DO MEDITERRÂNEO 62, 68
BARBADOS   65
BARDOT, Brigitte   66
BARNSBEE, vereador E.   46
BARRETT, F.   76, 133
BARTHES, Roland   57, 69, 185, 186
BASS   82
BATH   35, 168, 171
BATTERSEA   165, 173
BAUDELAIRE, Charles Pierre   184
BAUDRILLARD, J.   23, 121
BAXTER, Thomas   49, 175
BAYLEY, Stephen   177
BEAMISH [Newcastle]   144, 150, 175, 176
BEATLES   162
BECKERMAN, W.   66
BELL, D.   129
BENJAMIN, W.   120
BENNETT, T.   56, 58, 59, 175
BERMAN, M.   183, 184
BINNEY, Marcus   151, 154
BIRCHINGTON   53, 54
BIRMINGHAM   39, 152, 163

225

BLACKPOOL   21, 39, 40, 41, 42, 44, 46, 48, 49, 57, 58, 59, 77, 159
BOORSTIN, D.   23, 24, 25
BOURDIEU, P.   124, 125, 126, 127, 128, 129, 131, 132
BOURNEMOUTH, 40, 47, 49
BRADFORD   48, 49, 52, 144, 157, 161, 192, 193
BRIGHTON   36, 39, 40, 47, 53, 54, 57, 59, 70, 144
BRITISH AIRWAYS   31, 74, 81, 102, 133
BRITISH TOURIST AUTHORITY (Autoridade Britânica de Turismo)   175
BROOME, John   173
BRUNNER, E.   46, 47
BUTLIN, Billy   46, 59, 60
BYRON, George Lord   39
CAIS DE SALFORD [Liverpool]   163
CAMPANHA POR FÉRIAS DE VERDADE   133
CAMPBELL, C.   29, 30, 127, 133
CANADÁ   72, 194
CARLZON, Jan   101, 102
CASA LONGLEAT [Wiltshire]   70
CASTELO DE LANCASTER   160
CATARATAS DO NIÁGARA   27, 90, 95
CENTER PARC [Floresta de Sherwood]   59
CENTRO DE COMPRAS DE WEST EDMONTON   196, 203
CENTRO DE TRADIÇÕES DO CAIS DE WIGAN   84, 143, 144, 145
CENTRO POMPIDOU [Paris]   172, 180
CENTRO VIKING DE JORVIK [York]   144, 178, 194
CHARLES [Príncipe de Gales]   167, 168, 169
CHELTENHAM   149, 156
CHESTER   84, 152, 171

CHINA   29, 86
CHIVERS, T.   107, 108, 109
CINGAPURA   84, 86, 91, 92, 93, 180
CITRINE, Sir Walter   47
CLIFTONVILLE   54
COHEN, E.   23, 24, 25
COLEÇÃO BURRELL   207
COLERIDGE, Samuel Taylor   132
COMISSÃO DA COMUNIDADE EUROPÉIA   88
COMPANHIA AÉREA KLM   100
CONCURSO DE MISS GRÃ-BRETANHA   132
CONSELHO DE ARQUEOLOGIA BRITÂNICA   150
CONSELHO DO CONDADO DE LANCASHIRE/CONSELHO DA CIDADE DE LANCASTER   155, 160, 161
COOK, Thomas   43, 85, 92, 95, 121, 133, 134, 189
CORÉIA DO SUL   91
CORFU   85
CORNUALHA   79, 80
CORONATION STREET   144, 176, 194, 195
COSGROVE, D.   136, 137
COVENT GARDEN   151, 171
CRICK, M.   25, 93, 94, 139
CULLER, J.   18, 29
CUNNINGHAM, H.   37, 38
CUNNINGHAM, Joseph   46
DAILY TELEGRAPH   49, 52
DANIELS, S.   136
DARLINGTON, Ralph   49
DEBORD, G.   196
DEPARTAMENTO DE EMPREGOS   73
DERBYSHIRE, Sir Andrew   172

226

DISNEYLÂNDIA   82, 152, 164, 173, 196, 197
DISTRITO DE PEAK   137, 194
DISTRITO DOS LAGOS   47, 54, 71, 84, 134, 143
DOCAS DE ALBERT [Liverpool]   143, 157, 163, 177, 191
DUBROVNIK   84
EARL, John   154
ECO, U.   23, 121, 196
ECONOMIST   37, 74, 75
EDGAR, D.   167
EDIFÍCIO DO LLOYDS [Londres]   170
EDIFÍCIO EMPIRE STATE   28
EHRENREICH, B.   126, 130
ELLIS, A.   66, 67, 68
EMBERTON, Joseph   58
ENGLISH HERITAGE   146, 147, 154, 155
ESCOFFIER, Auguste   104, 105
ESCRITÓRIO INGLÊS DE TURISMO (English Tourist Board)   159, 161, 177
ESPANHA   22, 62, 72, 73, 85, 86, 87, 88, 148, 207
ESTADOS UNIDOS   72, 77, 82, 90, 104, 122, 125, 130, 143, 146, 152, 159, 163, 171, 173, 186, 191, 192, 197
ESTRADAS DE FERRO BRITÂNICAS (British Railways)   54
ESTÚDIOS GRANADA (Granada Studios)   144, 194
EURODISNEY   82
EXPERIÊNCIA DAS CRUZADAS [Winchester]   194
EXPOSIÇÃO DE BRISBANE [1988]   202
EXPOSIÇÃO DE VANCOUVER [1986]   202, 203
FÁBRICA DE QUARRY BANK [Styal]   205, 206, 207
FARRELL, Terry   165

FEATHERSTONE, M.   124, 126, 129
FEIFER, M.   19, 28, 39, 43, 138, 139
FÉRIAS NO CLUBE MEDITERRÂNEO   174
FIJI   93
FILIPINAS   91
FISKE, J.   62, 201, 202
FLORENÇA   86, 88
FOSTER, H.   121, 169
FOSTER, Norman   165
FOUCAULT, M.   15, 208
FRAMPTON, K.   129, 164, 169
FRANÇA   62, 72, 87, 110, 124
FREEMAN, M.   167
REGIÃO DAS FRONTEIRAS [Morecambe]   194
GABRIEL, Y.   99, 100, 108, 109, 110
GALERIA DE STUTTGART   165
GALES   36, 60, 138, 144, 148, 151, 159, 180, 194
GÂMBIA   92
GARGANTA DE IRONBRIDGE [Telford]   144, 175
GEORGE [Príncipe Regente]   35
GIBBON, Edward   35
GIDDENS, A.   27
GLADSTONE, William Ewart   39
GLASGOW   157, 162, 163, 207
GOOD FOOD GUIDE (Guia da Boa Comida)   79
GOSLING, Ray   59
GOTTLIEB, A.   27
GRAND TOUR   19, 182, 204
GRASMERE [Distrito dos Lagos]   134
GRAVES, Robert   88
GRAY, T.   134
GRÉCIA   59, 62, 68, 73, 87, 207
GREENE, M.   102

227

GREG, Samuel   152, 205
GRETNA GREEN   27
GRIMSHAW, Nick   165, 166
GRUPO THOMPSON   74, 82
GUARDIAN   21, 42, 82, 88, 101
GUERRA DE SECESSÃO   194
GUERRIER, Y.   114
GUIAS MICHELIN   174
GUMBET [Turquia]   89
HACKNEY, Rod   170
HALL, John   30, 172, 197
HARDY, D.   46, 56, 59, 60
HARVEY, D.   63, 169, 173, 203
HAUSSMANN, Barão G. E.   183, 184
HAVAÍ   86
HAWTHORNE, Nathaniel   90
HEATH, A.   67, 68
HEBDEN BRIDGE   159
HEBDIGE, G.   121, 132, 169
HEWISON, R.   144, 146, 149, 151, 152, 156, 168, 175, 177
HI-DE-HI!   60, 122
HIRSCH, F.   66, 67, 68, 71
HOCHSCHILD, A.   98, 102
HOGGART, Richard   132
HOLIDAY INNS   81, 82, 90
HOLIDAY WHICH?   74
HOOPER-GREENHILL, E.   176
HORIZON   74
HORNE, D.   174, 175
HORNER, Leonard   38
HOTÉIS GRAND METROPOLITAN   82, 192
HOTÉIS NOVOTEL   82
HOTÉIS BRITAIN RANK (Grupo Rank)   82
HOTÉIS SHERATON   82

HOTEL AND CATERING INDUSTRY TRAINING BOARD (Escritório de Treinamento da Indústria Hoteleira e de Restaurantes)   112
HOTEL RAFFLES [Cingapura]   92
HOTEL SAVOY   97
HUTCHEON, L.   123
ILHA DE MAN   46, 58, 142
ILHA DE THANET   46, 157, 159
ILHAS BALEARES   88
ILHAS MAURÍCIO   93
INTERNATIONAL LEISURE GROUP (Grupo Internacional de Lazer)   74
ITÁLIA   62, 72, 87, 88
IUGOSLÁVIA   62, 87, 88, 93
JAKLE, J.   89, 90
JAMESON, F.   129
JAPÃO   72, 94, 104
JOHNSON, Philip   37, 111, 165
KENTUCKY FRIED CHICKEN [KFC]   82
KEROUAC, Jack   90
KNOX, P.   171
KREVITT, C.   169
KRIER, Leon   167, 168, 169
LADBROKES   81
LAGO ROTOMAHANA [Nova Zelândia]   196
LAGO TAHOE [Estados Unidos]   65
LANCASHIRE EVENING POST   62
LANCASHIRE   38, 44, 49, 59, 143, 144, 145, 147, 155, 160, 175, 189, 194
LANCASTER GUARDIAN   52
LANCASTER   155, 159, 160, 161, 165, 171
LAS VEGAS   59, 164
LASCH, C.   129
LASH, S.   30, 36, 119, 120, 121, 124, 125, 128, 148

LAWSON, A. 130
LEE, John 21, 77
LEI DAS FÉRIAS REMUNERADAS 61
LEVITT, T. 109
LEWIS, B. 75
LIGA DOMINICAL NACIONAL (National Sunday League) 43
LINHAS AÉREAS SAS 74, 101, 102
LIVERPOOL 141, 143, 157, 162, 163, 177, 191
LLANDRINDOD WELLS [País de Gales] 194
LOCKWOOD, A. 114
LONDRES 21, 39, 40, 48, 58, 68, 77, 79, 80, 101, 104, 114, 135, 141, 149, 155, 162, 163, 165, 170, 171, 172, 173, 177, 180, 191
LOOE 80
LOUVRE [Paris] 170, 174
LOWELL [Massachussets] 143, 152, 163
LOWENTHAL, D. 144, 146, 150, 151, 153, 165, 170, 196
LUMLEY, R. 146, 156, 176, 177, 178
LYME REGIS 70
LYNCH, K. 170
LYTHAM 48
LYTTLETON [Nova Zelândia] 155
MacCANNELL, D. 24, 25, 26, 122, 147
MAJORCA 84, 88
MANCHESTER 39, 40, 144, 148, 157, 161, 163, 192, 194, 207
MARCO POLO HOUSE (Casa de Marco Polo) 165
MARGATE 49, 54, 159
MARS, G. 97, 99, 105, 106, 113
MARSHALL, G. 100, 106, 107
MARTIN, B. 22, 127, 129
MASAI 85

MASON, S. 22
McDONALD'S 82, 97, 109
McKAY, I. 194
McRAE, H. 76
MENNELL, S. 104, 105, 110
MERCER, C. 140, 141
MERRIMAN, N. 178
MERSEYSIDE 162
METCALF, H. 114
METROCENTRE [Gateshead] 172, 197, 199, 201
MÉXICO 93
MINTEL 104
MISHAN, E. 65, 66, 67, 70, 71
MORECAMBE 41, 47, 48, 50, 52, 53, 56, 57, 58, 59, 62, 132, 144, 154, 159, 194
MORNING POST 42
MORRIS, M. 201, 202
MOSCARDO, G. 25
MUNDO DE AVENTURAS DE CHESSINGTON 194
MUNDO DE BLACK COUNTRY [Dudley] 144
MUSEU AO AR LIVRE DE BEAMISH 144
MUSEU DA CIÊNCIA 144
MUSEU DAS ANTIGAS CELAS DA GESTAPO [Berlim] 179, 180
MUSEUS DE TYNE E WEAR 176
MYERSCOUGH 21, 34, 36, 44, 148, 162, 207
NABOKOV, Vladimir 90
NATIONAL TRUST 21, 134, 147, 151
NICOD, M. 97, 99, 105, 106, 113
NORFOLK BROADS 85, 144
NOVA YORK 28, 86, 89, 104, 163, 172, 200, 201
NOVA ZELÂNDIA 53, 70, 84, 85, 155, 196

229

OBSERVER 49, 52, 165
ORWELL, George 132
OUTRAM, M. 75
PAN-AM 82
PARIS 18, 25, 57, 82, 85, 170, 174, 183, 184
PARQUE DE CLEGG HALL [Rochdale] 152
PARQUE DE DIVERSÃO DE ALTON TOWERS 21, 58, 143, 173
PARQUE DE STOURHEAD [Wiltshire] 69
PARQUE TEMÁTICO DA HISTÓRIA DE OXFORD 194
PARQUE TEMÁTICO DE CAMELOT [Lancashire] 152, 194
PARQUE TEMÁTICO ROMANO [Chester] 152
PARRY, K. 56, 57, 58, 63
PEARCE, P. 25, 32
PEGGY'S COVE [Canadá] 194
PERKIN, H. 40, 41, 42, 48, 49, 52
PFEIL, F. 125, 126
PHELPS-BROWN, E. H. 38
PIMLOTT, J. 35
PLANO DE INCENTIVO DE DESENVOLVIMENTO DE HÓTEIS 80
POLLARD, Ian 37, 164, 165
POON, A. 31
PORTERHOUSE RESTAURANT GROUP, Cadeia 102
PORTUGAL 59, 73, 87
PRADO [Madri] 174
PRAIA DO PRAZER [Blackpool] 21, 58
PRESTATYN, 60
PROGRAMAS DE AÇÃO PARA O DESENVOLVIMENTO DO TURISMO [PADT] 159, 160, 161, 163
PROJETOS DAS DOCAS (Docklands Development) [Londres] 163, 172, 173, 177)

PUNTER, J. 172
QUALITY INNS 81
QUEENS MOAT HOUSES 82
QUÊNIA 92
RABAN, J. 146
RADCLIFFE, Jack 58
RAMSGATE 54, 161
REAL SOCIEDADE PARA A CONSERVAÇÃO DA NATUREZA 134
REAL SOCIEDADE PARA A PROTEÇÃO DAS AVES 134
ROBERTS, J. 162
ROGERS, Richard 170
ROJEK, C. 28, 32, 37, 44, 137
ROMA 19, 197
ROTA DOS PEREGRINOS [Canterbury] 178, 194
ROUSE, James 163
SAINSBURY 165, 166
SALÕES DE CHÁ DE BETTY 114
SAMSON, C. 130
SAMUEL, Raphael 151, 171
SASSER, W. 98
SCARBOROUGH 34, 35, 40
SCRUTON, Roger 167-68
SENTOSA [Cingapura] 92
SHELLEY, Percy e Mary 39
SHIELDS, R. 26, 27, 35, 36, 53, 90, 197, 201
SICÍLIA 86
SILLOTH 40
SIMMEL, Georg 24
SKEGNESS 40, 42, 46, 49, 59
SMITH, A. 109
SMITH, Drew 79
SONTAG, S. 185, 186, 187
SOUTHEND 40, 47
SOUTHPORT 41, 42, 48, 59

SOUTH STREET SEAPORT [Nova York] 163, 199
SPITALFIELDS 171
ST. ANNE'S 48
ST. TROPEZ 66
STEINBECK, John 89
STEPHENSON, Tom 137
STIRLING, James 164, 165
STRONG, Roy 150
SUDESTE ASIÁTICO 84, 91
SUÍÇA 72, 148
TAILÂNDIA 91, 148
TEATRO DO JARDIM DE INVERNO [Morecambe] 154
TERRA SANTA 19
TERRY, Quinlan 151, 168
Thomas Cook, ver COOK, Thomas
THOMPSON, G. 56, 140
THRIFT, N. 125, 134, 135, 146, 147
TONGA 87
TORQUAY 41, 59
TORRE DE BLACKPOOL 57, 58
TORRE EIFFEL 28, 57, 139
"TROOPING THE COLOUR" 46
TRUMP TOWER [Nova York] 172, 200, 201
TRUMP, Donald 172
TRUSTHOUSE FORTE 81, 82, 97, 205
TUNÍSIA 86
TURNER, L. 23, 25, 61, 71
TURNER, V. 26
TURQUIA 62, 87, 88, 89
URRY, J. 30, 36, 63, 65, 120, 123, 124, 125, 128, 142, 146, 148, 159, 176, 177, 205

VALE DE RHONDDA 144, 180
VENTURI, Robert 164, 165
VIAGENS LIVRES E INDEPENDENTES 75
VINGRESSOR 82
VISBY [Suécia] 194
VISITOR 52, 53
WALT DISNEY (Walt Disney Co.) 82
WALTER, J. 69, 70, 71, 72
WALTON, J. 36, 38, 39, 40, 41, 42, 44, 46
WALVIN, J. 39, 40, 46, 47, 49
WARD, M. 46, 56, 59, 60
WATERHOUSE, Keith 60, 159
WATES, N. 169
WEBER, Max 119
WELSH, E. 75, 87, 102, 103
WEMBLEY 167, 172
WESTGATE 54
WHITAKER, R. 89
WHITE, D. 146, 175, 176, 177
WHYTE, W. F. 101, 105, 106, 113
WIGAN 49, 148, 153, 158, 175, 176
WILLIAMS, Raymond 20, 21, 74, 80, 81, 82, 87, 88, 134, 136, 158
WINYARD HALL 173
WITTIE, Dr. 35
WOLFE, Tom 151
WOOD, Michael 144
WORDSWORTH, William 39
WOUTERS, C. 100, 101
WRIGHT, Patrick 146, 151, 168, 170
YOUNGER, G. 35, 43
ZOLA, Emile 202

Este livro foi impresso na
LIS GRÁFICA E EDITORA LTDA.
Rua Felício Antonio Alves, 370 – Jd. Triunfo – Bonsucesso
CEP 07175-450 – Guarulhos – SP – Fone. (011) 6436-1000
Fax.: (011) 6436-1538 – E-Mail: lisgraf@uninet.com.br